国家自然科学基金地区项目
"审计费用、审计师更换与内部控制缺陷披露"（71262017）资助

佘晓燕　著

上市公司内部控制缺陷披露与审计师客户风险管理策略研究

SHANGSHI GONGSI NEIBU KONGZHI QUEXIAN PILU
YU SHENJISHI KEHU FENGXIAN GUANLI CELUE YANJIU

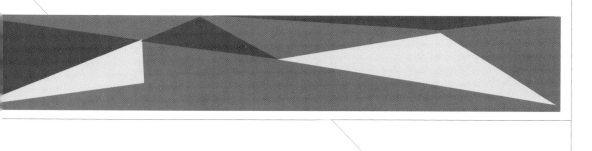

中国财经出版传媒集团

经济科学出版社
Economic Science Press

图书在版编目（CIP）数据

上市公司内部控制缺陷披露与审计师客户风险管
理策略研究／佘晓燕著．—北京：经济科学出版社，
2020. 11

ISBN 978 - 7 - 5218 - 2088 - 1

Ⅰ.①上…　Ⅱ.①佘…　Ⅲ.①上市公司 - 企业内
部管理 - 研究 - 中国　Ⅳ.①F279.246

中国版本图书馆 CIP 数据核字（2020）第 226425 号

责任编辑：杜　鹏　张　燕
责任校对：齐　杰
责任印制：王世伟

上市公司内部控制缺陷披露与审计师客户风险管理策略研究

佘晓燕　著

经济科学出版社出版、发行　新华书店经销
社址：北京市海淀区阜成路甲 28 号　邮编：100142
编辑部电话：010 - 88191441　发行部电话：010 - 88191522
网址：www. esp. com. cn
电子邮箱：esp_bj@ 163. com
天猫网店：经济科学出版社旗舰店
网址：http://jjkxcbs. tmall. com
固安华明印业有限公司印装
710×1000　16 开　18. 25 印张　310000 字
2021 年 4 月第 1 版　2021 年 4 月第 1 次印刷
ISBN 978 - 7 - 5218 - 2088 - 1　定价：88. 00 元
（图书出现印装问题，本社负责调换。电话：010 - 88191510）
（版权所有　侵权必究　打击盗版　举报热线：010 - 88191661
QQ：2242791300　营销中心电话：010 - 88191537
电子邮箱：dbts@ esp. com. cn）

前　言

　　客户风险管理对审计师而言至关重要，有效的客户风险管理是维持审计师声誉和缓解诉讼风险的关键，也是避免出现审计失败的重要环节。审计师进行客户风险管理，目的在于提高发现重大财务错报漏报的可能性，降低潜在的固有风险和控制风险，从而把审计风险控制在一个可以接受的范围内。客户风险的判断本身比较复杂，在以往的文献中经典的考察变量有资产回报率、财务杠杆、流动比率、利息保障倍数等。自2002年美国《萨班斯—奥克斯利法案》以及2010年我国陆续颁布的《企业内部控制基本规范》及其配套指引要求上市公司披露内部控制自我评价报告后，内部控制缺陷特别是内部控制重大缺陷，成为审计师及部分外部利益相关者判断公司是否存在经营风险的重要信号。

　　至此，审计师关注客户风险直接体现为对客户企业内部控制缺陷的关注。实际上，这也是将风险管理过程提前，从关注最终的财务报告信息到控制信息产生的过程，起到提前防范风险的作用。此外，相关制度的颁布使得审计工作开展所面临的监管环境发生了变化，赋予了审计师更多的义务与法律责任，使审计师不得不以更加积极的态度应对与被审计客户内部控制缺陷相关的风险管理。尽管这个问题非常重要，但是迄今为止关于审计师采取什么样的策略来减少内部控制缺陷披露相关风险的经验证据还很少。

　　事实上，我国关于审计师基于内部控制风险的管理策略研究甚少，主要归因于国内的内部控制建设起步较晚。虽然国外学者致力于审计师客户风险管理领域的研究已有很长一段时间，并取得了相对丰硕的经验证据，具有一定的借鉴和参考价值，然而国外关于这一领域的研究成果截至目前也还较为零散，缺乏具有综合性及系统性的研究著作。

　　基于国内外已有的研究成果来分析研究我国背景下的内部控制缺陷披露与审计师风险管理策略十分必要。一方面，考虑到我国不同于西方国家的具体国情和市场化程度，上市公司遵循内部控制规范的实际情况、审计师所面临的风险环境和可能采取的风险管理策略都将具有一定的特殊性和区别性；另一方面，我国自 2012 年起正式实施内部控制规范至今已 8 年有余，对近年来的内部控制实施整体情况进行统计分析，探索我国国情下的上市公司内部控制缺陷披露与外部审计师行为，能够为实务界与学术界提供内部控制与审计风险控制的相关经验证据。

本书深入剖析了企业内部控制缺陷信息披露与随之而来的审计师客户风险管理策略之间的关系。具体包括以下五个方面的内容：（1）国内外上市公司内部控制信息披露制度的演进。（2）聚焦我国上市公司，统计并分析内部控制规范的实施情况以及内部控制信息披露现状。（3）从内部控制缺陷信息的不同类型、不同严重程度以及不同披露时间为维度，探讨具体情形下审计师的风险管理策略。（4）审计师对企业内部控制缺陷的认定和识别以及在此过程中审计师专业判断能力的发挥。（5）关于企业内部控制缺陷信息披露与审计师客户风险管理策略的实证研究：客户风险、内部控制审计和审计费用；客户风险、内部控制审计和审计师变更；内部控制缺陷披露对审计延迟的影响。

佘晓燕

目　　录

第一章 绪 论

第一节 内部控制审计背景

美国反欺诈财务报告委员会下属的发起人委员会（The Committee of Sponsoring Organizations of the Treadway Commission，COSO①）于 1992 年发布《内部控制——整合框架》（*Internal Control—Integrated Framework*）。该框架自发布以来，在全世界范围内获得多个国家和机构的认可和采用，内部控制建设在全球范围内逐渐发展起来。

内部控制是防范企业财务报告错误和舞弊的第一道防线，也是保障企业财务报告真实、完整的内在机制。建设内部控制体系，在很大程度上能对财务报告的可靠性和有效性提供合理的保障。然而，尽管发布了内部控制建设框架，企业也建立了相应的内部控制制度，但与内部控制相关的风险仍然存在。

2001 年，全球第一大能源交易企业——安然公司因财务造假问题导致股价暴跌，成为美国历史上规模最大的破产企业。2002 年 6 月，美国第二大电话公司——世界通信公司被爆出假账丑闻，引起轩然大波。在安然和世界通信公司的财务舞弊事件发生后，多数投资者，尤其是中小股东对资本市场失去了信心。

为了重塑投资者对资本市场的信心、保护投资者的利益，监管部门逐渐意识到，单凭企业自愿进行内部控制建设，其效用非常有限。于是，监管部

---

① COSO 是美国反虚假财务报告委员会下属的发起人委员会。1985 年，由美国注册会计师协会（AICPA）、美国会计协会、财务经理人协会、内部审计师协会、美国管理会计师协会联合创建了反虚假财务报告委员会，旨在探讨财务报告中的舞弊产生的原因，并寻找解决之道。两年后，基于该委员会的建议，其赞助机构成立了 COSO 委员会，专门研究内部控制问题。

门决定将企业内部控制纳入监管范围。同时，监管部门的监管重心从单纯注重财务报告本身的信息质量，转向财务报告信息质量与建立健全财务报告信息质量保证体系并重。监管部门期望通过加强内部控制和外部审计来提高财务报告的可信度，实现会计信息的增值。

在此背景下，美国国会颁布了《萨班斯—奥克斯利法案》（*Sarbanes - Oxley Act*，以下简称 SOX 法案），该法案于 2002 年 7 月 30 日正式生效。其中，SOX 法案中的 404 条款不仅要求企业管理层对财务报告内部控制有效性进行评估和报告，还首次提出公司聘请审计师对"财务报告内部控制"的有效性进行审计的要求，以保障企业内部控制信息披露的真实可靠。

随后，美国公众公司会计监督委员会（Public Company Accounting Oversight Board，PCAOB）[①] 发布审计准则，对会计师事务所执行上市公司财务报告内部控制审计工作进行规范。最初，PCAOB 发布第 2 号审计准则，指导内部控制审计的实施。后经过调查研究，PCAOB 对第 2 号审计准则进行修订。2007 年 7 月 25 日在美国证券交易委员会（the U. S. Securities and Exchange Commission，SEC）的正式批准下，PCAOB 发布第 5 号审计准则，取代第 2 号审计准则。第 5 号审计准则对 SOX 法案的原则性规定做出了更加明确的要求，也为审计师的执业提供了可操作性的标准。继 COSO 内部控制框架推出后，内部控制审计制度的执行成为企业内部控制发展史上的又一重要里程碑。为顺应资本市场监管变革趋势，众多国家开始要求本国审计师对企业财务报告内部控制进行审计。

为了顺应国际形势，2008 年 5 月，我国财政部、证监会、审计署、银监会和保监会联合发布《企业内部控制基本规范》，确立了我国企业内部控制规范体系。根据我国有关法律法规，2010 年 4 月财政部会同证监会、审计署、银监会和保监会制定了《企业内部控制应用指引第 1 号——组织框架》等 18 项应用指引、《企业内部控制评价指引》和《企业内部控制审计指引》（以下简称企业内部控制配套指引）。

企业内部控制配套指引于 2011 年 1 月 1 日在境内外同时上市的公司实行，自 2012 年 1 月 1 日起，在上海证券交易所、深圳证券交易所主板上市公司实行。根据该指引规定，在我国执行内部控制规范体系的企业必须聘请

---

① 美国公众公司会计监督委员会是会计行业的自律性组织，它由 PCAOB 不同会员事务所的会计师组成。它根据 2002 年的《萨班斯—奥克斯利法案》创立，目的是监督公众公司的审计师编制信息量大、公允和独立的审计报告，以保护投资者利益并增进公众利益。

会计师事务所对企业财务报告内部控制有效性进行审计，这标志着我国企业内部控制审计制度的正式确立，企业内部控制审计与财务报告审计同样具有了强制性。

第二节 内部控制审计概述

PCAOB 在《第 2 号审计准则——与财务报表审计相衔接的基于财务报告的内部控制审计》中，明确指出了公众公司的审计人员需要在财务报表审计的同时进行内部控制审计。

我国《企业内部控制审计指引》界定的内部控制审计是指会计师事务所接受委托，对特定基准日的企业内部控制设计与运行的有效性进行审计，明确要求注册会计师应当对财务报告内部控制的有效性发表审计意见，并对内部控制审计过程中注意到的非财务报告内部控制的重大缺陷，在内部控制审计报告中增加"非财务报告内部控制重大缺陷描述段"予以披露。

财务报告内部控制，是指企业为合理保证财务报告及其相关信息的真实完整而设计和运行的内部控制，以及用于保护资产安全的内部控制中与财务报告可靠性目标相关的控制。

非财务报告内部控制，是指除财务报告内部控制之外的其他控制，通常是指为了合理保证经营的效率效果、遵守法律法规、实现发展战略而设计和运行的控制，以及用于保护资产安全的内部控制中与财务报告可靠性目标无关的控制。

注册会计师通过对企业内部控制有效性进行客观、独立的审计，一方面，向投资者提供更有保障的财务报告及相关信息、保护投资者权益、增强投资者的信心。另一方面，提升企业信息披露的透明度，在一定程度上促进企业加强内部控制规范建设。

一、内部控制审计特征

内部控制审计与财务报表审计也可以结合起来，《企业内部控制审计指引》指出注册会计师可以单独进行内部控制审计，也可将内部控制审计与财务报表审计整合进行（以下统称整合审计）。

在财务报表审计和内部控制审计整合执行的前提下，内部控制审计范围限定为财务报告内部控制审计。财务报告内部控制审计旨在合理保证财务报告及相关信息真实、完整而设计和运行的内部控制，以及用于保护资产安全的内部控制中与财务报告可靠性目标相关的控制。整合审计背景下的内部控制审计在审计对象、审计目的、审计基准日、审计范围等方面不同于传统的财务报表审计。

（一）审计对象

内部控制审计是对企业内部控制的设计与运行的有效性进行审计，是对公司内部控制"过程"的审计。要求对内部控制的有效性发表审计意见，并对内部控制审计过程中注意到的非财务报告内部控制重大缺陷进行披露。

财务报表审计是对企业年度财务报表进行审计，是对"结果"的审计。要求对财务报表整体是否存在重大错报获取合理保证，对财务报表是否在所有重大方面按照适用的财务报告编制基础编制发表审计意见。

（二）审计目的

内部控制审计中注册会计师对内部控制设计与运行的有效性进行测试，获取充分、适当的证据，主要是为了支持其对内部控制的有效性发表审计意见。

尽管在识别和评估财务报告重大错报风险时，审计准则要求注册会计师了解与审计相关的内部控制，但此时注册会计师了解内部控制的目的是为了识别、评估和应对重大错报风险，据此确定实质性程序的性质、时间安排和范围，并获取与财务报表是否在所有重大方面按照适用的财务报告编制基础编制相关的审计证据，以支持对财务报表发表的审计意见，而不是对内部控制的有效性发表审计意见。

（三）审计基准日

内部控制审计是会计师事务所接受委托，对特定基准日的企业内部控制设计与运行的有效性进行审计，不是对财务报表的整个期间进行审计。内部控制审计基准日，是指注册会计师评价内部控制在某一时日是否有效所涉及的基准日，也是被审计单位评价基准日，即最近一个会计期间截止日。注册会计师对于基准日的内部控制有效性发表意见，需要对内部控制在基准日前足够长的时间内的运行有效性获取审计证据。需要注意的是，在整合审计中，控制测试所涵盖的期间应当尽量与财务报表审计中拟信赖内部控制的期间保持一致。

此外，《企业内部控制审计指引》要求注册会计师在整合审计中必须对企业每一期的内部控制设计与运行的有效性进行测试。《中国注册会计师审计准则》中也提及与财务错报相关的内部控制测试。此时仅要求注册会计师出于应对重大错报风险的目的，进行至少三年一次的企业内部控制测试。

(四) 审计范围

美国 PCAOB 发布的第 5 号审计准则适用的是，审计师接受委托对与财务报表审计相结合的管理层对财务报告内部控制有效性的评估实施的审计，即财务报告内部控制审计。我国《企业内部控制审计指引》界定的内部控制审计是指会计师事务所接受委托，对特定基准日的企业内部控制设计与运行的有效性进行审计。

在整合审计背景下的内部控制审计中，内部控制审计的范畴有别于传统财务报表审计环境下的内部控制审计。在传统财务报表模式下，注册会计师仅需在可能存在重大错报风险时或不能提供适当审计证据的时候，对企业预期内部控制有效性进行测试。

在内部控制审计中，注册会计师需要以风险评估为基础，评价与企业相关的风险、法律法规和行业概况、公司治理相关重要事项等要素对企业内部控制、财务报表和审计工作的影响，并获取与内部控制有效性相关的证据。与内部控制相关的风险越高，注册会计师需要获取的证据越多。

二、内部控制审计实施

内部控制审计的实施，实际上是将企业外部监管过程前移，从监管结果有效前移到监管过程有效。内部控制审计这一环节的设计进一步加强了财务报告信息可靠性。

(一) 实施进程

为给注册会计师的内部控制审计工作提供可操作的标准和指导，2004 年 3 月 PCAOB 发布了第 2 号审计准则《与财务报表审计相衔接的基于财务报告的内部控制审计》（AS2），要求同一公司的财务报告审计业务和财务报告内部控制审计业务可以由同一家会计师事务所进行。

2007 年 PCAOB 发布第 5 号审计准则《与财务报表审计相整合进行的财务报告内部控制审计》（AS5）取代了争议较多的第 2 号审计准则。与第 2 号审计准则相比，第 5 号审计准则在部分重要概念的界定上有所变化：简化了相关要求，节约了审计成本；要求注册会计师关注重要的内部控制事件，采用自上而下的审计方法，不是过多关注细节问题，而是更加关注风险。修改过的审计准则适应不同规模的公司审计，审计准则更具灵活性。此外，新的准则允许注册会计师在更大程度上依赖他人的工作，在一定程度上减少了审计师独立测试的范围。

2009 年 1 月，PCAOB 发布了《小规模上市公司与财务报表审计整合的内部控制审计指引》，包括小型上市公司审计范围、内部控制评价等内容。美国注册会计师协会（American Institute of Certified Public Accountants, AICPA）下设的专业机构审计质量中心（The Center for Audit Quality, CAQ）2009 年 2 月发布了《内部控制整合审计实务经验》（*CAQ Lessons Learned— Performing an Audit of Internal Control In an Integrated Audit*），为上市公司内部控制整合审计提供指导。

根据我国《企业内部控制配套指引》的实施细则规定，自 2012 年起，主板上市公司分类分批推进实施企业内部控制规范体系。中央和地方国有控股上市公司，应于 2012 年全面实施企业内部控制规范体系，并在披露 2012 年公司年报的同时，披露董事会对公司内部控制的自我评价报告以及注册会计师出具的财务报告内部控制审计报告。非国有控股主板上市公司，且于 2011 年 12 月 31 日公司总市值（证监会算法）在 50 亿元以上，同时 2009～2011 年平均净利润在 3000 万元以上的，应在披露 2013 年公司年报的同时，披露董事会对公司内部控制的自我评价报告以及注册会计师出具的财务报告内部控制审计报告。其他主板上市公司，应在披露 2014 年公司年报的同时，披露董事会对公司内部控制的自我评价报告以及注册会计师出具的财务报告内部控制审计报告。

按照《企业内部控制审计指引》和 2011 年 10 月发布的《企业内部控制审计指引实施意见》的要求，执行企业内部控制外部审计业务的注册会计师需要认真制订审计计划，合理确定审计范围与重点审计领域，严格实施控制有效性测试，有效识别、评价内控缺陷，形成恰当审计意见，如实出具内部控制审计报告。

财政部等五部委制定的《企业内部控制基本规范》和《企业内部控制配套指引》是注册会计师衡量企业内部控制是否有效的基础标准，除此之外，注册会计师在执行内部控制审计时，还应遵守中国注册会计师相关执业准则。

为了进一步指导注册会计师解决在企业内部控制审计实务中遇到的问题，防范审计风险，中国注册会计师协会（以下简称中注协）组织编写了《企业内部控制审计工作底稿编制指南》。2013 年 12 月，中注协又发布了《企业内部控制审计问题解答（征求意见稿）》并最终于 2015 年 2 月正式发布。《企业内部控制审计问题解答》包括 9 个问题，以贯彻内部控制审计思路为主线，内容涵盖内部控制审计与财务报表审计的联系、区别与整合，财务报告内部控制与非财务报告内部控制的区分，内部控制审计与企业内部控制自我评价之间的关系，与控制相关的风险对控制测试的影响等多个方面。

（二）实施方式

无论是 PCAOB 制定的审计准则还是我国出台的内部控制审计指引，实施的均是基于财务报告"自上而下"的内部控制审计模式。

在 PCAOB 制定的第 2 号审计准则中，内部控制审计的实施要求过于关注细节，被部分实务工作人员称为"清单检查"式的内部控制审计。而经过修订的第 5 号审计准则要求审计人员使用自上而下的方法，将精力集中于那些可能导致重大错报的领域。

根据我国《企业内部控制审计指引》的规定，注册会计师应当按照自上而下的方法实施审计工作。自上而下的方法始于财务报表层次，是注册会计师识别风险、选择拟测试控制的基本思路。因此，注册会计师首先关注的应是内部控制的整体风险。注册会计师在实施审计工作时，可以将企业层面控制和业务层面控制的测试结合进行。注册会计师从企业层面的控制开始确定将要测试的控制，并将财务报表要素和公司层面的控制与重要账目、相关论断以及其他重要控制所在的重大流程联系在一起。遵循自上而下的方法有助于注册会计师更好地把握重要性原则，将重点放在重要的控制测试上。

第三节 内部控制审计风险

内部控制相关制度的出台和执行带来的是监管环境的改变，美国 SOX 法案与我国《企业内部控制基本规范》及其配套指引里程碑式的颁布，明确了注册会计师需要承担的与内部控制审计相关的法律责任。新制度的颁布增加了注册会计师在具体内部控制审计业务中需要实施的风险审计事项，注册会计师面临的审计风险也随之增加。

SOX 法案颁布后，美国监管格局的重大变革主要体现在会计师事务所对上市公司开展审计业务的监管方面。SOX 法案极大地增加了会计工作人员需要为其工作担负的法律责任，任何的违规行为都对应着一定的民事或刑事责任（Elder et al.，2009）。此外，作为审计师监管担当的主要执行者，美国 PCAOB 在 SOX 法案之后相继发布了第 2 号审计准则和取代第 2 号审计准则的第 5 号审计准则，规范了内部控制审计。第 5 号审计准则特别强调了审计师对客户风险评估的重要性。SOX 法案重塑的监管格局规定了内部控制审计相关法律责任，明确了审计工作的重心，极大地增加了审计师面临的客户风险。

我国《企业内部控制审计指引》第二章第九条规定了注册会计师应当对发表的审计意见独立承担责任，其责任不因为利用企业内部审计人员、内部控制评价人员和其他相关人员的工作而减轻。在规定了审计师独立责任的基础上，第三章第十条、第十一条进一步明确了审计师在企业内部控制审计中应把握重要性原则，采取自上而下的审计方法。与 SOX 法案 302 条款和 404 条款极为相似，我国《企业内部控制基本规范》及其配套指引通过明确审计师在企业内部控制审计中的责任和工作重心，在很大程度上增加了审计师在新监管格局中面临的客户风险。

一、内部控制审计风险概念

按照中国注册会计师审计准则的规定，对财务报表发表审计意见是注册会计师的责任，《中国注册会计师审计准则第 1101 号——财务报表审计的目标和一般原则》指出，审计风险是指财务报表存在重大错报而注册会计师发表不恰当审计意见的可能性。同时也指出合理保证意味着审计风险始终存在，注册会计师应当通过计划和实施审计工作，获取充分、适当的审计证据，将审计风险降至可接受的低水平。

根据我国《企业内部控制审计指引》的规定，审计师的责任有二。一是对特定基准日的财务报告内部控制的有效性进行审计，并发表审计意见。因而，此时的内部控制审计风险很大程度上指的是注册会计师对财务报告的有效性发表不恰当审计意见的可能性。二是对内部控制审计过程中注意到的非财务报告内部控制重大缺陷增加描述,予以披露。因此,内部控制审计的风险还应当包括没有发现或披露与非财务报告相关的重大内部控制缺陷。

那么,注册会计师面临的内部控制审计风险可分为对财务报告内部控制有效性和非财务报告内部控制有效性出具不恰当审计意见的风险。区别在于,根据《企业内部控制审计指引》的规定,当被审计客户存在一项或多项财务报告内部控制重大缺陷时,除非审计范围受到限制,注册会计师应当对财务报告内部控制发表否定意见;而当被审计客户存在非财务报告内部控制重大缺陷时,注册会计师需在审计报告中增加"非财务报告内部控制重大缺陷描述段"。

由上可知,无论是对财务报告内部控制有效性出具审计意见,还是对非财务报告内部控制重大缺陷增加描述段,其关键归根结底都是对企业是否存在内部控制重大缺陷进行判断。因此,内部控制审计风险在某种程度上是注册会计师能否识别企业内部控制重大缺陷并发表内部控制有效性恰当审计意见的风险,如图 1-1 所示。

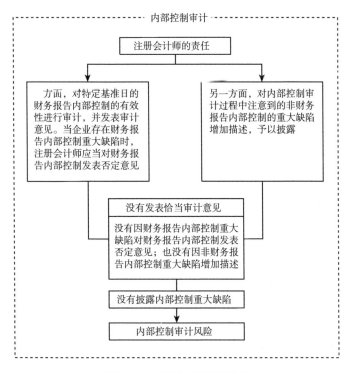

图 1-1　内部控制审计风险

二、内部控制审计风险模型构建

内部控制审计风险在于注册会计师没有对企业内部控制有效性发表恰当的审计意见，即没有披露企业实际存在的财务报告内部控制重大缺陷和非财务报告内部控制重大缺陷。审计师能否如实披露企业实际存在的内部控制缺陷，存在着两个方面的风险。

根据阿什鲍格（Ashbaugh，2007）构建的内部控制缺陷披露的理论框架，在企业存在内部控制缺陷的基础上，审计师能否披露缺陷取决于缺陷的发现与报告决策这两个连续而又相互独立的作用环节。审计师披露内部控制重大缺陷的流程如图 1-2 所示。

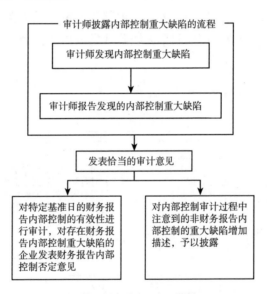

图 1-2　审计师披露内部控制重大缺陷的流程

首先，从发现缺陷的风险来看，审计师需要发现企业实际存在的内部控制重大缺陷，这时体现的是审计师的专业判断能力，即审计师要具备相应的内部控制审计经验与行业审计专长去判断客户企业是否存在财务报告或非财务报告内部控制重大缺陷。

其次，从报告缺陷的风险来看，在审计师发现了企业实际存在的内部控制重大缺陷的基础上，审计师要想控制内部控制审计风险就应当发表恰当的内部控制审计意见。按照规定，意味着审计师需要在内部控制审计报告中对企业的财务报告内部控制有效性出具否定意见或对非财务报告内部控制重大缺陷进行描述。此时，审计师能否如实发表审计意见，体现的是外部审计师的独立性。

综上所述，内部控制审计风险首先体现为审计师对财务报告内部控制有效性与非财务报告内部控制是否存在重大缺陷出具的审计意见是否恰当。而后进一步体现为审计师能够发现并报告基于财务报告和非财务报告的内部控制重大缺陷。我们根据以上理论分析构建内部控制审计风险模型。

$$IC_{AR} = FRIC_{AR} + NFRIC_{AR} \qquad (1-1)$$

$$FRIC_{AR}/NFRIC_{AR} = Detect_R \times (Disclose_R \mid Detect_R = 1) \qquad (1-2)$$

$$IC_{AR} = (FRIC_{AR} + NFRIC_{AR}) \times [Detect_R \times (Disclose_R \mid Detect_R = 1)]$$
$$(1-3)$$

式（1-1）表示的是内部控制审计风险，体现为财务报告内部控制审计风险与非财务报告内部控制审计风险的总和。其中，IC_{AR}表示内部控制审计风险，$FRIC_{AR}$表示与财务报告内部控制相关的审计风险，$NFRIC_{AR}$表示与非财务报告内部控制相关的审计风险。

式（1-2）表示，财务报告内部控制审计风险细分为发现财务报告内部控制重大缺陷的风险，以及在发现的基础上披露缺陷的风险；非财务报告内部控制审计风险也细分为发现非财务报告内部控制重大缺陷的风险，以及在发现的基础上披露缺陷的风险。发现缺陷的风险与披露缺陷的风险二者为连续事件。审计师先有能否发现缺陷的风险，其次才面临是否独立披露的风险。其中，$Detect_R$表示审计师发现内部控制重大缺陷的风险；$(Disclose_R \mid Detect_R = 1)$表示在发现内部控制重大缺陷的基础上，审计师披露已发现缺陷的风险。

式（1-3）为式（1-1）和式（1-2）的结合，体现了内部控制审计风险分为与财务报告内部控制审计和与非财务报告内部控制审计相关的风险。其中，财务报告内部控制审计风险和非财务报告内部控制风险又分为审计师能否发现并披露与之相关的内部控制重大缺陷的风险。

三、内部控制审计风险降低方式

（一）风险评估

在计划审计阶段，注册会计师首先实施风险评估程序，识别和评估对内部控制、财务报表以及审计工作相关的风险。其中包括与企业相关的风险、相关法律法规和行业概况、企业组织结构、经营特点和资本结构等相关重要事项，企业内部控制最近发生变化的程度，与企业沟通过的内部控制缺陷。在此基础上，通过设计和实施恰当的应对措施，获取充分、适当的审计证据。

（二）风险测试

PCAOB 在审计准则的修订中增加了"重视风险环节测试"的考虑。第 2 号审计准则制定并实施的两年后，PCAOB 指出，第 2 号审计准则中的方法不能使审计师有效和灵活地处理具体公司的具体风险。因此，在之后制定的第 5 号审计准则中，PCAOB 删除了公司对大部分控制进行测试的要求，指导审计师基于风险的考虑确定高风险的环境进行重点测试。规定的改进赋予审计师更多的空间和灵活性来根据具体的风险事项和账户进行必要的测试，从而提高审计效率和降低审计成本。

我国《企业内部控制审计指引》也要求注册会计师采用自上而下的方法来选择拟测试控制，将企业层面控制和业务层面控制测试结合进行，并同时把握重要性原则，根据与内部控制相关的风险，确定拟实施审计程序的性质、时间安排和范围，获取充分、适当的证据。与内部控制相关的风险越高，注册会计师需要获取的证据就越多。

（三）对内部审计工作的恰当利用

企业内部审计工作是外部审计的重要基础，最初的主流观点认为，注册会计师增加对内部审计工作的利用能够减少外部审计师的测试程序，从而提高审计效率。有部分学者支持该观点，认为内部审计师的努力能够提供高质量的审计工作，可以帮助减少外部审计师的工作量和风险评估程序，从而间接减少应该向外部审计师支付的审计费用（Twaijry et al.，2004；Felix et al.，2001）。外部审计师对内部审计工作的利用程度还取决于外部审计师对被审计客户的了解和对被审计单位内部审计质量的评估（Suwaidan and Qasim，2010）。而外部审计师对内部审计质量的评估又会涉及多重影响因素以及复杂审计环境的考虑（Bamealdred et al.，2013）。

PCAOB 发布的第 2 号审计准则鼓励审计师在适当的审计领域内借用他人的内部审计工作成果来减少工作量，提高审计效率和审计灵活性。然而，过度使用内部审计工作会提高外部审计风险。第 5 号审计准则指出，对于那些必须由审计师亲自执行的程序，如果审计师过多使用他人的内部控制审计工作，将会对审计工作的质量产生直接的影响，会提高审计风险。PCAOB 也指出，如果企业内部审计师能够提供高质量的内部控制审计，外部审计师的重复工作就难以提高边际审计质量，反而是更多地增加工作负担，也是对内部审计的浪费。PCAOB 指出外部审计师在利用内部审计工作前应对内部审计工作做一个客观的评估。

我国《企业内部控制审计指引》指出，注册会计师可以利用企业内部审计人员、内部控制评价人员和其他相关人员的工作，但应当判断是否可以利用及可利用的程度，并对企业内部人员及其他相关人员的专业胜任能力和客观性进行充分评价。2018 年 8 月 16 日，中国注册会计师协会发布审计准则中利用内部审计人员的工作、应对违反法律法规行为、财务报表披露审计三个方面内容的修订文本（征求意见稿），涉及利用内部审计人员的修订强调了内部审计工作的重要性，对注册会计师利用内部审计人员的工作做出更明确、更严格的规范，就利用内部审计人员提供协助的情形做出规范，并就能否利用内部审计职能的工作以及利用的领域和程度等做出具体规定，为注册会计师提供职业判断框架，也防止对内部审计人员的过度利用或不当利用。

第四节　内部控制缺陷与客户风险管理

2002 年美国颁布 SOX 法案，2008 年我国出台的《企业内部控制基本规范》和 2011 年实施的企业内部控制配套指引，对企业内部控制评价和审计工作提出具体规定。这些规定改变了整个会计行业，尤其是审计师在内部控制审计工作中的监管格局，明确了企业和审计师相应的内部控制审计工作所承担的法律责任，提高了审计师在企业内部控制审计工作中所面临的风险。

根据 AICPA 于 2006 年发布的 SAS 第 107 号审计报告，审计风险根据风险承担人的不同可以分为审计师面临的审计风险和企业本身的经营风险。2003 年，国际会计师联合会（International Federation of Accountants，IFAC）的国际审计与鉴证准则委员会（IAASB）为提高审计质量，发布了一系列新准则，要求审计师在审计过程中进行风险评估，并对审计风险模型做出重大改动：将审计风险划分为财务报表重大错报风险和检查风险。

审计师在签约前后首先应当评估客户的风险，审计师应当关注的是企业的固有风险和内部控制风险，二者之和相当于开展审计检测之前企业经济活动中可能存在的风险（Elder and Allen，2003）。本书所论述的客户风险特指的是企业的内部控制风险，内部控制风险的产生主要源于企业的内部控制缺陷。随着企业内部控制评价制度建设的推进，内部控制活动对企业实际经营活动产生的影响越发重要，但内部控制缺陷为企业带来了系统性的危害。

内部控制缺陷（internal control weakness）是指企业在其内部控制设计或运行过程中存在的缺陷或漏洞，可能使得内部控制无法为企业目标的实现提供合理的保证（杨有红和李宇立，2011）。《企业内部控制基本规范》将内部控制缺陷认定为"内部控制的设计存在漏洞，不能有效预防错误与舞弊，或内部控制的运行存在弱点和偏差，不能及时发现并纠正错误与舞弊的情形"。

当被审计客户存在内部控制缺陷时，审计人员正确执行审计程序的难度将被极大地提高。企业内部控制缺陷是影响和导致外部审计失败的间接因素。内部控制缺陷，尤其是与企业控制环境、内部控制设计、风险评估过程等相关的企业层面的内部控制缺陷，会提高事务所审计失败的概率。

内部控制缺陷的披露本身就是一种信息风险信号。根据已有研究，披露内部控制缺陷的公司面临的会计风险更高、经营业务更复杂、受到 SEC 处罚和发生财务重述的可能性更大（Ashbaugh-Skaife et al.，2009），内部控制缺陷不但会增加企业的经营风险（Ogneva et al.，2006；Beneish et al.，2007；Feng et al.，2012），模糊企业的信息披露含量（王惠芳，2011），还会加大来自市场的负面反应（Hammersley and Myers，2008）。因此，内部控制缺陷一经披露便对企业的盈余管理、资产定价、资金成本以及公司治理等方面产生严重的影响（Ashbaugh-Skaife et al.，2007；杨德明等，2009；张龙平等，2010；方红星和金玉娜，2011）。戴尔等（Dyle et al.，2007）也发现存在财务风险的公司更有可能披露内部控制缺陷。因此关注客户的内部控制缺陷，事实上也是将风险管理过程提前，从关注最终的财务报告信息到关注控制信息的产生过程，起到提前防范风险的作用。

自 2002 年美国颁布 SOX 法案后，内部控制缺陷特别是重大缺陷成为判断审计师是否面临客户风险的重要信号。企业实际存在的内部控制缺陷不但是企业管理层内部控制自我评价报告披露的重要内容，也是审计师对企业内部控制自评结论发表审计意见的依据。

审计师客户风险管理（client risk management）是指外部审计师在识别企业风险的基础上对客户风险的控制和管理（Elder et al.，2009；Dey，2009；

Krishnan et al.，2012）。客户风险管理对于维护审计师的声誉和减轻诉讼风险来说十分必要（Krishnan et al.，2012）。安达信的消亡就是对客户风险管理重要意义的一个现实体现。尽管审计师客户风险管理的问题非常重要，并且关于审计师采用什么样的策略来控制和管理风险虽然有一定数量的相关实证证据，然而迄今为止大多数的研究基本上是侧重于某一种方式来研究审计师对高风险客户的回应，缺乏对审计师客户风险管理策略的系统性整理和深入讨论。

我们关注的是与上市公司内部控制缺陷相关的审计师客户风险管理策略，随着企业内部控制评价制度建设的推进，内部控制缺陷披露对审计的风险控制有着重要的意义，因此，对与企业内部控制缺陷相关的审计师客户风险管理策略研究成果进行系统性的研究显得十分必要。

第五节　章节介绍

面对监管格局的改变和风险责任的出现，审计师为了能把控审计工作中可能存在的风险，运用并不断优化其在审计过程中的专业判断能力来识别企业可能存在的内部控制缺陷，并采取一系列的客户风险管理策略来降低面临的审计风险。

本书以企业内部控制缺陷引发审计师客户风险管理为主线，详细论述在这一过程中审计师的专业判断能力的发挥、审计过程的实现以及审计师所采取的客户风险管理方式及具体的客户风险管理策略。图 1 - 3 展示的是内部控制缺陷与审计师客户风险管理的影响路径，也是本书的研究框架。

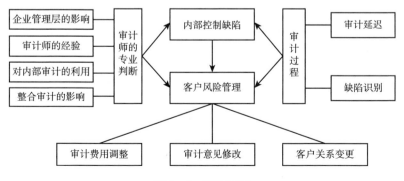

图 1 - 3　研究框架

第一章绪论。主要介绍审计师开展客户风险管理的背景原因、内部控制审计的概述、内部控制审计的风险、内部控制缺陷与审计师客户风险管理的关系。

第二章上市公司内部控制信息披露制度研究。主要研究了国内外内部控制信息披露制度的演进、与内部控制缺陷披露相关的制度，对当前的内部控制信息披露制度的不足提出相关建议。

第三章我国上市公司内部控制信息披露现状。主要是对我国上市公司内部控制信息的披露现状进行数据统计，包括内部控制评价报告的披露；内部控制评价中缺陷的具体披露，包括内部控制缺陷认定标准披露、内部控制缺陷披露、内部控制评价缺陷内容、内部控制评价缺陷整改；内部控制审计报告披露，包括内部控制审计报告的披露、内部控制审计报告格式的规范性、内部控制审计意见类型、审计师发现的内部控制重大缺陷、上市公司内部控制整合审计；内部控制信息披露总体情况分析等。

第四章审计师风险管理策略。主要研究审计师常见的审计风险管理策略，分析了内部控制缺陷及缺陷类型与审计师风险管理策略的关系，审计师的专业判断与风险管理策略，内部控制缺陷对审计师决策的持续影响以及审计师开展内控审计和风险管理过程中遇到的其他问题。

第五章客户风险、内部控制审计和审计费用。本章实证检验了在我国所处的市场环境中，企业内部控制缺陷披露与审计费用调整的关系。系统分析了自愿性内部控制审计与强制性内部控制审计两个阶段下内部控制缺陷披露和审计费用的关系，并从 SOX 法案 404 条款引发的执行成本争议入手，实证检验了我国客户风险是否会导致强制执行内部控制审计后的执行成本增加。

第六章客户风险、内部控制审计和审计师变更。本章实证检验了在我国所处的市场环境中，企业内部控制缺陷披露与审计师变更的关系。内部控制是控制企业风险的重要手段，如果企业内部控制存在风险则会给审计师带来审计风险和诉讼风险。为了应对风险，审计师会采取要求风险溢价、出具非标审计意见或解除审计关系等策略来规避风险，从而造成审计师变更。

第七章客户风险、内部控制审计和审计过程。审计过程是审计师进行审计的重要环节。审计风险贯穿审计过程始终，为了规避风险，通常来说审计师会根据风险大小及可接受的风险水平，采用提高审计收费、出具非标审计意见以及辞职等策略以应对风险。本章主要研究内部控制缺陷整改、整合审计以及审计延迟对审计师风险的影响。

第八章客户风险、审计师专业判断和风险决策。审计师的专业判断能力关系对审计风险的合理判断从而影响审计质量的高低。在内部控制审计中,从审计客户的选择到客户风险的判断,包括审计中对内部控制缺陷的识别与认定都对审计师的专业判断能力提出了更高的要求。本章主要研究了内部控制缺陷的识别与认定、审计师对风险的专业判断能力以及审计师的风险决策模式及影响因素。

第二章　上市公司内部控制信息披露制度研究

第一节　概　　述

21世纪以来，美国安然、世通等一系列以高管参与为特征的财务舞弊案使上市公司的内部控制制度成为监管层关注的核心问题之一。在《萨班斯—奥克斯利法案》（*Sarbanes – Oxley Act*，以下简称SOX法案）颁布之前，各国学者对内部控制的研究主要集中在内部控制制度的设计方面；SOX法案颁布后要求企业必须建立和完善内部控制制度并披露企业内部控制信息。内部控制是组织内部的主体为了保证经济资源的安全完整，确保经济信息的正确可靠，协调经济行为，控制经济活动，规避经营风险，利用组织内部因分工而产生的相互制约、相互联系的关系，形成一系列具有控制职能的方法、措施、程序，并予以规范化、系统化，使之组成一个严密的、较为完整的体系。最初企业的内部控制缺陷披露并没有专门的制度，它往往是嵌入其他制度之中，现代意义的内部控制制度以及关于内部控制缺陷的披露制度，是在企业的经营实践活动中逐步建立的，并在实际运用中不断完善。

第二节　国内外内部控制信息披露制度演进

美国资本市场的完善程度处于世界领先地位，其各项制度的颁布都受到世界范围的广泛关注，而且美国内部控制评价的发展历史最悠久、最有代表性，也最值得我国借鉴。因此，本章梳理了以美国为代表的国外内部控制制度的变迁过程，同时也对我国的内部控制相关制度进行归纳和整理。

一、国外内部控制信息披露制度演进——以美国为例

2001 年，安然、世通公司突然宣布破产，施乐、默克等一系列大公司财务丑闻的曝光，为美国乃至世界金融市场敲响了警钟。这些丑闻的出现，并不是企业历史发展的偶然性，而是由于企业缺乏对内部控制的正确认识所带来的必然后果。这些事件的爆发，也引起了美国对于内部控制的深刻认识。2002 年美国颁布了 SOX 法案，标志着美国内部控制信息披露由自愿性披露向强制性披露转变。所以本章在关于美国内部控制制度的梳理过程中，以此为界限将美国内部控制制度的演进主要分为两个阶段：内部控制自愿披露阶段和内部控制强制披露阶段（张龙平，2009），如图 2 - 1 所示。

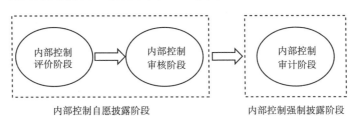

内部控制自愿披露阶段　　　　　　　内部控制强制披露阶段

图 2 - 1　内部控制自愿披露阶段和内部控制强制披露阶段

（一）内部控制自愿披露阶段

1. 内部控制评价时期

20 世纪初，罗伯特·希斯特 - 蒙哥马利在《审计理论与实务》（*Auditing Theory and Practice*）一书中主张将资产负债表审计范围与评价客户内部控制系统联系起来，内部控制评价从此开始进入审计的视野。以内部控制为基础的审计实践由 1936 年美国注册会计师协会（AICPA）发布的《注册会计师对财务报表的审查》（*Certified Public Accountants Review of Financial Statements*）开始。在 1939 年 10 月发布第 1 号《审计程序公告》（*Statement on Auditing Procedure*，SAP），AICPA 首次增加对内部控制的评价。1940 年 10 月，证券交易委员会（SEC）正式要求审计师在审计报告中增加与上述公告类似的关于内部控制审查的内容。自此，账项基础审计逐步为制度基础审计所取代，内部控制评价成为财务报表审计的组成部分和重要特征。20 世纪 40 年代后，内部控制评价在财务报表审计中的应用日趋成熟。美国注册会计师协会于

1949 年在《内部控制：协作体系的要素及其对管理层和独立公共会计师的重要性》（*Internal Control：Elements of Coordinated System and Its Importance to Management and the Independent Public Accountant*）中，首次对内部控制给出权威性定义：内部控制包括组织机构的设计和企业内部采取的所有相互协调的方法和措施。这些方法和措施都用于保护企业的财产，检查会计信息的准确性，提高经营效率，推动企业坚持执行既定的管理政策。美国注册会计师协会审计程序委员会（Committee On Auditing Procedure，CAP）于 1953 年发表《审计程序公告第 19 号》。在公告中认为内部控制应分为会计控制和管理控制，发展并明确了内部控制的概念，明确了注册会计师评价内部控制的范围。会计控制由组织的计划和所有保护资产、保证财务资料可靠性或与此相关的方法和程序构成。会计控制包括授权与批准制度，记账、编制财务报表、保管财务资产等职务分离，财产的实物控制以及内部审计等控制。管理控制由组织计划和所有为提高经营效率、保证管理部门所制定的各项政策得到贯彻执行或与此直接有关的方法和程序构成。管理控制的方法和程序通常只与财务记录发生间接的关系，包括统计分析、时效研究、经营报告、雇员培训计划和质量控制等。此后，1958 年审计程序委员会在其发布的第 29 号《审计程序公告》中，从广义上将内部控制解释为以会计或管理为特征的控制活动，包括会计控制和管理控制两部分。后来审计程序委员会在 1963 年发布的第 33 号《审计程序公告》中，又提出独立审计师主要考虑与会计有关的控制。审计程序委员会在深入理解内部控制的含义、范围、目标等基础上，通过审计准则制定要求审计师有重点地加强对内部控制的研究，为以后内部控制强制披露制度的建立拉开了序幕。

2. 内部控制审核时期

20 世纪 70～90 年代，由于一系列重大事件的推动和职业团体的影响使监管部门和立法机构对内部控制在财务报表中的评价得到高度重视，进而推动了内部控制审核业务的发展。1977 年受水门事件的影响，越来越多的美国民众要求美国公司厘清与其他国家政府之间的关系。《反国外贿赂法案》（*Foreign Corrupt Practices Act*，FCPA）① 立法的导火索来自证券交易委员会

---

① 《反国外贿赂法案》于 1977 年制定，其间经过 1988 年、1994 年、1998 年三次修改。旨在限制美国公司和个人贿赂国外政府官员的行为，并对美国上市公司的财会制度做出了相关规定。在美国影响下，一些国家如加拿大也出台了类似 FCPA 的国内法。

（SEC）的一份报告，该报告指出，有超过 400 多家公司承认有过可疑或非法支付的行为，其中有 100 多家位于行业前 500 强之列。针对这种不道德的行为，1977 年实施的《反国外贿赂法案》除规定遏制和处罚美国公司对外国政府官员进行非法的政治援助或财务支付如贿赂外，还包括强化会计工作和内部控制的条款，要求公司在保持健全会计记录的同时，设计、建立和保持有效的内部会计控制系统，并提出注册会计师具有对内部控制单独审核的责任。FCPA 对美国经济产生巨大作用，并直接影响到公司内部控制的设计与实施。1978 年科恩委员会（Cohen Commission）① 在其提交的著名的《科恩报告》（*Cohen Report*）中建议：公司管理层对外报告过程中除了按照常规出具管理层对财务报告责任的说明以外，还应由管理层对公司的内部控制系统做出评价，而且该评价报告应由注册会计师进行鉴证。另外，特别强调的是，该评价报告应当提供管理层对公司会计系统及其控制的评估，包括对控制系统固有限制及公司对注册会计师认定的重大缺陷做出反应的描述。这些建议的提出引起了 SEC 的高度关注，并于 1979 年 4 月 30 日发布《管理层对内部会计控制的公告（征求意见稿）》（*Statement of Management on Internal Accounting Control*），提议管理层在向股东提交的年度报告中包含内部会计控制自评报告。SEC 本想将该提议以法律形式确定下来，但因实施成本过高、报告信息的非相关性、内部控制标准不明确等而遭到上市公司、注册会计师、律师乃至其他相关人士的普遍质疑，1980 年不得不决定暂缓执行该提议。

　　20 世纪 80 年代，美国发生一系列公司破产、财务舞弊和审计失败案例，使公众极为不满。在此背景下，美国注册会计师协会、美国会计学会（American Accounting Association，AAA）、财务经理人协会（Financial Executives International，FEI）、美国内部审计师协会（Institute of Internal Auditors，IIA）、美国管理会计师协会（Institute of Management Accountants，IMA）于 1985 年联合成立了反欺诈财务报告全国委员会（Treadway Committee），专门研究引发欺诈财务报告的原因，并为减少欺诈的发生提出建议。1987 年美国反欺诈财务报告全国委员会提交的报告指出：（1）纳入研究范围的欺诈财务报告案例中约有 50% 是因内部控制失效导致的。（2）投资者有权了解管理层对财务报告和内部控制的责任履行程度，而目前这些信息并不能很好地传递给投资者。因此，要求所有的上市公司都应在其年度报告中提供内部

————————

① 科恩委员会：美国注册会计师协会在 1974 年成立的专门研究注册会计师职责的委员会。

控制报告，内部控制报告需确认管理层对财务报告和内部控制的责任，报告这些责任的履行情况，并提供管理层对内部控制有效性的评估。同时，为了更好地研究企业内部控制中可能存在的问题，美国反欺诈财务报告全国委员会赞助成立了 COSO 委员会。1988 年美国 AICPA 发布了第 55 号《审计准则公告》（*Statements on Auditing Standards*，SAS），首次以内部控制结构代替内部控制，指出企业的内部控制结构包括所有为确保实现企业特定目标而建立的各种政策和程序。同年，SEC 提出一份名为《第 34 - 25925 号提案：报告管理层的责任》（*No. 34 - 25925 Report of Management's Responsibilities*）的建议，要求管理层在年度报告中报告对财务报表和内部控制的责任，以及对内部控制有效性的评价结果。但最终还是因为制度运行成本过高等原因，该提议未能付诸施行。1990 年，美国众议院通过强制要求上市公司提供内部控制报告的一项立法提案，但可惜该提案止步于参议院，最终未能成为一项法律。虽然这项立法提案最终没有得到支持，但是关于内部控制研究的脚步并没有就此停止。

20 世纪 90 年代初，由于商业银行破产频发，激发民众对联邦存款保险公司命运的担忧。为此，美国国会于 1991 年颁布《联邦储蓄保险公司改善法案》（*Federal Deposit Insurance Corporation Improvement Act of* 1991，FDICIA）。其中第 36 节规定，资产总额在 5 亿美元以上的大银行必须评估并报告内部控制的有效性，同时要求注册会计师对管理层有关内部控制的声明进行验证。尽管由于该规定并不适用于金融机构提交给股东的年度报告，而仅要求在向联邦银行管理机构和相关州级银行监察机构提交报告时使用，对所有上市公司的直接影响并不大，但 FDICIA 创立了强制要求管理层报告内部控制有效性的先例，其重要意义在于：内部控制信息确实可由管理层提供，并能够实现某些预期效果，如强化管理层责任意识和改善内部控制等，很多曾反对内部控制报告的团体转而赞同上市公司管理层提供内部控制报告。

但是，这一时期对内部控制制度发展最具有历史意义的，当属 1992 年 COSO 委员会发布的指导内部控制实践活动的纲领性 COSO 研究报告——《内部控制——整合框架》（COSO - IC/1992），它提出了内部控制的三大目标和五项要素，标志着内部控制进入一个新的发展阶段。该框架指出的三大目标是：合理保证财务报告的真实可靠，提高经营活动的效率和效果，遵循适用的法规。五项要素如下所述。

控制环境：决定了企业的基调，直接影响企业员工的控制意识。控制环境提供了内部控制的基本规则和构架，是其他四要素的基础。包括管理当局的经营理念、意识和风格，员工的正直诚信、职业道德和专业胜任能力，企业的权责分配方法和人力资源政策等。

风险评估：是指识别、分析相关风险以实现既定目标，从而形成风险管理的基础。每个企业都面临诸多来自内部和外部的有待评估的风险。风险评估的前提是经营目标在不同层次上相互衔接，保持一致。由于经济、产业、法规和经营环境的不断变化，需要确立一套机制来识别和应对由这些变化带来的风险。

控制活动：是指那些有助于管理层决策顺利实施的政策和程序。控制行为有助于确保实施必要的措施以此来降低管理风险，实现经营目标。控制行为体现在整个企业的不同层次和不同部门中。它们包括批准、授权、查证、核对、复核经营业绩、资产保护和职责分工等活动。

信息和沟通：是指为保证员工履行职责，实现组织目标而必须获取的信息及其沟通、传递和反馈。信息不仅包括内部产生的信息，还包括与企业经营决策和对外报告相关的外部事件、行为和条件等。有效的沟通从广义上说是信息的自上而下、横向以及自下而上的传递。

监控：即对内部控制系统有效性进行评估的过程，可以通过持续性监督、独立评价或两者相结合来实现对内部控制系统的监督。

COSO 内部控制框架五要素之间是相互联系、相互促进的一个完整的有机系统，它们之间的关系如图 2-2 所示。

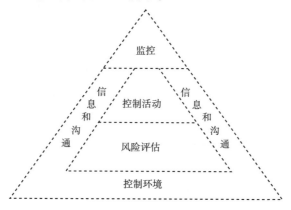

图 2-2 COSO 内部控制框架五要素关系

首先，控制环境是其他控制要素的基础，在规划企业的控制活动时，必须对企业可能面临的风险有细致的了解和评估。其次，风险评估和控制活动必须借助企业内部信息有效的沟通。最后，实施有效的监控以保障内部控制实施的质量。

COSO 报告建议，由管理当局或企业内部审计人员定期对企业内部控制的设计和执行情况进行评价，并出具评价报告，注册会计师对管理当局的内部控制报告出具审核意见，内部控制评价报告和注册会计师的审核报告一并对外披露。COSO 委员会在报告中详细研究了内部控制报告的框架，但是它未能对企业应当出具内部控制报告提供强有力的说明，但是 COSO 的《内部控制——整合框架》是美国内部控制制度发展的第二次飞跃。

美国相关监管机构和行业组织长期以来都不同程度地建议或要求上市公司强制披露内部控制报告，并要求注册会计师对其进行审核鉴证，但是该提议并未受到各界的肯定，尤其遭到多数上市公司的极力反对，因而此阶段上市公司的内部控制报告基本处于自愿披露阶段。

（二）内部控制强制披露阶段

21 世纪初，美国发生了安然、世通等一系列财务舞弊案，这一阶段舞弊的特点是对会计信息进行了严重的扭曲，误导了广大投资者，使投资者和广大利益相关者遭受了巨大的损失，动摇了公众对资本市场的信心。安然、世通等会计丑闻充分暴露了上市公司内部控制存在的缺陷，2002 年 7 月，美国众议院和参议院终于通过了《2002 年公众公司会计改革和投资者保护法》，即 SOX 法案，同时成立了一个新的监管机构——美国公众公司会计监督委员会（The Public Company Accounting Oversight Board，PCAOB）负责监管执行公众公司审计的会计师事务所及注册会计师。该法案也是美国证券立法中最具影响力的法案，SOX 法案第一次对上市公司财务报告内部控制的有效性提出了明确的要求，该法案要求管理层对其建立的内部控制制度进行评价并出具自我评价报告，由注册会计师对管理层出具的自我评价报告进行内部控制有效性的鉴定。该法案中的 103 条款和 302 条款主要规范了管理层对其内部控制制度如何进行自我评价。而更受关注的是 404 条款，要求所有根据 1934年《证券交易法》13（a）条款或 15（b）条款要求递交年度报告的公司，管理层需要对财务报告的内部控制进行报告。同时，该条款要求这些公司的审计师对管理层的评估进行认证和报告。SOX 法案的颁布，标志着美国上市公司的内部控制信息开始纳入强制性披露阶段。

SEC 根据 SOX 法案的要求，2002 年 10 月发布第 33—8138 号提案，并于 2003 年 11 月发布《最终规则——管理层对财务报告内部控制的报告及其对定期披露的证明》（*Final Rule*：*Management's Reports on Internal Control Over Financial Reporting and Certification of Disclosure in Exchange Act Periodic Reports*）。根据该规则，除了投资公司之外的所有公司都应在年度报告中提供一份管理层关于公司财务报告内部控制有效性的报告，并具体规定了财务报告内部控制报告的内容与格式，报告的内容必须包括：

（1）管理层对已经建立和运行财务报告内部控制的声明；

（2）管理层应报告其评价财务报告内部控制有效性所依据的规则框架；

（3）管理层应对财务报告内部控制存在的重大薄弱环节进行描述；

（4）管理层对财务报告内部控制有效性的自我评价，评价内容应包括对财务报告内部控制是否有效的结论性意见；

（5）出具一则由注册会计师对公司财务报告内部控制自我评价报告发表审核意见的鉴证报告。

依据 SOX 法案设立的美国公众公司会计监督委员会（PCAOB）于 2004 年发布《第 2 号审计准则》（*Auditing Standard No. 2*，AS2），就审计内部控制评价报告做出了相应的规定，审计的目的就是对管理层出具与财务报告相关的内部控制有效性的评价报告发表审计意见。2007 年根据实际执行情况对第 2 号审计准则进行了修订，以《第 5 号审计准则》（*Auditing Standard No. 5*，AS5）取而代之。AS5 对于一些小规模的制造业公司简化了审计程序，同时重新界定了诸如重大缺陷、重要缺陷等一些术语。至此，以 SOX 法案为标志的内部控制审计制度最终得以确立。

作为对 SOX 法案的响应，COSO 委员会于 2004 年 9 月 29 日正式发布了《企业风险管理——整合框架》（COSO‑ERM/2004），将 COSO‑IC/1992 纳入其中，企业不仅可以借助其来完善自身的内部控制，而且拓展了企业风险管理的领域。COSO‑ERM 是内部管理者与外部注册会计师财务报表内部控制有效性的评价标准。COSO‑IC/1992 到 COSO‑ERM/2004 并不是简单的修补和改良，而是在理念上对内部控制进行突破。其主要体现在：（1）控制环境扩展为内部环境，这一修改使企业的关注不再局限于控制方面，而是综合考虑各方面的因素；（2）目标中增加战略目标，将企业的眼光放得更加长远，使企业在考虑眼前利益时兼顾长远利益；（3）将风险评估扩展为事项识别、风险评估和风险应对，代表着企业风险意识日益增强和积极主动地管理风险。2006 年 COSO 发布了《较小型公众公司财务报告内部控制指南》（*Internal Control over Financial Reporting Guidance for Small Public Companies*），针对中小企业财务报告内部控制产生的特有问题，指导规模较小的企业，按成本—效益原则，实现其财务报告目标。2009 年 COSO 发布了《内部控制系统监控指南》（*Guidance on Monitoring Internal Control Systems*），在实质上构建了一个有效监控模型，为保障企业内部控制的有效性和决策信息的可靠性提供可操作性的手段。

由于商业及运营环境的巨大变化，利益相关者对内部控制系统的透明化及有效性提出了更高的要求。COSO 委员会在 2011 年 12 月 19 日发布新版《内部控制——整合框架（草案）》，公开征求社会意见，并于 2013 年 5 月发布了最新的《内部控制——整合框架》（COSO – IC/2013），这是自 1992 年该框架发布以来的首次修改。原内部控制框架在过渡期（2014 年 12 月 15 日）后废止。新的 COSO 内部控制框架共包括四部分内容：一是内容摘要，对新框架进行高度总结，包括内部控制的定义、目标、原则、内部控制的有效性和局限性等，使用对象为首席执行官和其他高级管理层、董事会成员和监管者。二是框架内容和附录，包括内部控制的组成部分及相关的原则和关注点，并为各级管理层在设计、实施内部控制和评估其有效性方面提供了指导。附录包括词汇表、对于小型企业的特殊考虑、与 1992 年版的变化总结和框架的非重要性附加参考。三是评估内部控制系统有效性的解释性工具，为管理层在应用框架特别是评估有效性方面提供了模板和行动方案。四是外部财务报告内部控制：方案和示例摘要，为在准备外部财务报告过程中应用框架中的要素和原则提供了实际的方案和示例。该框架并没有改变 COSO – IC/1992 中关于内部控制的基本概念和核心内容，具体变化见表 2 – 1。

表 2 – 1　　2013 年 COSO《内部控制——整合框架》变化主要内容

变化方面	2013 年 COSO《内部控制——整合框架》变化主要内容
原则导向	新框架最大的变化在于对内部控制五要素的 17 项总体原则和 82 个相关属性进行了重组，82 个属性代表了原则的主要特征和关注点。这些原则和属性作为内部控制的基本概念，适用于所有上市公司、一般企业和其他组织
目标设定	新框架强调目标设定以内部控制为前提，规定了其并非内部控制的组成部分，这也修正了旧框架将目标设定这一要素作为内部控制体系的偏差

变化方面	2013 年 COSO《内部控制——整合框架》变化主要内容
公司治理	新框架强化了公司治理，规定了董事或审计委员会的职能，明确了他们的工作是对公司的治理、CEO 及其管理层进行指导和监督。设立董事会直接领导下的审计委员会、薪酬委员会、提名与治理委员会等
报告的范围和内容	新框架下的企业报告，不仅关注投资者、监管部门等外部需求，还要关注董事会和经理层经营管理决策的内部需求。指导企业对外财务报告的公布进行财务内部控制及报表制作，提供对外财务报告目标相关的方法和实例
反欺诈与反腐	新框架提出了评估欺诈产生的多种途径（可能产生欺诈的诸如减少资产、假报表、贪污腐败的各种方法并阻止这些现象的发生），评估欺诈风险的因素、欺诈风险评估的奖励和压力，评估欺诈风险的机会（非法所得、非法使用或处理资产、篡改企业报表记录或者犯其他错误的行为），评估如何管理相关人员以及已证实是错误的行为等欺诈风险评估的框架
不同组织的内部控制有效性	新框架专门分析不同商业模式和组织结构内部控制的有效性，充分考虑了企业经营环境的变化、技术的进步以及 SOX 法案等监管要求，在企业内部控制的建设与评价方面起到了指导作用
技术对信息披露的影响	新框架对技术的变化对内部控制所有组件的影响都做了较为充分的考虑并给予详尽的操作指导

COSO 新框架明确了用以支持内部控制五大要素的 17 项总体原则，这也是此次更新的一项核心内容。总之，新框架并没有改变旧框架关于内部控制的基本概念和核心内容，而是对旧框架的某些概念和指引进行了更新和改进，以期反映近年来企业经营环境的演变、监管机构的要求和其他利益相关者的期望。COSO 委员会前任主席大卫·兰德斯蒂尔（David L. Landsittel）表示：新框架无意改变内部控制原有的定义、评估方法或管理模式，而是给使用者提供了更加全面、准确的内部控制概念、指引和案例。

二、我国内部控制信息披露制度演进

我国内部控制信息披露制度的发展路径与美国比较类似，可以以上海证券交易所和深圳证券交易所《上市公司内部控制指引》发布时间将我国内部控制信息披露制度分为两个阶段。

（一）内部控制自愿披露阶段

从 20 世纪 90 年代起，我国政府就开始加大对企业内部控制的监管。

1988 年财政部颁布的《注册会计师检查验证会计报表规则（试行）》中对内部控制的内容已有所涉及，其中第二十六条规定，注册会计师应该对委托人内部管理制度完善程度及有效性进行检查。但对内部控制有完整定义的是1996 年财政部颁布的《独立审计具体准则第 9 号——内部控制与审计风险》，强调内部控制是指被审计单位为了保证业务活动的有效进行，保障资产的安全和完整，防止、发现、纠正错误与舞弊，保证会计资料的真实、合法、完整而制定和实施的政策程序。内部控制包括控制环境、会计系统和控制程序。该规范不仅首次给出了内部控制的完整定义，而且给出了内部控制的范围。随着对内部控制认识的不断加深，1997 年，我国第一个关于内部控制的行政规定出现，当年 5 月中国人民银行发布了《关于加强金融机构内部控制的指导原则》，这一时期也是我国内部控制的评价时期。

21 世纪初，我国进入内部控制审核时期，这一阶段我国内部控制处于自愿披露与强制披露的交界时期。2006 年之前，我国对金融类上市公司与一般上市公司区别对待，对金融类上市公司的内部控制信息披露要求较严，而对一般性上市公司内部控制信息披露并未做出强制性规定。因此，从大范围来说，我国仍处于内部控制自愿披露阶段。在 2000～2005 年，我国财政部、注册会计师协会、证监会等部门颁布的下列制度和发布的文件对于推动我国内部控制制度的发展具有重要作用，如表 2 - 2～表 2 - 5 所示。

表 2 - 2　　　　2000～2005 年财政部颁布的关于内部控制的相关规定

年份	内容
2001	《内部会计控制规范——基本规范（试行）》 《内部会计控制规范——货币资金（试行）》
2002	《关于企业实行财务预算管理的指导意见》 《内部会计控制规范——采购与付款（试行）》 《内部会计控制规范——销售与收款（试行）》 《内部会计控制规范——担保（试行）》 《内部会计控制规范——成本与费用（试行）》 《内部会计控制规范——预算（试行）》 《内部会计控制规范——对外投资（试行）》
2003	《内部会计控制规范——工程项目（试行）》 《内部会计控制规范——存货（试行）》 《内部会计控制规范——担保（征求意见稿）》 《内部会计控制规范——成本费用（征求意见稿）》

表 2 – 3　　　　2000 ~ 2005 年中国注册会计师协会颁布的关于内部控制的相关规定

年份	内容
2002	《内部控制审核指导意见》，规范注册会计师内部控制审核业务，明确工作要求，保证职业质量； 《中国注册会计师执业规范指南第 6 号证券公司审计（试行）（征求意见稿）》
2004	《独立审计具体准则第 29 号——了解被审计单位及其环境并评估重大错报风险》

表 2 – 4　　　　2000 ~ 2005 年证监会颁布的关于内部控制的相关规定

年份	内容
2000	《公开发行证券公司信息披露编报规则》第 1、第 3、第 5 号要求商业银行、保险公司、证券公司必须建立健全内部控制，并对内部控制的完整性、合理性和有效性做出说明
2001	《公开发行证券公司信息披露编报规则》要求证券公司健全内部控制机制，完善内部控制； 《证券公司内部控制指引》； 《关于做好证券公司内部控制审的工作的通知》
2002	《证券投资基金管理公司内部控制指导意见》
2003	《公开发行证券公司信息披露编报规则》修订版，引导证券公司，推动企业现代化建设，完善内部控制； 《关于开展 2003 年基金管理公司内部控制执行情况检查的通知》； 《证券公司治理准则（试行）》第五条要求证券公司应当按照法律、行政法规和中国证监会的规定建立完备的风险管理和内部控制体系； 《关于加强证券公司营业部内部控制若干措施的意见》
2005	《关于提高上市公司质量的意见》完善公司治理，提高上市公司经营管理和规范运作水平，建立健全公司内部控制制度

表 2 – 5　　　　其他部门 2000 ~ 2005 年关于内部控制的相关规定

年份	部门	内容
2001	全国人大常委会	新《会计法》要求各单位应当建立健全本单位内部会计监督制度。明确单位负责人责任；提出四项要求：职责明确、相互分离、相互制约、相互监督
2002	银监会	《商业银行内部控制指引》
	中国人民银行	《商业银行内部控制指引》
2004	银监会	《商业银行内部控制评价试行办法》为规范和加强商业银行内部控制评价、健全内部控制机制、全面风险管理奠定基础； 《商业银行市场风险管理指引》建立完善的市场风险管理内部控制体系，作为银行整体内部控制体系的有机组成部分
	审计署	《审计机关内部控制测评准则》
	国资委	《中央企业内部审计管理暂行办法》
2005	保监会	《保险中介机构内部控制指引（试行）》

通过上述统计，可以发现在 2000～2005 年财政部、中国注册会计师协会、证监会、银监会等部门均发布了与内部控制相关的法规，且都具有较强的行业特色和部门特色。同时，通过内部控制相关法规文件的发布年份可以看出，在 2002 年美国颁布 SOX 法案以后，我国相关部门也出台了关于内部控制的政策。

（二）内部控制强制披露阶段

2006 年 6 月和 9 月，上海证券交易所和深圳证券交易所分别发布了《上海证券交易所上市公司内部控制指引》和《深圳证券交易所上市公司内部控制指引》。在以上两个内部控制指引没有颁布之前的内部控制相关规定中，对公司年度报告中内部控制信息披露的强制性要求都只是针对上市的商业银行、证券公司和保险公司，而未强制要求所有的上市公司遵循。但是在这两个内部控制指引发布之后，我国对上市公司内部控制信息披露的强制性要求，就包括了所有行业的公司。自此之后，我国内部控制信息披露正式从自愿披露阶段进入强制性披露阶段。

2006 年 6 月 5 日，上海证券交易所发布的《上海证券交易所上市公司内部控制指引》首次对内部控制信息披露行为做出规范，在此之前内部控制方面的相关法规都仅仅是针对内部控制本身展开的，并未涉及内部控制信息披露。在《上海证券交易所上市公司内部控制指引》共计六章的内容中，第五章是专门针对内部控制信息披露的规范。首先，当上市公司发现内部控制存在重大缺陷或存在重大风险时，董事会应及时向上海证券交易所报告，经认定后，要对外发布公告；其次，上市公司的董事会对内部控制自我评价报告负责，应在审议年度财务报告的同时，对公司内部控制自我评价报告形成决议；再次，上市公司董事会应该在对外披露财务报告的同时，披露内部控制自我评价报告，同时还需披露会计师事务所对内部控制自我评价报告的审核意见；最后，从七个方面对内部控制自我评价报告的内容进行了具体规范，该指引自 2006 年 7 月 1 日起施行。

2006 年 9 月 28 日，深圳证券交易所也发布了《深圳证券交易所上市公司内部控制指引》，同样对内部控制信息披露行为做出了要求。在《深圳证券交易所上市公司内部控制指引》的第四章内部控制的检查和披露中，对在深圳证券交易所上市的上市公司内部控制信息的披露进行了规范。其一，公司内部审计部门应对公司内部控制运行情况进行检查监督，并将检查中发现的内部控制缺陷和异常事项、改进建议及解决进展情况等形成内部审计报告，向董事会和列席监事通报；其二，公司董事会应依据公司内部审计报告，对公司内部控制情况进行审议评估，形成内部控制自我评价报告，公司监事会和独立董事应对此报告发表意见；其三，注册会计师在进行年度审计时，需要对上市公司财务报告内部控制的相关情况出具评价意见；其四，在注册会计师对内部控制有效性表示异议时，上市公司董事会、监事会应对审核及事项做出专项说明；其五，上市公司应在每个会计年度结束后四个月内将内部控制自评报告和注册会计师评价意见报送深圳证券交易所，与年度报告同时对外披露。该指引自 2007 年 7 月 1 日起施行。虽然我国两大证券交易所都对内部控制信息披露进行了强制要求，但实施情况并不理想。

2008 年 5 月 22 日，财政部联合证监会、审计署等五部委颁布了《企业内部控制基本规范》，要求上市公司应当对本公司内部控制的有效性进行自我评价，披露年度自我评价报告，并可聘请具有证券、期货业务资格的会计师事务所对内部控制有效性进行审计。接受企业委托的会计师事务所，应当根据该规范内容和相关执业准则，对企业内部控制的有效性进行审计，出具审计报告。会计师事务所及其签字的注册会计师应当对发表的内部控制审计意见负责。可以看到，该规定强制所有上市公司对内部控制信息进行披露，以内部控制自我评价报告和内部控制审计报告作为披露内容，同时强化了上市公司管理层和注册会计师的报告责任。《企业内部控制基本规范》自 2009 年 7 月 1 日起在上市公司范围内施行，鼓励非上市的大中型企业执行。

为了进一步促进企业建立、实施和评价内部控制，规范会计师事务所内部控制审计行为，2010 年 4 月，财政部等五部委发布了《关于印发企业内部控制配套指引的通知》，在《企业内部控制基本规范》的基础上制定了《企业内部控制配套指引》，包括《企业内部控制应用指引》《企业内部控制评价指引》《企业内部控制审计指引》。《企业内部控制配套指引》连同 2008 年 5 月发布的《企业内部控制基本规范》，共同构建了中国企业内部控制规范体系，自 2011 年 1 月 1 日起在境内外同时上市的公司施行，自 2012 年 1 月 1 日起在上海证券交易所、深圳证券交易所主板上市公司施行；在此基础上，择机在中小板和创业板上市公司施行，同时鼓励非上市大中型企业提前执行。《企业内部控制配套指引》进一步强调企业应当对内部控制的有效性进行自我评价，披露年度自我评价报告，同时应当聘请会计师事务所对财务报告内部控制的有效性进行审计并出具审计报告。《企业内部控制配套指引》有效地配合了《企业内部控制基本规范》，为企业内部控制的建立与运行以及开展内部控制有效性的自我评价提供了具有可操作性的强有力的依据，同时也成为会计师事务所进行内部控制审计的基础标准，因而也被业界誉为"中国版的 SOX 法案"，其标志着我国企业内部控制规范体系建设取得了重大突破，如图 2 - 3 所示。

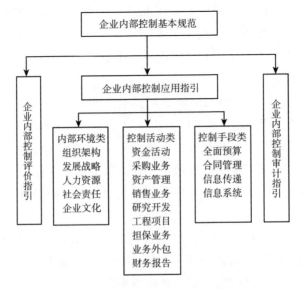

图 2 - 3　我国企业内部控制规范体系

在我国内部控制规范体系初步形成之后，各部门关于内部控制研究的脚步并没有就此停住。2011 年 10 月，为了进一步规范注册会计师执行内部控制审计业务，明确工作要求，提高执业质量，维护公众利益，中国注册会计师协会发布了《企业内部控制审计指引实施意见》，并组织编写了《企业内部控制审计工作底稿编制指南》。为稳步推进主板上市公司有效实施企业内部控制规范体系，确保内部控制体系建设落到实处、取得实效，防止出现"走过场"情况，财政部会同证监会在充分考虑上市公司的公司治理基础、市值规模、业务成熟度、盈利能力等方面差异的情况下，决定在主板上市公司分类分批推进实施企业内部控制规范体系。2012 年 2 月 23 日针对《企业内部控制基本规范》具体执行过程中存在的问题，财政部会同证监会、审计署、银监会、保监会对这些问题进行了研究，并征求了有关上市公司、咨询公司等单位的意见，在此基础上制定了《关于印发企业内部控制规范体系实施中相关问题解释第 1 号的通知》。同年，财政部又发布了《主板上市公司分类分批实施企业内部控制规范体系》的通知，要求所有主板上市公司都应当自 2012 年起着手开展内部控制体系建设，这标志着我国上市公司正式进入内部控制规范体系的分类分批实施阶段。各相关上市公司要高度重视，成立或指定专门工作机构，健全风险评估机制，梳理风险管控流程，完善各项经营管理制度，优化内部信息系统，建立内部控制责任与员工绩效考评挂钩机制，推进企业内部控制规范体系稳步实施。之后财政部又联合证监会于 2014 年发布《公开发行证券的公司信息披露编报规则第 21 号——年度内部控制评价报告的一般规定》。为了进一步指导注册会计师解决在企业内部控制审计实务中遇到的问题，防范审计风险，中国注册会计师协会结合行业监管实践，并征集了会员的意见，于 2015 年发布了《企业内部控制审计问题解答》。其中共包括 9 个问题，内容涵盖内部控制审计与财务报表审计的联系、区别与整合，财务报告内部控制与非财务报告内部控制的区分，内部控制审计与企业内部控制自我评价之间的关系，与控制相关的风险对控制测试的影响等多个领域。2016 年在《会计改革与发展"十三五"规划纲要》中，财政部也指出下一步将完善《企业内部控制基本规范》及其配套指引，研究制定《小企业内部控制规范》。积极开展内部控制对外交流与合作，深入参与国际内部控制与风险管理标准制定工作。《小企业内部控制规范》最终于 2017 年 11 月发布试行的通知，引导和推动小企业加强内部控制的建设，提升经营管理水平和风险防范能力，促进小企业健康可持续发展。由此可见，随着企业的不断发展，各部门对内部控制的重视不断加深，以后内部控制信息披露制度也将逐步覆盖所有企业。

第三节　国内外内部控制缺陷披露制度研究

2002 年 7 月，美国 SOX 法案 302 条款和 404 条款中对内部控制的相关要求，引起了全球对企业内部控制缺陷披露的关注热潮。受此影响，我国的内部控制规范建设也加快了进程。2008 年 6 月 28 日，财政部等五部委联合发布的《企业内部控制基本规范》要求上市公司制定内部控制缺陷认定标准，并结合内部监督情况在年度内部控制自我评价报告中披露内部控制缺陷。内部控制缺陷是内部控制过程存在的缺点或不足，这种缺点或不足使得内部控制无法为控制目标的实现提供合理保证。内部控制自我评价是企业持续改进内部控制的重要手段，而该评价的关键就是判定内部控制缺陷的存在、类型、严重程度及拟采取措施。内部控制缺陷披露制度研究是内部控制领域研究内容的深化和细化，对包括管理层、审计师、监管部门和投资者在内的各利益相关者都有意义。

内部控制缺陷的定义现阶段并没有统一的规定。通过比较可以发现 COSO 对内部控制缺陷的界定还涵盖风险系统，而美国公众公司会计监督委员会和我国对内部控制缺陷都采用了否定式的规定。但是，三者都对内部控制缺陷存在共识，认为内部控制缺陷是企业的内部控制设计或者运行中存在漏洞和不足，而这种不足或漏洞使内部控制不能有效地识别企业运营中存在的问题，以至于如果不弥补或改进可能会影响企业控制目标的实现。关于内部控制缺陷的定义具体内容见表 2 - 6。

表 2 - 6　　　　　　　　不同机构对内部控制缺陷的界定

机构	准则	内容
美国公众公司会计监督委员会（PCAOB）	第 5 号审计准则（AS5）	AS5 指出，内部控制缺陷为当内部控制体系出现设计或者运行缺陷而导致公司管理层和员工不能在正常情况下及时地发现并阻止财务错报时，便产生内部控制缺陷，无论它是无意还是故意造成的
美国 COSO 委员会	COSO - IC/COSO - ERM	内部控制缺陷是实际或潜在的已经被觉察到的缺陷，或者如果强化措施更有利于目标的实现
中国财政部	《企业内部控制基本规范》	内部控制缺陷是指内部控制的设计存在漏洞，不能有效防范错误与舞弊，或者内部控制的运行存在弱点和偏差，不能及时发现并纠正错误与舞弊的情形

一、国外内部控制缺陷披露制度——以美国为例

美国关于内部控制最具影响力的制度当属 2002 年 7 月颁布的 SOX 法案和 2013 年 COSO 委员会新修订的《内部控制——整合框架》。其中，SOX 法

案要求在美上市公司都必须建立并保持有效的财务报告内部控制，并要求财务报告的签署人对此负责。《内部控制——整合框架》是全球最具影响力的内部控制和风险管理机构 COSO 委员会颁布的准则，得到了世界很多国家内部控制标准制定机构的一致认可和广泛借鉴。

（一）SOX 法案中内部控制缺陷披露制度

SOX 法案 302 条款要求企业的管理层向公众披露有关内部控制的实质性缺陷和实质性变更。而其中涉及内部控制缺陷制度的条款见表 2 – 7。

表 2 – 7   **SOX 法案涉及内部控制缺陷制度的内容**

相关法规	条款	主要内容
SOX 法案	302 条款	编制定期报告的公司，首席执行官和首席财务官在每一年度报告或季度报告中保证签署官已向公司的审计师及董事会下属的审计委员会披露内部控制的设计或执行中所有的重大缺陷，以及向公司的审计师指出内部控制的重大缺陷；签署官应在报告中指明内部控制的重大缺陷或重要缺陷的更正措施

302 条款（a）要求按照《1934 年证券交易法》的 13（a）或 15（d）部分编制定期报告的公司，首席执行官和首席财务官在每一年度报告或季度报告中保证签署官已向公司的审计师及董事会下属的审计委员会披露影响内部控制设计和执行过程中存在的重大缺陷。其中，首席执行官和首席财务官需要对公司建立和维护内部控制负责，提交财务报告前需向审计师及审计委员会披露内部控制中存在的重要缺陷及内部控制系统中关键人员是否存在舞弊行为，如果存在舞弊行为需要对该行为进行披露。在对内部控制做出评价之后，还需对内部控制发生的重大变化以及管理层对缺陷的整改措施做出陈述。

（二）《内部控制——整合框架》（2013）内部控制缺陷披露制度

《内部控制——整合框架》（2013）中要求企业应依据监管机构、标准制定机构或管理层和董事会所设定的标准，对各种发现进行评估，必要时应当向管理层和董事会报告各项缺陷并应评价内部控制缺陷，且及时与整改责任方沟通，还应与高级管理层和董事会沟通。涉及内部控制缺陷的内容见表 2 – 8。

表 2 - 8　　　《内部控制——整合框架》（2013）涉及内部控制缺陷制度的内容

相关法规	章节	主要内容
《内部控制——整合框架》（2013）	内部控制要素	监督活动：主体应依据监管机构、标准订立机构和管理层、董事会所设定的标准进行评估，必要时应当向管理层和董事会报告各项缺陷
	要素和原则	监督活动：组织应评价内部控制缺陷，并及时与整改责任方沟通，必要时还应与高级管理层和董事会沟通
	有效的内部控制	若存在一项重大缺陷，而该缺陷与某要素或相关原则的存在并持续运行相关，或与各要素未以整合的方式共同运行相关，组织就不能得出其已满足有效内部控制体系所有要求的结论
	内部控制整合框架的使用	董事会应被告知如下信息：实现主体目标的各种风险、对内部控制缺陷的评估、管理层为应对这些风险和缺陷而部署的行动，以及管理层如何评估内部控制体系的有效性

《内部控制——整合框架》（2013）要求，在内部控制整合框架的使用过程中董事会应被告知实现主体目标的各种风险、对内部控制缺陷的评估、管理层为应对这些风险和缺陷而部署的行动，以及管理层如何评估内部控制体系的有效性。SOX 法案中的内部控制缺陷制度侧重于在编制报告时需披露内部控制缺陷，而《内部控制——整合框架》（2013）更侧重于从机构内部控制的有效性设置和监督活动方面来完善内部控制缺陷制度。

（三）《第 5 号审计准则》中内部控制缺陷披露制度

2007 年 PCAOB 发布了《第 5 号审计准则》（AS5），指出有效性的财务报告内部控制为财务报告的可靠性和编制外部财务报表提供了合理的保证。如果存在一个或多个重大缺陷，公司对财务报告的内部控制不能被视为有效（见表 2 - 9）。

表 2 - 9　　　《第 5 号审计准则》（AS5）内部控制缺陷披露制度

相关法规	章节	主要内容
《第 5 号审计准则》	评价识别出的缺陷	评估每个控制缺陷的严重程度；风险因素影响是否有合理的可能性，即缺陷或缺陷的组合会导致账户余额或披露的错报；审计师在确定控制缺陷或缺陷组合是否是实质性弱点时，应评估补偿控制的效果
	重大缺陷迹象	财务报告内部控制存在重大缺陷的迹象

财务报告内部控制存在重大缺陷的迹象包括：

（1）识别出与高级管理层有关的舞弊，无论重大与否；

（2）为反映对一个重大错报的更正而重述以前发布的财务报表；

（3）审计师识别出了当期财务报表中的一个重大错报，而当期的情形表明公司财务报告内部控制没有发现该项错报；

（4）公司审计委员会对公司的对外财务报告和财务报告内部控制的监督无效。

AS5 指出在评价一个缺陷或多个缺陷的重要性时，审计师还应当确定细节的水平和保证的程度，他们要使谨慎的职员在处理其事务时确信他们合理保证对交易进行了必要的记录以允许按照公认会计原则编制财务报表。

二、我国内部控制缺陷披露制度

2006 年，上海证券交易所和深圳证券交易所分别制定了《上市公司内部控制指引》，鼓励上市公司披露内部控制信息。财政部连同银监会等五部委先后于 2008 年和 2010 年颁布《企业内部控制基本规范》和《企业内部控制配套指引》，以此规范我国企业的内部控制建设工作。其中，《企业内部控制基本规范》要求上市公司结合内部监督情况披露年度内部控制自我评价报告，并可聘请中介机构对其进行审计；还要求上市公司制定内部控制缺陷认定标准，对监督过程中发现的内部控制缺陷，应当分析缺陷的性质和产生的原因，提出整改方案，采取适当的形式及时向董事会、监事会或者经理层报告。《企业内部控制评价指引》要求企业内部控制自我评价中应该包括：内部控制缺陷及其认定情况，内部控制缺陷的整改情况及重大缺陷拟采取的整改措施。《企业内部控制审计指引》也界定了注册会计师对缺陷的认定范围。2014 年，中国证券监督管理委员会和财政部又发布了《公开发行证券的公司信息披露编报规则第 21 号——年度内部控制评价报告的一般规定》，制定了关于企业开展内部控制工作需包含的内部控制缺陷要素，以及完善了内部控制缺陷认定标准、内部控制缺陷整改情况的内容。

（一）《企业内部控制基本规范》中的内部控制缺陷披露制度

《企业内部控制基本规范》中涉及的内部控制缺陷披露制度见表 2 – 10。

表 2 – 10 《企业内部控制基本规范》涉及内部控制缺陷制度的内容

相关法规	条款	主要内容
《企业内部控制基本规范》	第五条	评价内部控制的有效性，发现内部控制缺陷，应当及时加以改进
	第十五条	内部审计机构应当结合内部审计监督，对监督检查中发现的内部控制缺陷，应当按照企业内部审计工作程序进行报告
	第四十五条	企业应当制定内部控制缺陷认定标准，对监督过程中发现的内部控制缺陷，应当分析缺陷的性质和产生的原因，提出整改方案

在《企业内部控制基本规范》中，内部控制缺陷披露制度主要体现在：其一，内部监督职能的扩展。企业要对内部控制建立与实施情况进行监督检查，评价内部控制的有效性，发现内部控制缺陷，应当及时加以改进。内部审计机构对监督检查中发现的内部控制缺陷，应当按照企业内部审计工作程序进行报告；对监督检查中发现的内部控制重大缺陷，有权直接向董事会及其审计委员会、监事会报告。其二，制定内部控制缺陷认定标准，对监督过程中发现的内部控制缺陷，应当分析缺陷的性质和产生的原因，提出整改方案，采取适当的形式及时向董事会、监事会或者经理层报告。企业应当跟踪内部控制缺陷整改情况，并就内部监督中发现的重大缺陷，追究相关责任单位或者责任人的责任。

（二）《企业内部控制配套指引》中的内部控制缺陷披露制度

《企业内部控制评价指引》主要从对内部控制缺陷的认定以及要求企业披露内部控制缺陷方面来完善。企业对内部控制缺陷的认定，以日常监督和专项监督为基础，结合年度内部控制评价，由内部控制评价部门进行综合分析后提出认定意见，按照规定的权限和程序进行审核后予以最终认定。涉及内部控制缺陷披露制度的主要内容见表 2 – 11。

表 2 – 11 《企业内部控制配套指引》涉及内部控制缺陷制度的内容

相关法规	章节条款	主要内容
《企业内部控制评价指引》	第四章第十六、第十七、第十八、第十九条	内部控制缺陷的认定：内部控制缺陷包括设计缺陷和运行缺陷
	第五章第二十一、第二十二、第二十三条	要求企业披露内部控制缺陷及其认定情况

续表

相关法规	章节条款	主要内容
《企业内部控制审计指引》	第二章第七条	在计划审计工作时，注册会计师应当评价相关事项对内部控制、财务报表以及审计工作的影响，如与企业沟通过的内部控制缺陷
	第四章	评价控制缺陷
	第五章	完成审计工作：注册会计师完成审计工作后，应当取得经企业签署的书面声明。书面声明应当包括企业已向注册会计师披露识别出的所有内部控制缺陷，并单独披露其中的重大缺陷和重要缺陷
	第六章第三十、第三十二条	注册会计师认为财务报告内部控制存在一项或多项重大缺陷的，除非审计范围受到限制，应当对财务报告内部控制发表否定意见。注册会计师出具否定意见的内部控制审计报告，还应当包括下列内容：重大缺陷的定义；重大缺陷的性质及其对财务报告内部控制的影响程度。记录审计工作：注册会计师对在审计过程中注意到的非财务报告内部控制缺陷，应当区别具体情况予以处理

　　《企业内部控制审计指引》主要从评价控制缺陷和缺陷分类方面来完善。内部控制缺陷按其成因分为设计缺陷和运行缺陷，按其影响程度分为重大缺陷、重要缺陷和一般缺陷。重大缺陷，是指一个或多个控制缺陷的组合，可能导致企业严重偏离控制目标。重要缺陷，是指一个或多个控制缺陷的组合，其严重程度和经济后果低于重大缺陷，但仍有可能导致企业偏离控制目标。一般缺陷，是指除重大缺陷、重要缺陷之外的其他缺陷。重大缺陷、重要缺陷和一般缺陷的具体认定标准，由企业根据上述要求自行确定。在确定一项内部控制缺陷或多项内部控制缺陷的组合是否构成重大缺陷时，注册会计师应当评价补偿性控制（替代性控制）的影响。注册会计师认为财务报告内部控制存在一项或多项重大缺陷的，除非审计范围受到限制，应当对财务报告内部控制发表否定意见。注册会计师完成审计工作后，应当取得包括企业已向注册会计师披露识别出的所有内部控制缺陷，并单独披露其中的重大缺陷和重要缺陷且经企业签署的书面声明。

　　除了披露财务报告内部控制缺陷的相关制度，该指引也提出了披露非财务报告内部控制缺陷的要求。非财务报告内部控制缺陷是除财务报告目标之外的其他目标的内部控制，如战略目标、经营目标、合规目标等。注册会计师对在审计过程中注意到的非财务报告内部控制缺陷，应当区别具体情况予以处理。

（1）注册会计师认为非财务报告内部控制缺陷为一般缺陷的，应当与企业进行沟通，提醒企业加以改进，但无须在内部控制审计报告中说明。

（2）注册会计师认为非财务报告内部控制缺陷为重要缺陷的，应当以书面形式与企业董事会和经理层沟通，提醒企业加以改进，但无须在内部控制审计报告中说明。

（3）注册会计师认为非财务报告内部控制缺陷为重大缺陷的，应当以书面形式与企业董事会和经理层沟通，提醒企业加以改进；同时应当在内部控制审计报告中增加非财务报告内部控制重大缺陷描述段，对重大缺陷的性质及其对实现相关控制目标的影响程度进行披露，提示内部控制审计报告使用者注意相关风险。

（三）《公开发行证券的公司信息披露编报规则第 21 号——年度内部控制评价报告的一般规定》中内部控制缺陷披露制度

在《公开发行证券的公司信息披露编报规则第 21 号——年度内部控制评价报告的一般规定》中，涉及内部控制缺陷披露制度的主要内容见表 2 – 12。

表 2 – 12　《公开发行证券的公司信息披露编报规则第 21 号——年度内部
控制评价报告的一般规定》中涉及内部控制缺陷制度的内容

相关法规	条款	主要内容
《公开发行证券的公司信息披露编报规则第 21 号——年度内部控制评价报告的一般规定》	第十三条	年度内部控制评价报告内部控制评价工作情况应当披露内部控制评价范围、内部控制评价工作依据及内部控制缺陷认定标准，以及内部控制缺陷认定及整改情况
	第十六条	内部控制缺陷认定及整改情况应当区分财务报告内部控制和非财务报告内部控制，分别披露报告期内内部控制重大缺陷和重要缺陷的认定结果及缺陷的性质、影响、整改情况、整改计划等内容

证监会在对 2011 年年报和 2012 年年报上市公司内部控制信息披露进行审阅中发现，上市公司内部控制评价信息披露存在一定问题，包括内部控制评价报告内容与格式不统一，内部控制缺陷认定和分类标准制定不恰当、披露不充分，缺陷认定主观性强、随意性大，评价结论不客观等。为规范上市公司内部控制信息披露，证监会在总结前期经验并广泛征求意见的基础上，与财政部联合发布该规定，旨在改进上市公司内部控制评价信息披露质量。《企业内部控制基本规范》和《企业内部控制配套指引》主要从财务报表的

内部控制缺陷方面来控制有效性，与上述几个法规不同的是，2014 年发布的《公开发行证券的公司信息披露编报规则第 21 号——年度内部控制评价报告的一般规定》完善了内部控制缺陷认定及整改情况应当区分财务报告内部控制和非财务报告内部控制重大缺陷和重要缺陷等内容。

第四节　内部控制信息披露制度的不足与展望

1992 年 COSO 委员会发布《内部控制——整合框架》（1992），获得普遍认可和广泛应用，特别是为在美上市的公司提供了一个主要的使用框架，协助其依据《萨班斯—奥克斯利法案》404 条款的规定，提交有关财务报告内部控制有效性的报告。时至今日，这一经历时间考验的框架仍然被视为内部控制设计和评估领域的前沿文件。COSO 委员会发布的《内部控制——整合框架》（2013）基于持续优化的精神反映了业务和经营环境的变化、扩大经营和报告目标，以及促进内部控制有效性的原则清晰化，相应地更新了背景、扩展了应用等。美国不同时期对内部控制报告的要求都强调说明内部控制整体系统运行的有效性。其中具有转折意义的是 SOX 法案的颁布，它标志着美国对内部控制信息披露方式由自愿披露转向强制性披露阶段。SOX 法案 302 条款规定企业的管理层应在季度或年度财务报告中对企业内部控制的有效性进行评估，并及时向审计委员会披露企业内部控制的实质缺陷和重要缺陷。404 条款规定企业的管理层应当在年度财务报告中出具内部控制自我评价报告，并发表对内部控制评价报告的鉴定报告。SOX 法案 302 条款和 404 条款都明确规定企业的管理层必须在年度财务报告中签字来保证财务报告的可靠性。内部控制信息披露方式经历了由自愿披露到强制性披露阶段，美国证券委员会对企业发布的内部控制信息披露报告的要求也不断完善。

我国最早对内部控制的完整定义是在 1996 年财政部颁布的《独立审计具体准则第 9 号》中给出的，认为内部控制是指被审计单位为了保证单位资产的安全和完整及日常经营活动的正常有效进行，及时发现并改正错误和舞弊，保证会计资料的真实性和完整性而制定的一系列程序和政策。这是依据外部注册会计师审计工作质量来了解单位的内部控制具体情况。2001 年我国证监会发布了《公开发行证券的公司信息披露内容与格式准则第 1 号》和《公开发行证券的公司信息披露内容与格式准则第 11 号》，准则规定，新股发行人应当由企业的管理层发布包括内部控制完整性、合理性和有效性的自我评估意见，注册会计师也应该对企业披露的内部控制中有关完整性、合理性和完整性缺陷发表改正意见。2006 年上海证券交易所颁布的《上市公司内部控制指引》鼓励有条件的上市公司自愿披露内部控制自我评价报告，而深圳证券交易所则强烈要求上市公司出具内部控制自我评价报告。随后财政部联合五部委 2008 年公开颁布的《企业内部控制基本规范》要求企业披露内部控制自我评价报告，标志着我国内部控制信息披露的方式也逐渐由自愿披露向强制性披露方式转变。《企业内部控制基本规范》规定，企业应当对内部控制的有效性发表自我评价报告，并聘请外部的会计师事务所对发表的自我评价报告进行审计和鉴定。除了要披露内部控制自我评价报告外，还应当及时向企业董事会或经理层出具关于内部控制缺陷的整改措施。2010 年我国颁布了《企业内部控制配套指引》，标志着我国企业内部控制规范体系已经基本建立。

美国对内部控制理论进行研究，且内部控制信息披露的视角和方法呈现出多样化的特点，较多关注内部控制信息披露的市场反应和经济后果，研究成果比较丰富。相比之下，我国内部控制研究起步较晚，相关的理论研究数量较少，目前基本是对内部控制信息披露状况和影响因素的研究，并且规范性研究居多，这主要是因为美国在内部控制信息披露实务与立法方面都早于中国，拥有丰富的数据基础。通过对中美两国内部控制制度和背景环境的比较分析，中国的内部控制制度还有许多需要改进的地方。例如，内部控制缺陷的界定尚不清晰，各项内部控制相关规定对企业内部控制信息披露提出的要求不统一，未出台针对中小规模上市公司的规范指引等。因此，我国内部控制信息披露制度具体可以从以下三个方面来改进。

（一）加强内部控制自我评价报告实质性信息的披露

《企业内部控制评价指引》虽然规范了自我评价报告的内容、程序，但对于内部控制缺陷的界定尚不清晰，容易导致自我评价报告流于形式，上市公司在自我评价报告中通常只传达好的信息，但对内部控制缺陷的信息很少披露，这无疑降低了内部控制信息披露的质量。《企业内部控制评价指引》第五章第二十二条规定了内部控制评价报告至少应当披露内部控制缺陷的整改情况及重大缺陷拟采取的整改措施，也就是对一般缺陷并不强制性披露；《企业内部控制审计指引》第六章第三十条规定，注册会计师认为财务报告内部控制存在一项或多项重大缺陷的，除非审计范围受到限制，都应当发表否定意见。因此，企业对一般缺陷的披露不具备主动性。上市公司在其内部控制自我评价报告中，常见的做法是以内部控制要素、内部控制程序等冗余的信息替代投资决策者真正关心的内部控制缺陷信息及整改方案。

（二）各规章制度之间要统一口径

目前，很多部门都对企业内部控制信息披露提出要求，较具代表性的有财政部、证监会、上海证券交易所、深圳证券交易所。比如，上海证券交易所发布的《上海证券交易所上市公司内部控制指引》和深圳证券交易所发布的《深圳证券交易所上市公司内部控制指引》对内部控制信息披露提出了强制性的要求，但在随后的年度报告通知中，两交易所均改变口吻，将要求变为鼓励；《企业内部控制基本规范》也对内部控制信息披露提出了强制性要求，但随后两交易所并没有强制实施；《企业内部控制配套指引》强制要求在境内外同时上市的公司以单独报告的形式披露注册会计师出具的内部控制审计报告，但上海证券交易所要求披露的却是财务报告内部控制审计报告。诸如此类，各项规定不统一容易导致上市公司利用规章制度进行舞弊的漏洞。

（三）出台针对中小规模上市公司的规范指引

2016 年在《会计改革与发展"十三五"规划纲要》中，财政部指出下一步将完善《企业内部控制基本规范》及其配套指引，研究制定《小企业内部控制规范》。但是，目前我国对中小企业内部控制信息披露并没有强制性的披露规定。而随着我国中小板上市公司的数量逐渐增加，更多的投资者都越来越关注中小企业的经验绩效和管理规范性。内部控制体系的建设和运行是一项系统工程，成本颇高，中小企业在建立和完善内部控制制度时仍需遵循成本效益原则。我们可以学习美国的做法，COSO 委员会专门针对中小型上市公司按照成本效益原则设计和执行内部控制情况，发布了《较小型公众公司财务报告内部控制指南》。因此，我国急需出台专门针对中小型上市公司的内部控制规范指引。

第三章　我国上市公司内部控制
信息披露现状

第一节　样本选取与数据来源

2010 年 4 月 26 日，财政部会同证监会、审计署、国资委、银监会、保监会等部门在北京召开联合发布会，隆重发布了《企业内部控制配套指引》。该配套指引连同 2008 年 5 月发布的《企业内部控制基本规范》共同构建了中国企业内部控制规范体系。自 2011 年 1 月 1 日起首先在 68 家境内外同时上市的公司和 216 家内部控制规范试点公司施行，自 2012 年 1 月 1 日起扩大到在上海证券交易所、深圳证券交易所主板上市的公司施行，在此基础上，择机在中小板和创业板上市公司施行。同时，鼓励非上市大中型企业提前执行。执行企业内部控制规范体系的企业，必须对本企业内部控制的有效性进行自我评价，披露年度自我评价报告，并聘请会计师事务所对其财务报告内部控制的有效性进行审计，出具审计报告。政府监管部门将对相关企业执行内部控制规范体系的情况进行监督检查。这是全面提升上市公司和非上市大中型企业经营管理水平的重要举措，也是我国应对国际金融危机的重要制度安排。

2012 年，财政部又发布了关于 2012 年主板上市公司分类分批实施企业内部控制规范体系的通知，这标志着我国上市公司正式进入内部控制规范体系的分类分批实施阶段。为了全面、深入了解上市公司执行企业内部控制规范体系的情况，本章以 2010～2017 年在上海证券交易所、深圳证券交易所（以下简称沪、深两市）A 股上市的上市公司为样本，对其披露的内部控制情况进行统计，并对内部控制整体水平进行定量和定性分析。本章数据主要来源于迪博内部控制与风险管理数据库（www.ic-erm.com）和中国证监会网站（www. csrc. gov. cn）。

第二节　内部控制评价报告披露情况

　　财政部发布的关于 2012 年主板上市公司分类分批实施企业内部控制规范
体系的通知中指明，中央和地方国有控股上市公司应于 2012 年全面实施企业
内部控制规范体系，并在披露 2012 年公司年报的同时披露董事会对公司内部
控制的自我评价报告以及注册会计师出具的财务报告内部控制审计报告。一
部分非国有控股主板上市公司应在披露 2013 年公司年报的同时，披露董事会
对公司内部控制的自我评价报告以及注册会计师出具的财务报告内部控制审
计报告。而其他主板上市公司，应在披露 2014 年公司年报的同时，披露董事
会对公司内部控制的自我评价报告以及注册会计师出具的财务报告内部控制
审计报告。据此，本节将内部控制的实施阶段分为两部分，2012 年以前为自
愿阶段，2012 年及以后为强制阶段。为了对内部控制的实施情况有一个整体
的把握，在本章第二节和第三节将不再对此进行区分。

一、自愿阶段内部控制评价报告披露情况

（一）内部控制自我评价报告

　　截至 2010 年 12 月 31 日，沪、深两市上市公司共 2063 家。在这 2063 家
上市公司中，有 1619 家上市公司披露了 2010 年度内部控制评价报告，占比
78.48%。2011 年披露内部控制评价报告的情况与 2010 年基本相同。截至
2011 年 12 月 31 日，沪、深两市上市公司共 2342 家。在这 2342 家上市公司
中，有 1847 家上市公司披露了 2011 年度内部控制评价报告，占比 78.86%，
仅比 2010 年增长了 0.38 个百分点。

（二）内部控制评价结论

　　在 1619 家披露 2010 年度内部控制评价报告的上市公司中，有 1614 家上
市公司内部控制评价结论为整体有效，占披露了内部控制评价报告的上市公
司的 99.69%；3 家上市公司内部控制评价结论为整体无效，分别为 S*ST 恒
立（000622）、绿大地（002200）、紫金矿业（601899），占披露了内部控制

评价报告的上市公司的 0.19%；*ST 朝华（000688）、酒鬼酒（000799）2 家上市公司未出具内部控制评价结论，占比 0.12%。2011 年，在 1847 家披露了年度内部控制评价报告的上市公司中，1844 家上市公司的内部控制评价结论为整体有效，占披露了内部控制评价报告的上市公司的 99.84%；新华制药（000756）和中恒集团（600252）2 家上市公司内部控制评价结论为整体无效，占披露了内部控制评价报告的上市公司的 0.11%；*ST 朝华（000688）1 家上市公司未出具内部控制评价结论，占比 0.05%。

从 2010 年和 2011 年两年的数据来看，披露内部控制自我评价报告的上市公司占当年总的上市公司的比例并不大。并且这两年在披露内部控制评价报告的上市公司中，共有 5 家上市公司内部控制评价结论为整体无效，还有 3 家上市公司虽然披露了内部控制评价报告，但并未对内部控制的有效性出具结论。此外，这一阶段内部控制评价报告的格式也不统一，数据库中没有这两年内部控制评价报告格式规范性的统计。

二、强制阶段内部控制评价报告披露情况

（一）内部控制自我评价报告

截至 2012 年 12 月 31 日，沪、深两市上市公司共 2494 家。在全部上市公司中，有 2244 家上市公司披露了 2012 年度内部控制评价报告，占比 89.98%。在 2013 年和 2014 年，披露内部控制评价报告的上市公司数量和其所占当年总的上市公司的比例均呈上升趋势。截至 2013 年 12 月 31 日，沪、深两市上市公司共 2489 家。在全部上市公司中，有 2360 家上市公司披露了 2013 年度内部控制评价报告，占比 94.82%，比 2012 年增长了 4.84 个百分点。披露内部控制评价报告的公司在 2014 年达到最高，截至 2014 年 12 月 31 日，沪、深两市上市公司共 2613 家。在全部上市公司中，有 2306 家上市公司披露了 2014 年度内部控制评价报告，占比 99.73%。2015 年、2016 年和 2017 年披露内部控制评价报告的上市公司数量依然呈现增长趋势，但是其所占当年总的上市公司的比例却呈现下降趋势。截至 2015 年 12 月 31 日，沪、深两市上市公司共 2827 家。在全部上市公司中，有 2688 家上市公司披露了 2015 年度内部控制评价报告，占比 95.08%，比 2014 年下降了 4.65 个百分点。截至 2016 年 12 月 31 日，沪、深两市上市公司共 3052 家。在全部上市公司中，2881 家上市公司披露了 2016 年度内部控制评价报告，占比

94.40%，比 2015 年下降了 0.68 个百分点。截至 2017 年 12 月 31 日，沪、深两市上市公司共 3485 家。在全部上市公司中，3070 家上市公司披露了 2017 年度内部控制评价报告，占比 88.09%，比 2016 年下降了 6.31 个百分点。

从图 3-1 可以直观地看出，2012~2017 年披露内部控制评价报告的上市公司数量一直处于上升的趋势，相对于 2010 年和 2011 年有了明显的上升。披露内部控制评价报告的上市公司占当年总的上市公司的比例相对于 2010 年和 2011 年也有了很明显的增长，从 2010 年的 78.48% 和 2011 年的 78.86%，增长到 2012 年的 89.98%，再到 2014 年的 99.73%。在 2014 年达到顶峰后，2015~2017 年均有所下降，但依然要高于 2010 年和 2011 年。2012 年、2013 年和 2014 年之所以出现大幅度的增长，是因为中央和地方国有控股上市公司从 2012 年起必须要披露内部控制评价报告，非国有控股主板上市公司从 2013 年起必须要披露内部控制评价报告，而其他主板上市公司必须从 2014 年起披露内部控制评价报告。

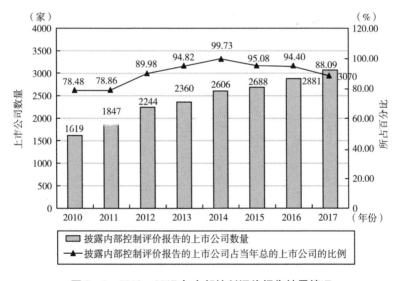

图 3-1　2010~2017 年内部控制评价报告披露情况

（二）内部控制评价结论

2012 年，在 2244 家披露年度内部控制评价报告的上市公司中，2240 家上市公司内部控制评价结论为整体有效，占披露了内部控制评价报告的上市公司的 99.82%；4 家上市公司内部控制评价结论为整体无效，分别为万福生科（300268）、海联讯（300277）、长春经开（600215）、北大荒（600598），占披露了内部控制评价报告的上市公司的0.18%。

2013年，在2360家披露年度内部控制评价报告的上市公司中，2333家上市公司内部控制评价结论为整体有效，占披露了内部控制评价报告的上市公司的98.86%；7家上市公司内部控制评价结论为整体无效，分别为*ST国恒（000594）、四海股份（000611）、键桥通讯（002316）、*ST超日（002506）、迪威视讯（300167）、大有能源（600403）、天津磁卡（600800），占披露了内部控制评价报告的上市公司的0.30%；9家上市公司财务报告内部控制无效，非财务报告内部控制有效；9家上市公司财务报告内部控制有效，非财务报告内部控制无效，这两者占比0.76%；星美联合（000892）和康得新（002450）2家上市公司在内部控制评价报告中未对内部控制的有效性出具结论。

2014年，在2606家披露年度内部控制评价报告的上市公司中，2569家上市公司的内部控制评价结论为整体有效，占披露了内部控制评价报告的上市公司的98.58%；8家上市公司内部控制评价结论为整体无效，分别为内蒙发展（000611）（2014年10月27日，"四海股份"的公司证券简称变更为"内蒙发展"）、舜天船舶（002608）、山水文化（600234）、大有能源（600403）、皖江物流（600575）、*ST博元（600656）、多伦股份（600696）、上海新梅（600732），占披露了内部控制评价报告的上市公司的0.31%，还有18家上市公司财务报告内部控制无效，非财务报告内部控制有效；9家上市公司财务报告内部控制有效，非财务报告内部控制无效，这两者占比1.04%；星美联合（000892）和迪威视讯（300167）2家上市公司未对内部控制的有效性出具结论。

2015年，在2688家披露年度内部控制评价报告的上市公司中，2656家上市公司内部控制评价结论为整体有效，占披露了内部控制评价报告的上市公司的98.81%。7家上市公司内部控制评价结论为整体无效，分别为ST生化（000403）、华泽钴镍（000693）、中水渔业（000798）、顾地科技（002694）、沃森生物（300142）、大有能源（600403）、雪峰科技（603227），占比0.26%。还有14家上市公司财务报告内部控制无效，非财务报告内部控制有效；11家上市公司财务报告内部控制有效，非财务报告内部控制无效，这两者占比0.93%。

2016年，在2881家披露年度内部控制评价报告的上市公司中，2851家上市公司内部控制评价结论为整体有效，占披露了内部控制评价报告的上市公司的98.96%。4家上市公司内部控制评价结论为整体无效，分别为*ST华泽（000693）、宝馨科技（002514）、ST慧球（600556）、*ST昆机（600806），占比0.14%。还有18家上市公司财务报告内部控制无效，非财务报告内部控制有效；8家上市公司财务报告内部控制有效，非财务报告内部控制无效，这两者占比0.90%。

2017年，在3070家披露年度内部控制评价报告的上市公司中，3012家上市公司内部控制评价结论为整体有效，占披露了内部控制评价报告的上市公司的98.11%。17家上市公司内部控制评价结论为整体无效，分别为神州长城（000018）、众和股份（002070）、东方网络（002175）、尤夫股份（002427）、壹桥股份（002447）、贝因美（002570）、龙力生物（002604）、舜喆（B200168）、盛运环保（300090）、乐视网（300104）、保千里（600074）、黄河旋风（600172）、海南椰岛（600238）、富控互动（600634）、飞乐音响（600651）、大连控股（600747）、亿阳信通（600289），占比0.55%。还有28家上市公司财务报告内部控制无效，非财务报告内部控制有效；13家上市公司财务报告内部控制有效，非财务报告内部控制无效，这两者占比1.34%。

由表3–1可知，内部控制评价结论为整体有效的上市公司占当年披露内部控制评价报告的上市公司的比例始终处于98%以上，内部控制整体无效的上市公司数量在2010~2016这7年间始终处于10家以下，但在2017年内部控制整体无效的上市公司飙升至17家。

表3–1　　　　　　　　2010~2017年内部控制评价结论情况统计

项目	2010年	2011年	2012年	2013年	2014年	2015年	2016年	2017年
内部控制整体有效（家）	1614	1844	2240	2333	2569	2656	2851	3012
内部控制整体无效（家）	3	2	4	7	8	7	4	17
内部控制整体有效占比（%）	99.69	99.84	99.82	98.86	98.58	98.81	98.96	98.11
内部控制整体无效占比（%）	0.19	0.11	0.18	0.30	0.31	0.26	0.14	0.55

从图 3 - 2 可以直观地看到，内部控制整体有效的上市公司数量一直处于上升趋势，这主要是由于，2010 ～ 2017 年，每年总的上市公司数量都在增加以及披露内部控制评价报告的上市公司的数量也一直在增长。

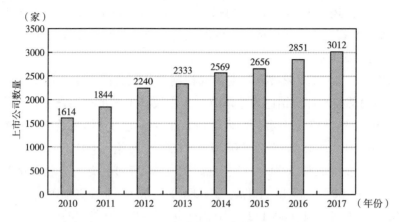

图 3 - 2　2010 ～ 2017 年内部控制整体有效的情况统计

（三）内部控制评价报告格式的规范性

在迪博内部控制与风险管理数据库中，关于内部控制评价报告格式的规范性，从 2013 年才有相关的数据，故本部分将只对 2013 ～ 2017 年 5 年的数据进行统计。

2013 年，在 2360 家披露了内部控制评价报告的上市公司中，有 1782 家上市公司按照规范的格式披露了内部控制评价报告，占比为 75.51%；578 家上市公司未按照规范的格式进行内部控制评价报告披露，占比 24.49%。2014 年，在 2606 家披露了内部控制评价报告的上市公司中，有 2107 家上市公司按照规范的格式披露了内部控制评价报告，占比为 80.85%，比 2013 年增长了 5.34 个百分点；有 499 家上市公司未按照规范的格式进行内部控制评价报告披露，占比 19.15%。2015 年，在 2688 家披露了内部控制评价报告的上市公司中，有 2270 家上市公司按照规范的格式披露了内部控制评价报告，占比 84.45%，比 2014 年增长了 3.6 个百分点；有 418 家上市公司未按照规范的格式进行内部控制评价报告披露，占比 15.55%。2016 年，在 2881 家披露了内部控制评价报告的上市公司中，有 2456 家上市公司按照规范的格式披露了内部控制评价报告，占比 85.25%，比 2015 年仅增长了 0.8 个百分点；有 425 家上市公司未按照规范的格式进行内部控制评价报告披露，占比

14.75%。2017年，在3070家披露了内部控制评价报告的上市公司中，有1566家上市公司按照规范的格式披露了内部控制评价报告，占比51.01%，还有1100家上市公司按照沪市新模板披露了内部控制评价报告，占比35.83%，如此，按规范的格式披露的内部控制评价报告占比达86.84%，比2016年增长了1.59个百分点；有404家上市公司未按照规范的格式进行内部控制评价报告披露，占比13.16%。

关于内部控制评价报告格式规范性的整体情况，从图3-3中可以看到，内部控制评价报告为规范的格式的上市公司，无论从数量上还是从比例上均呈现出递增的趋势。

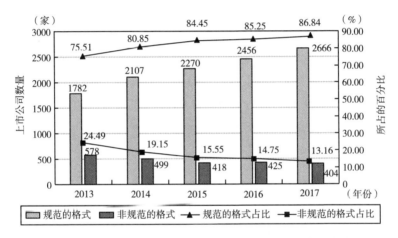

图3-3 2013~2017年内部控制报告格式规范性情况统计

第三节 内部控制评价报告中缺陷披露情况

一、内部控制缺陷认定标准披露情况

在2010年，由于企业内部控制规范体系还未实施，在披露内部控制评价报告的1619家上市公司中，仅有8家上市公司披露了内部控制缺陷认定标准，占比0.49%。随着2011年1月1日，企业内部控制规范体系率先在境内外同时上市的公司施行，2011年度在1847家披露内部控制评价报告的上市公司中，有175家披露了内部控制缺陷认定标准，占比9.47%，相比2010年

的 0.49%，上升了 8.98 个百分点。在 2012 年，实施范围又扩大到国有控股主板上市公司，此时在披露内部控制评价报告的 2244 家上市公司中，有 751 家上市公司披露了内部控制缺陷认定标准，占比 33.47%，比上年增加了 24 个百分点。2013 年实施范围进一步扩大到一定规模以上非国有控股主板上市公司，在 2360 家披露内部控制评价报告的上市公司中，有 1810 家披露了内部控制缺陷认定标准，占比 76.69%，比上年增加了大约 43.22 个百分点。2014 年，在 2606 家披露内部控制评价报告的上市公司中，2161 家披露了内部控制缺陷认定标准，占比 82.92%，比 2013 年增长了 6.23 个百分点。这一连续增长的趋势在 2015 年继续保持。2015 年，在披露内部控制评价报告的 2688 家上市公司中，有 2638 家上市公司披露了内部控制缺陷认定标准，比例高达 98.14%，比 2014 年增长了 15.22 个百分点。2016 年，在披露内部控制评价报告的 2881 家上市公司中，有 2831 家上市公司披露了内部控制缺陷认定标准，所占比例为 98.26%，与 2015 年基本持平。2017 年，在披露内部控制评价报告的 3070 家上市公司中，有 2670 家上市公司披露了内部控制缺陷认定标准，所占比例为 86.97%，相比之前，下滑趋势明显。具体的情况见表 3 - 2。

表 3 - 2 　　　　　　2010 ~ 2017 年内部控制缺陷认定标准披露情况

项目	2010 年	2011 年	2012 年	2013 年	2014 年	2015 年	2016 年	2017 年
披露的数量（家）	8	175	751	1810	2161	2638	2831	2670
未披露的数量（家）	1611	1672	1493	550	445	50	50	400
披露所占的比例（%）	0.49	9.47	33.47	76.69	82.92	98.14	98.26	86.97
未披露所占的比例（%）	99.51	90.53	66.53	23.31	17.08	1.86	1.74	13.03

从图 3 - 4 中可以直观地看出，内部控制缺陷认定标准的披露比例在逐年上升，自 2010 年的 0.49% 上升至 2016 年的 98.26%。尤其是 2012 年和 2013 年增幅很大，2012 年相对于 2011 年增长了 24 个百分点，2013 年相对于 2012 年增长了 43.22 个百分点。2015 年和 2016 年这两年基本持平，2017 年却出现明显下降的情况。

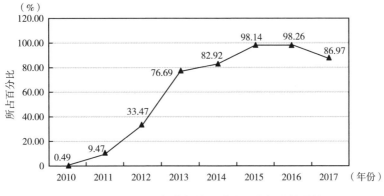

图 3 – 4　2010 ~ 2017 年内部控制缺陷认定标准披露情况

二、内部控制缺陷披露情况

2010 年度，有 341 家上市公司披露其内部控制存在缺陷，在当年披露内部控制自评报告的 1619 家上市公司中，占比 21.06%。2011 年，有 231 家上市公司披露其内部控制存在缺陷，在当年披露内部控制自评报告的 1847 家上市公司中，占比 12.51%，比上年下降了 8.55%。而在 2012 年，披露内部控制存在缺陷的上市公司数量出现增长，507 家上市公司披露其内部控制存在缺陷，在当年披露内部控制自评报告的 2244 家上市公司中，占比 22.59%，之所以出现这样的上升趋势，主要源于企业内部控制规范体系实施范围扩大到国有控股主板上市公司。2013 年、2014 年披露内部控制存在缺陷的上市公司数量下降，但这两年的情况基本相当，披露内部控制存在缺陷的上市公司占当年披露内部控制自评报告的上市公司的比例分别为 13.60% 和 13.51%。2015 年，披露内部控制存在缺陷的上市公司数量有所上升，495 家上市公司披露其内部控制存在缺陷，在当年披露内部控制自评报告的 2688 家上市公司中，占比 18.42%。2016 年，披露内部控制存在缺陷的上市公司数量为 529 家，在当年披露内部控制自评报告的 2881 家上市公司中，占比 18.36%。2016 年与 2015 年相比，披露内部控制存在缺陷的上市公司数量有所增加，但披露内部控制存在缺陷的上市公司占当年披露内部控制自评报告的上市公司的比例却下降了 0.06 个百分点。2017 年，披露内部控制存在缺陷的上市公司数量为 456 家，在当年披露内部控制自评报告的 3070 家上市公司中，占比 14.85%。从表 3 – 3 中可以更详细地看到披露内部控制存在缺陷的上市公司情况。从图 3-5 中可以观察到，2010～2017 年这 8 年披露内部控制存在缺陷的上市公司情况并没有规律可循。

表 3-3 　　　　2010～2017 年披露内部控制存在缺陷的上市公司情况

项目	2010 年	2011 年	2012 年	2013 年	2014 年	2015 年	2016 年	2017 年
披露内部控制存在缺陷的上市公司数量（家）	341	231	507	321	352	495	529	456
披露内部控制不存在缺陷的上市公司数量（家）	1278	1616	1737	2039	2254	2193	2352	2614
披露内部控制存在缺陷的上市公司所占的比例（%）	21.06	12.51	22.59	13.60	13.51	18.42	18.36	14.85
披露内部控制不存在缺陷的上市公司所占的比例（%）	78.94	87.49	77.41	86.40	86.49	81.58	81.64	85.15

图 3-5　2010～2017 年披露内部控制存在缺陷的上市公司情况统计

2010 年，341 家披露内部控制存在缺陷的上市公司共计披露 897 项内部控制缺陷，其中重大缺陷 7 项，重要缺陷 8 项，一般缺陷 882 项。2011年，虽然披露内部控制存在缺陷的上市公司数量比 2010 年减少了 110 家，但所披露的内部控制缺陷总数为 3187 项，是 2010 年的 3.5 倍多。其中有 21 项重大缺陷，98 项重要缺陷，3068 项一般缺陷。2012 年，507 家披露内部控制存在缺陷的上市公司共计披露 4293 项内部控制缺陷，其中重大缺陷有 20 项，重要缺陷有 340 项，一般缺陷有 3933 项。2013 年，321 家披露内部控制存在缺陷的上市公司共计披露了 2271 项内部控制缺陷，比 2012 年减少了 47.10%，这主要是由于披露内部控制存在缺陷的上市公司数量减少，以及披露的内部控制一般缺陷的数量减少。2014 年，352 家披露内部控制存在缺陷的上市公司共计披露 2358 项内部控制缺陷，其中重大缺陷 92 项，重要缺陷 77 项，一般缺陷 2166 项，还有未区分等级的缺陷 4 项，披露上年度的缺陷 19 项。2015 年和 2016 年披露内部控制缺陷的总数量处于上升趋势，分别为 3647 项和 4535 项。2017 年披露内部控制缺陷的总数量是 8 年中最多的一年，456 家披露内部控制存在缺陷的上市公司共计披露 4590 项内部控制缺陷，其中重大缺陷 148 项，重要缺陷 82 项，一般缺陷 4185 项，还有未区分等级的缺陷 39 项，披露上年度的缺陷 136 项。具体情况见表 3 - 4。

表 3 - 4　　　　2010 ~ 2017 年按缺陷等级统计的内部控制缺陷数量　　　　单位：项

项目	2010 年	2011 年	2012 年	2013 年	2014 年	2015 年	2016 年	2017 年
重大缺陷数量	7	21	20	56	92	75	61	148
重要缺陷数量	8	98	340	108	77	88	54	82
一般缺陷数量	882	3068	3933	1942	2166	3454	4372	4185
未区分等级的缺陷数量	—	—	—	147	4	—	—	39
披露上年度缺陷数量	—	—	—	18	19	30	48	136
合计	897	3187	4293	2271	2358	3647	4535	4590

从图 3 - 6 可以看出，2010 年内部控制重大缺陷和内部控制重要缺陷的数量均是 8 年中最少的。内部控制重大缺陷的数量从 2010 年到 2014 年一直在增长，在 2015 年和 2016 年则出现下降，2017 年的数量最多，达到 148 项。内部控制重要缺陷的数量在 2012 年，高达 340 项，而在其他年份，内部控制重要缺陷的数量最多只有 108 项。

图 3 - 7 反映的内部控制重大缺陷和重要缺陷占总缺陷的比例情况与图 3 - 6 反映的情况基本吻合。内部控制重大缺陷占总缺陷的比例在 2014 年达到一个小高峰，为 3.90%；在 2015 年和 2016 年这一比例下降；2017 年急

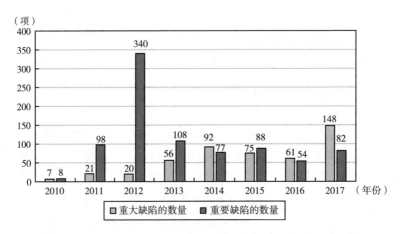

图 3-6　2010~2017 年内部控制重大缺陷和重要缺陷数量统计

剧上升，高达 13.75%。内部控制重要缺陷占总缺陷的比例在 2010~2012 年持续上升，在 2012 年，这一比例达到最大，为 7.92%；在随后的 4 年里，这一比例一直在下降；在 2017 年又开始剧增，达到 7.62%。

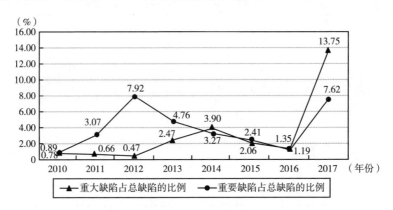

图 3-7　2010~2017 年内部控制重大缺陷和重要缺陷占总缺陷比例情况

三、内部控制评价缺陷内容

本部分将按照财务报告缺陷与非财务报告缺陷，设计缺陷与运行缺陷，公司层面与业务层面、信息系统层面缺陷，内部控制五要素对上市公司所披露的内部控制缺陷具体内容进行分类，统计出每个分类的内部控制缺陷数量和占比，并对相关数据进行分析。

（一）披露具体内容的内部控制缺陷情况

2010 年，在 341 家披露其内部控制存在缺陷的上市公司中，均披露了内部控制缺陷的具体内容，比例达到 100.00%。在 2011 年和 2012 年，企业内部控制规范体系虽然开始逐渐施行，但随着实施范围的扩大，披露具体缺陷内容的上市公司比例却在下降。其中，2011 年，在 231 家披露其内部控制存在缺陷的上市公司中，有 212 家披露了内部控制缺陷具体内容，占比 91.77%，比 2010 年下降了 8.23 个百分点。2012 年，在 507 家披露其内部控制存在缺陷的上市公司中，有 427 家披露了内部控制缺陷具体内容，占比 84.22%，比上年下降了 7.55 个百分点。到 2013 年，随着实施范围的进一步扩大，在 321 家披露其内部控制存在缺陷的上市公司中，有 273 家披露了内部控制缺陷具体内容，占比 85.05%，比 2012 年增长了 0.83 个百分点。到 2014 年，内部控制强制实施范围扩展至所有主板上市公司，披露具体缺陷内容的上市公司比例与上年相比有所上升，在 352 家披露其内部控制存在缺陷的上市公司中，有 313 家披露了内部控制缺陷具体内容，占比 88.92%，比 2013 年上升了 3.87%。2015 年，在 495 家披露其内部控制存在缺陷的上市公司中，有 428 家披露了内部控制缺陷具体内容，占比 86.46%，比 2014 年下降 2.46%。2016 年，在 529 家披露其内部控制存在缺陷的上市公司中，有 465 家披露了内部控制缺陷具体内容，占比 87.90%，比 2015 年上升了 1.44 个百分点。2017 年，在 456 家披露其内部控制存在缺陷的上市公司中，有 393 家披露了内部控制缺陷具体内容，占比 86.18%，比上年下降 1.72%。具体数据见表 3-5。

表 3-5　　　　2010~2017 年披露具体缺陷内容的上市公司情况统计

项目	2010 年	2011 年	2012 年	2013 年	2014 年	2015 年	2016 年	2017 年
披露的数量（家）	341	212	427	273	313	428	465	393
未披露的数量（家）	—	19	80	48	39	67	64	63
披露具体缺陷内容的上市公司所占比例（%）	100.00	91.77	84.22	85.05	88.92	86.46	87.90	86.18
未披露具体缺陷内容的上市公司所占比例（%）	—	8.23	15.78	14.95	11.08	13.54	12.10	13.82

　　观察图 3 - 8 可以发现，2012 年、2015 年和 2016 年披露具体缺陷内容的上市公司数量是最多的，分别为 427 家、428 家和 465 家，而 2010 年却是披露比例最高的，达到 100%。2013 ~ 2016 年披露具体缺陷内容的上市公司数量一直处于上升趋势，其披露具体缺陷内容的上市公司占当年披露了内部控制缺陷的上市公司的比例则保持在 85% ~ 89%。

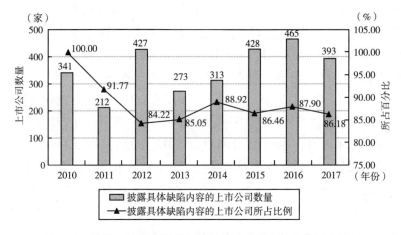

图 3 - 8　2010 ~ 2017 年披露具体缺陷内容的上市公司情况统计

　　2010 年，披露其内部控制存在缺陷的 341 家上市公司共披露 897 项内部控制缺陷，根据迪博内部控制与风险管理数据库中内部控制评价缺陷库的数据，披露了内部控制缺陷具体内容的共计 879 项，其中 6 项重大缺陷，7 项重要缺陷，866 项一般缺陷。2011 年，在 231 家披露存在内部控制缺陷的上市公司中，共存在 3187 项内部控制缺陷，该年内部控制缺陷的数量是 2010 年的 3.5 倍多，但这主要是源于一般缺陷数量剧增。在这 3187 项内部控制缺陷中，披露内部控制缺陷具体内容的有 704 项，其中 21 项重大缺陷，41 项重要缺陷，642 项一般缺陷。2012 年，在 507 家披露内部控制存在缺陷的上市公司中，共披露了 4293 项内部控制缺陷，其中有 1279 项披露了具体的缺陷内容。在这 1279 项披露了具体缺陷内容的上市公司中，重大缺陷有 20 项，重要缺陷有 39 项，一般缺陷有 1220 项，披露了具体缺陷内容的一般缺陷数量是上年的 1.9 倍。2013 年，在 321 家披露内部控制存在缺陷的上市公司中，共披露了 2271 项内部控制缺陷，在这 2271 项内部控制缺陷中，披露内部控制缺陷具体内容的有 764 项，其中 57 项重大缺陷，112 项重要缺陷，595 项一般缺陷，披露的内部控制具体缺陷总项数虽然较上年下降了很多，但重大缺陷有 57 项，比上年增加了 1 倍多。2014 年，352 家披露内部控制存在缺陷的上市公司共披露了 2358 项内部控制缺陷，在这 2358 项内部控制缺陷中，有 865 项披露了具体缺陷内容，其中重大缺陷有 103 项，比 2013 年增加了 46 项，重要缺陷有 79 项，一般缺陷有 676 项，还有 7 项未区分缺陷等级。2015 年，495 家披露内部控制存在缺陷的上市公司共披露了 3647 项内部控制缺陷，其中有 72 项重大缺陷披露了具体的缺陷内容，80 项重要缺陷披露了具体的缺陷内容，1007 项一般缺陷披露了具体的缺陷内容，共计 1159 项。2016 年，共披露内部控制缺陷 4535 项，是 8 年中数量最多的一年，在这 4535 项内部控制缺陷中，披露了具体缺陷内容的有 1238 项，其中重大缺陷 61 项，重要缺陷 54 项，一般缺陷 1123 项。2017 年，共披露内部控制缺陷 4475 项，披露了具体缺陷内容的有 1076 项，其中重大缺陷 148 项，重要缺陷 82 项，一般缺陷 846 项。

图 3 - 9 反映的是披露具体缺陷内容的数量与当年总的内部控制缺陷数量的对比。在 2012 年、2016 年和 2017 年，内部控制缺陷的总数均达到了 4000 项以上，当年披露内部控制具体缺陷的数量也要高于其他年份。不论是内部控制缺陷的总数还是披露内部控制具体缺陷的项数，都是在 2010 ~ 2012 年呈现上升的趋势，在 2013 年出现下降，随后又呈现上升趋势。2016 年与 2012 年的情况相当。

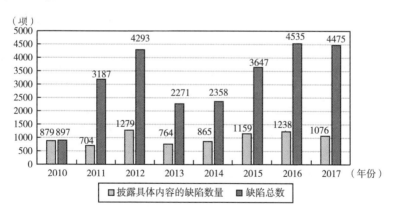

图 3 - 9 2010 ~ 2017 年披露具体缺陷内容的情况统计

图 3 - 10 反映的是在当年披露的所有内部控制缺陷中，披露了具体缺陷内容的内部控制缺陷所占的比例。2010 年的比例最高，达到 97.99%，随后的 7 年该比例均没有超过 40%。2011 年相比 2010 年，下降了 75.9 个百分

点，2011～2014 年该比例出现缓慢上升，但在 2015～2017 年又出现了下降，在 2017 年下降到了 24.04%。

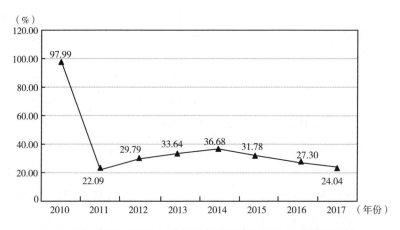

图 3-10 2010～2017 年披露具体缺陷内容所占比例情况统计

2010 年，在披露内部控制缺陷具体内容的上市公司中，有 4 家上市公司存在内部控制重大缺陷，其中，绿大地（002200）有 3 项重大缺陷，*ST 嘉瑞（000156）、S*ST 恒立（000622）和紫金矿业（601899）各有 1 项重大缺陷。2011 年，虽然披露具体内容的重大缺陷为 21 项，但内部控制存在重大缺陷的上市公司仅有 3 家，分别为：深赛格（000058）、新华制药（000756）、中恒集团（600252），其中深赛格（000058）就存在 19 项重大缺陷。2012 年，披露具体内容的重大缺陷为 20 项，这 20 项重大缺陷源于 8 家上市公司，分别为佛山照明（000541）、西王食品（000639）、山东如意（002193）、海联讯（300277）、*ST 长油（600087）、长春经开（600215）、北大荒（600598）、中材国际（600970）。其中，北大荒（600598）存在 9 项重大缺陷，长春经开（600215）存在 4 项重大缺陷，中材国际（600970）存在 2 项重大缺陷，剩余的 5 家各存在 1 项重大缺陷。2013 年，披露具体内容的重大缺陷为 57 项，涉及的上市公司有 35 家。其中，天津磁卡（600800）有 5 项重大缺陷，*ST 超日（002506）有 4 项重大缺陷，上海家化（600315）、大有能源（600403）、博汇纸业（600966）均存在 3 项重大缺陷，有 9 家存在 2 项重大缺陷，剩余的 21 家均存在 1 项重大缺陷。2014 年，披露具体内容的重大缺陷为 103 项，涉及的上市公司有 49 家。其中，ST 生化（000403）、内蒙发展（000611）、键桥通讯（002316）、上海家化（600315）、大有能源（600403）5 家上市公司各有 3 项重大缺陷，*ST 集成（002506）、皖江物流

（600575）2 家上市公司各有 4 项重大缺陷，*ST 国创（600145）有 5 项重大缺陷，泰达股份（000652）有 6 项重大缺陷，山水文化（600234）和*ST 博元（600656）2 家上市公司各有 7 项重大缺陷，剩余的有 17 家上市公司各存在 2 项重大缺陷，21 家上市公司各存在 1 项重大缺陷。2015 年，披露具体内容的重大缺陷为 72 项，涉及的上市公司有 41 家。其中，华泽钴镍（000693）有 7 项重大缺陷，中水渔业（000798）存在 5 项重大缺陷，深华发 A（000020）、ST 生化（000403）、烯碳新材（000511）、盈方微（000670）、华虹计通（300330）和大有能源（600403）6 家上市公司各有 3 项重大缺陷，剩余的 9 家上市公司各存在 2 项重大缺陷，24 家上市公司存在 1 项重大缺陷。2016 年，披露具体内容的重大缺陷有 61 项，涉及 39 家上市公司。其中，海润光伏（600401）有 6 项重大缺陷，秋林集团（600891）有 5 项重大缺陷，ST 慧球（600556）有 3 项重大缺陷，剩下的有 11 家上市公司各存在 2 项重大缺陷，25 家上市公司各存在 1 项重大缺陷。2017 年，披露具体内容的重大缺陷有 141 项，涉及 65 家上市公司。其中，保千里（600074）、龙力生物（002604）、尤夫股份（002427）各有 6 项重大缺陷，贝因美（002570）、富控互动（600634）、工大高新（600701）、宏达矿业（600532）、乐视网（300104）、天龙集（300063）各有 5 项重大缺陷，存在 4 项重大缺陷的公司有 5 家，存在 3 项重大缺陷的公司有 5 家，存在 2 项重大缺陷的公司有 12 家，存在 1 项重大缺陷的公司有 34 家。具体情况见表 3 - 6。

表 3 - 6　　　　　　　2010 ~ 2017 年披露内部控制重大缺陷的上市公司

年份	披露内部控制重大缺陷的上市公司
2010	*ST 嘉瑞（000156）、S*ST 恒立（000622）、绿大地（002200）、紫金矿业（601899）
2011	深赛格（000058）、新华制药（000756）、中恒集团（600252）
2012	佛山照明（000541）、西王食品（000639）、山东如意（002193）、海联讯（300277）、*ST 长油（600087）、长春经开（600215）、北大荒（600598）、中材国际（600970）
2013	达尔（000048）、农产品（000061）、川化股份（000155）、四海股份（000611）、贵糖股份（000833）、泸天化（000912）、江苏三友（002044）、瑞泰科技（002066）、红宝丽（002165）、千足珍珠（002173）、键桥通讯（002316）、科伦药业（002422）、康得新（002450）、*ST 超日（002506）、世纪游轮（002558）、宏磊股份（002647）、康芝药业（300086）、通源石油（300164）、迪威视讯（300167）、青鸟华光（600076）、广汇能源（600256）、上海家化（600315）、*ST 亚星（600319）、五洲交通（600368）、大有能源（600403）、风神股份（600469）、方兴科技（600552）、金晶科技（600586）、上海三毛（600689）、天津磁卡（600800）、梅花集团（600873）、博汇纸业（600966）、西部矿业（601168）、华锐风电（601558）、光大证券（601788）

续表

年份	披露内部控制重大缺陷的上市公司
2014	＊ST 新都（000033）、康达尔（000048）、ST 川化（000155）、ST 生化（000403）、烯碳新材（000511）、泸州老窖（000568）、内蒙发展（000611）、三木集团（000632）、泰达股份（000652）、荣丰控股（000668）、罗 牛 山（000735）、泸 天 化（000912）、天邦股份（002124）、神开股份（002278）、键桥通讯（002316）、人人乐（002336）、齐星铁塔（002359）、科伦药业（002422）、＊ST 集成（002506）、世纪游轮（002558）、上海绿新（002565）、舜天船舶（002608）、勤上光电（002638）、宏磊股份（002647）、顾地科技（002694）、迪威视讯（300167）、＊ST 国创（600145）、西藏药业（600211）、山水文化（600234）、＊ST 成城（600247）、桂东电力（600310）、上海家化（600315）、大有能源（600403）、安泰集团（600408）、柳化股份（600423）、皖江物流（600575）、＊ST 大荒（600598）、＊ST 博元（600656）、天目药业（600671）、航天通信（600677）、百花村（600721）、上海新梅（600732）、昆明机床（600806）、厦华电子（600870）、博汇纸业（600966）、柳钢股份（601003）、＊ST 锐电（601558）、方正证券（601901）、日出东方（603366）
2015	深华发 A（000020）、＊ST 川化（000155）、ST 生化（000403）、烯碳新材（000511）、＊ST 蒙发（000611）、盈方微（000670）、亚太实业（000691）、华泽钴镍（000693）、中水渔业（000798）、海南高速（000886）、凯迪生态（000939）、东方网络（002175）、粤传媒（002181）、恒邦股份（002237）、华东数控（002248）、华昌化工（002274）、威创股份（002308）、得利斯（002330）、天神娱乐（002354）、唐人神（002567）、宏磊股份（002647）、顾地科技（002694）、光洋股份（002708）、金亚科技（300028）、天龙光电（300029）、沃森生物（300142）、天山生物（300313）、华虹计通（300330）、欣泰电气（300372）、京天利（300399）、禾嘉股份（600093）、五洲交通（600368）、大有能源（600403）、柳化股份（600423）、鹏欣资源（600490）、退市博元（600656）、匹凸匹（600696）、＊ST 新梅（600732）、秋林集团（600891）、海南橡胶（601118）、雪峰科技（603227）
2016	ST 生化（000403）、中润资源（000506）、四环生物（000518）、ST 亚太（000691）、＊ST 华泽（000693）、万年青（000789）、盐湖股份（000792）、中水渔业（000798）、凯迪生态（000939）、融捷股份（002192）、武汉凡谷（002194）、＊ST 准油（002207）、赣锋锂业（002460）、＊ST 墨龙（002490）、弘高创意（002504）、宝馨科技（002514）、＊ST 德力（002571）、欣泰电气（300372）、西部资源（600139）、黄河旋风（600172）、广汇能源（600256）、海润光伏（600401）、＊ST 大有（600403）、安泰集团（600408）、柳化股份（600423）、ST 慧球（600556）、新安股份（600596）、中安消（600654）、东阳光科（600673）、＊ST 上普（600680）、中国高科（600730）、天津磁卡（600800）、＊ST 昆机（600806）、智慧能源（600869）、秋林集团（600891）、大晟文化（600892）、＊ST 重钢（601005）、兴业证券（601377）、龙宇燃油（603003）

续表

年份	披露内部控制重大缺陷的上市公司
2017	神州长城（000018）、*ST 生化（000403）、合肥百货（000417）、湖北宜化（000422）、中润资源（000506）、*ST 烯碳（000511）、远大控股（000626）、风华高科（000636）、盐湖股份（000792）、凯撒旅游（000796）、海南高速（000886）、中弘股份（000979）、中银绒业（000982）、*ST 皇台（000995）、獐子岛（002069）、众和股份（002070）、天马股份（002122）、东方网络（002175）、巴士在线（002188）、成飞集成（002190）、濮耐股份（002225）、升达林业（002259）、超华科技（002288）、雅百特（002323）、尤夫股份（002427）、壹桥股份（002447）、青龙管业（002457）、雏鹰农牧（002477）、科林环保（002499）、弘高创意（002504）、蓝丰生化（002513）、贝因美（002570）、龙力生物（002604）、加加食品（002650）、克明面业（002661）、睿康股份（002692）、新疆浩源（002700）、天龙光电（300029）、天龙集团（300063）、华谊嘉信（300071）、盛运环保（300090）、乐视网（300104）、日科化学（300214）、梅安森（300275）、同和药业（300636）、保千里（600074）、新日恒力（600165）、黄河旋风（600172）、海南椰岛（600238）、农发种业（600313）、亚星化学（600319）、西南证券（600369）、海润光伏（600401）、*ST 大有（600403）、菲达环保（600526）、宏达矿业（600532）、*ST 慧球（600556）、富控互动（600634）、飞乐音响（600651）、*ST 上普（600680）、工大高新（600701）、大连控股（600747）、蓝科高新（601798）、大连港（601880）、亿阳信通（600289）

注：2014 年 10 月 27 日，"四海股份"的公司证券简称变更为"内蒙发展"。

从图 3 - 11 中可以直观地看到，2010～2014 年披露内部控制重大缺陷具体内容的上市公司数量和披露的重大缺陷数量均呈现出逐年上升的趋势，而 2015 年披露内部控制重大缺陷具体内容的上市公司数量与 2014 年相比，减少了 8 家，内部控制重大缺陷数量比 2014 年减少了 31 项。2016 年，披露内部控制重大缺陷具体内容的上市公司数量和披露的重大缺陷数量相比 2015 年依然在下降，分别减少了 2 家和 11 项，只不过相比 2015 年，2016 年的下降幅度相对小一些。在 2017 年，不管是披露内部控制重大缺陷具体内容的上市公司数量还是披露的重大缺陷数量均呈现出上升趋势，相比 2016 年，分别增加了 26 家和 80 项。

（二）按财务报告缺陷与非财务报告缺陷划分

2010 年，在 879 项披露了具体内容的内部控制缺陷中，有 37 项为财务报告缺陷，842 项为非财务报告缺陷。2011 年，在 704 项披露了具体内容的内部控制缺陷中，有 80 项为财务报告缺陷，624 项为非财务报告缺陷，相比 2010 年，财务报告缺陷增加了 43 项。2012 年，财务报告缺陷的数量继续增加，在 1279 项披露了具体内容的内部控制缺陷中，有 159 项为财务报告缺

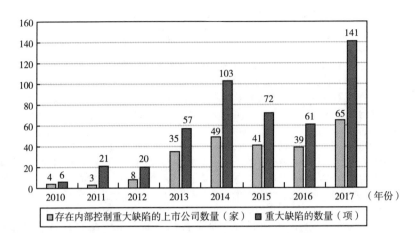

图 3 - 11 2010 ~ 2017 年披露内部控制重大缺陷内容的情况统计

陷，同时非财务报告内部控制缺陷相比 2011 年增加了 496 项。2013 年，虽然披露了具体内容的内部控制缺陷数量减少，但财务报告缺陷的数量依然在增加，非财务报告缺陷的数量则由 2012 年的 1120 项下降到 580 项。2014 年和 2015 年财务报告缺陷的数量继续增加，在 2016 年出现略微下降。2017 年，财务报告缺陷为 355 项，出现了明显的回升迹象；非财务报告缺陷相比 2016 年减少了 211 项，为 721 项。具体数据见表 3 - 7。

表 3 - 7 2010 ~ 2017 年财务报告缺陷与非财务报告缺陷情况统计

项目	2010 年	2011 年	2012 年	2013 年	2014 年	2015 年	2016 年	2017 年
财务报告缺陷数量（项）	37	80	159	184	303	318	306	355
非财务报告缺陷数量（项）	842	624	1120	580	562	841	932	721
财务报告缺陷所占比例（%）	4.21	11.36	12.43	24.08	35.03	27.44	24.72	32.99
非财务报告缺陷所占比例（%）	95.79	88.64	87.57	75.92	64.97	72.56	75.28	67.01

如图 3 - 12 所示，2010 ~ 2014 年，财务报告缺陷占披露了具体内容的内部控制缺陷的比例一直处于上升的趋势，从 2010 年的 4.21% 上升到 2014 年的 35.03%，之后的 2015 年和 2016 年则出现下降，在 2017 年又上升至

32.99％。相反，非财务报告缺陷占披露了具体内容的内部控制缺陷的比例在2010～2014年持续下降，在2015年和2016年出现上升，在2017年又出现下降趋势。

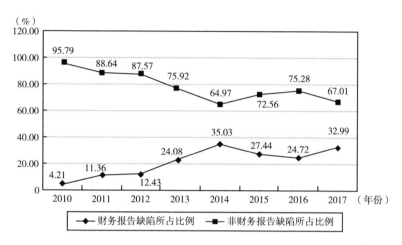

图 3 – 12   2010～2017 年财务报告缺陷与非财务报告缺陷占比情况统计

（三）按设计缺陷与运行缺陷划分

2010年，在879项披露了具体内容的内部控制缺陷中，设计缺陷有261项，占比29.69％；运行缺陷有573项，占比65.19％；既是设计缺陷又是运行缺陷的有45项，占比5.12％。2011年，在704项披露了具体内容的内部控制缺陷中，设计缺陷有251项，占比35.65％，比上年上升了5.96个百分点；运行缺陷有387项，占比54.97％，比上年下降了10.22个百分点；既是设计缺陷又是运行缺陷的有66项，占比9.38％，比去年上升4.26个百分点。从2011年起，设计缺陷占当年披露了具体内容的内部控制缺陷的比例一直处于下降趋势，而运行缺陷所占的比例则出现相反情况，几乎呈直线上升趋势，但在2015年达到82.83％后，2016年和2017年都呈现下降趋势，下降到了65.72％。而既是设计缺陷又是运行缺陷的所占比例则不太稳定，在2012年出现下降，在2013年和2014年则呈现缓慢上升的趋势；2015年这一比例达到8年里最低，为0.69％；2016年又出现上升，达到8年中最高，为18.42％；2017年下降为8.39％。具体数据见表3 – 8，具体趋势如图3 – 13所示。

表 3 – 8　　　　　 2010～2017 年内部控制设计缺陷与运行缺陷情况统计

项目	2010 年	2011 年	2012 年	2013 年	2014 年	2015 年	2016 年	2017 年
设计缺陷数量（项）	261	251	411	174	149	191	189	2029
运行缺陷数量（项）	573	387	774	508	623	960	821	5149
设计缺陷、运行缺陷数量（项）	45	66	94	82	93	8	228	657
设计缺陷所占比例（%）	29.69	35.65	32.13	22.77	17.23	16.48	15.27	25.90
运行缺陷所占比例（%）	65.19	54.97	60.52	66.49	72.02	82.83	66.32	65.72
设计缺陷、运行缺陷所占比例（%）	5.12	9.38	7.35	10.73	10.75	0.69	18.42	8.39

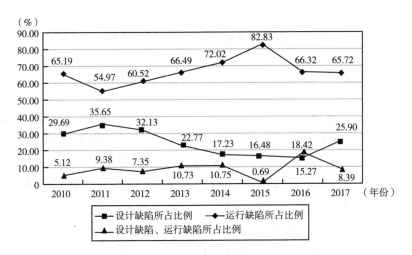

图 3 – 13　2010～2017 年设计缺陷与运行缺陷占比情况统计

（四）按公司层面、业务层面和信息系统层面缺陷划分

2010 年，在 879 项披露了具体内容的内部控制缺陷中，有 628 项公司层面缺陷，占比 71.44%；有 236 项业务层面缺陷，占比 26.85%；有 15 项信息系统层面缺陷，占比 1.71%。2011 年，在 704 项披露了具体内容的内部控制缺陷中，有 400 项公司层面缺陷，占比 56.82%，比 2010 年下降了 14.62 个百分点；业务层面缺陷 280 项，占比 39.77%，比 2010 年上升了 12.92 个

百分点；信息系统层面缺陷24项，占比3.41%。2012年，在1279项披露了具体内容的内部控制缺陷中，有621项公司层面缺陷、597项业务层面缺陷、61项信息系统层面缺陷，公司层面缺陷所占比例继续下降，业务层面缺陷所占比例继续上升。2013年，在764项披露了具体内容的内部控制缺陷中，262项为公司层面缺陷，占比34.29%，比上年下降了14.26个百分点；475项为业务层面缺陷，占比62.17%，比上年上升了15.49个百分点；27项为信息系统层面缺陷，占比3.53%。2014年，在865项披露了具体内容的内部控制缺陷中，有287项公司层面缺陷、552项业务层面缺陷、26项信息系统层面缺陷，2014年的情况相比2013年没有太大的变化。2015年，在1159项披露了具体内容的内部控制缺陷中，有354项公司层面缺陷、753项业务层面缺陷、52项信息系统层面缺陷，分别占比30.54%、64.97%和4.49%。2016年，在1238项披露了具体内容的内部控制缺陷中，有公司层面缺陷271项，占比21.89%，比2015年下降了8.65个百分点；业务层面缺陷为921项，所占比例达到8年中最高，为74.39%；剩下的46项为信息系统层面缺陷。2017年，在5142项披露了具体内容的内部控制缺陷中，有公司层面缺陷1921项，占比37.36%，比2016年上升了15.47个百分点；业务层面缺陷为3055项，是8年中最多的一年，占比为59.41%；剩下的166项为信息系统层面缺陷。具体数据见表3-9。

表3-9　　2010～2017年公司层面、业务层面和信息系统层面缺陷情况统计

项目	2010年	2011年	2012年	2013年	2014年	2015年	2016年	2017年
公司层面缺陷（项）	628	400	621	262	287	354	271	1921
业务层面缺陷（项）	236	280	597	475	552	753	921	3055
信息系统层面缺陷（项）	15	24	61	27	26	52	46	166
公司层面缺陷的比例（%）	71.44	56.82	48.55	34.29	33.18	30.54	21.89	37.36
业务层面缺陷的比例（%）	26.85	39.77	46.68	62.17	63.82	64.97	74.39	59.41
信息系统层面缺陷的比例（%）	1.71	3.41	4.77	3.53	3.01	4.49	3.72	3.23

从图 3-14 中可以看出，公司层面缺陷占披露了具体内容的内部控制缺陷的比例一直处于下降趋势，从 2010 年的 71.44% 下降到 2016 年的 21.89%，在 7 年中下降了 49.55 个百分点。在 2017 年出现了上升趋势，达到 37.36%。而业务层面缺陷占披露了具体内容的内部控制缺陷的比例则一直处于上升趋势，从 2010 年的 26.85% 上升到 2016 年的 74.39%，在这 7 年中上升了 47.54 个百分点。在 2017 年出现下降趋势，降至 59.41%。与公司层面缺陷和业务层面缺陷相比，信息系统层面缺陷占披露了具体内容的内部控制缺陷的比例一直处于比较平稳的状态，在这 8 年内所占的比例均没有超过 5%。

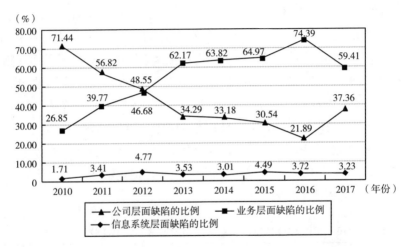

图 3-14 2010~2017 年公司层面、业务层面、信息系统层面缺陷占比情况

（五）按内部控制五要素划分

由于迪博内部控制评价缺陷库中，2010~2014 年对于披露了具体内容的内部控制缺陷没有按内部控制五要素进行统计，而对于 2014~2017 年披露了具体内容的内部控制缺陷则按内部控制五要素进行了统计，故这一部分只对 2014~2017 年披露了具体内容的内部控制缺陷进行统计分析。

2014 年，在 865 项披露了具体内容的内部控制缺陷中，有 11 项风险评估缺陷、22 项内部监督缺陷、61 项信息与沟通缺陷、261 项内部环境缺陷、510 项控制活动缺陷。其中，控制活动缺陷所占的比例最大，为 58.96%；其次为内部环境缺陷，占比 30.17%；其余三项缺陷所占比例之和为 10.87%。2015 年，在 1159 项披露了具体内容的内部控制缺陷中，风险评估缺陷有 14 项，内部监督缺陷有 16 项，信息与沟通缺陷有 88 项，内部环境缺陷有 331 项，控制活动缺陷有 710 项。在该年，依然是控制活动缺陷所占的比例最大，为 61.26%，比 2014 年上升了 2.3 个百分点；其次为内部环境缺陷，占比 28.56%；其余三项缺陷共同占比 10.18%。2016 年，在 1238 项披露了具体内容的内部控制缺陷中，有 11 项风险评估缺陷、25 项内部监督缺陷、61 项信息与沟通缺陷、249 项内部环境缺陷、892 项控制活动缺陷。其中，控制活动缺陷占比 72.05%，比 2015 年上升了 10.79 个百分点，内部环境缺陷占比 20.11%，其余三项共同占比 7.84%。2017 年，在 5035 项披露具体内容的内部控制缺陷中，有 71 项风险评估缺陷、279 项内部监督缺陷、395 项信息与沟通缺陷、1534 项内部环境缺陷、2756 项控制活动缺陷。其中，控制活动缺陷占比 54.74%，比 2016 年减少了 17.31 个百分点，内部环境缺陷占比 30.47%，其余三项共同占比 14.79%。具体数据见表 3 – 10。

表 3 – 10　　　　2014 ~ 2017 年按内部控制五要素划分的情况统计

要素	2014 年		2015 年		2016 年		2017 年	
	数量（项）	所占比例（%）	数量（项）	所占比例（%）	数量（项）	所占比例（%）	数量（项）	所占比例（%）
风险评估缺陷	11	1.27	14	1.21	11	0.89	71	1.41
内部监督缺陷	22	2.54	16	1.38	25	2.02	279	5.54
信息与沟通缺陷	61	7.05	88	7.59	61	4.93	395	7.84
内部环境缺陷	261	30.17	331	28.56	249	20.11	1534	30.47
控制活动缺陷	510	58.96	710	61.26	892	72.05	2756	54.74

通过观察这 4 年的数据可以发现，在披露了具体内容的内部控制缺陷中，控制活动缺陷的数量是最多的，占比也是最大的，其次就是内部环境缺陷。而风险评估缺陷在这 4 年里，都是数量最少且占比最小的，在 2016 年所占的比例仅为 0.89%。

四、内部控制评价缺陷整改情况

2010 年，在 879 项披露了具体内容的内部控制缺陷中，有 135 项缺陷进行了整改，占比 15.36%；744 项缺陷未进行整改，占比 84.64%。2011 年，虽然披露了具体内容的内部控制缺陷数量有所下降，但进行整改的缺陷数量却在增加。在 704 项披露了具体内容的内部控制缺陷中，有 278 项缺陷进行了整改，占比 39.49%，比上年上升了 24.13 个百分点。2012 年，在 1279 项披露了具体内容的内部控制缺陷中，有 544 项缺陷进行了整改，735 项缺陷未进行整改。在这 3 年里进行整改的缺陷数量均小于未进行整改的缺陷数量，但在随后的 5 年里，这种情况发生了改变，见表 3－11。

表 3－11　　　　　　2010～2017 年内部控制缺陷整改情况

项目	2010 年	2011 年	2012 年	2013 年	2014 年	2015 年	2016 年	2017 年
整改（项）	135	278	544	512	612	866	817	1000
未整改（项）	744	426	735	252	253	293	421	76
整改比例（%）	15.36	39.49	42.53	67.02	70.75	74.72	65.99	92.94
未整改比例（%）	84.64	60.51	57.47	32.98	29.25	25.28	34.01	7.06

2013 年，在 764 项披露了具体内容的内部控制缺陷中，有 512 项缺陷进行了整改，占比 67.02%，还有 252 项缺陷未进行整改。在 512 项进行整改的内部控制缺陷中，有 30 项未完成整改，205 项未披露整改后的运行结果，277 项整改后运行有效。在 252 项未进行整改的内部控制缺陷中，有 188 项未开始整改，64 项未披露是否开始整改。2014 年，有 612 项内部控制缺陷进行了整改，比 2013 年增加了 100 项。在这 612 项进行了整改的内部控制缺陷中，有 330 项整改后运行有效，93 项未完成整改，189 项未披露整改运行结果。2015 年，在 1159 项披露了具体内容的内部控制缺陷中，有 866 项进行了整改，占比 74.72%，比 2014 年增加了 3.97 个百分点。在这 866 项进行整改的内部控制缺陷中有 417 项整改后运行有效。2016 年，进行整改的内部控制缺陷数量和整改后运行有效的数量均出现了下降。在 1238 项披露了具体内容的内部控制缺陷中，有 817 项进行了整改，占比 65.99%，比 2015 年下降了 8.73 个百分点。在这 817 项进行了整改的内部控制缺陷中有 354 项整改后运行有效，102 项未完成整改。2017 年，在 1076 项披露了具体内容的内部控制缺陷中，有 1000 项进行了整改，占比 92.94%，比 2016 年上升了 26.95 个百分点，其中 447 项内部控制缺陷整改后运行有效，125 项未完成整改。更详细的情况见表 3－12。

表 3 – 12　　　　　　　　2013 ~ 2017 年内部控制缺陷整改的详细情况　　　　单位：项

项目	2013 年	2014 年	2015 年	2016 年	2017 年
未开始整改	188	194	154	209	37
未披露是否开始整改	64	59	139	206	—
未披露整改运行结果	205	189	311	367	467
未完成整改	30	93	138	102	125
整改运行有效	277	330	417	354	447
合计	764	865	1159	1238	1076

从图 3 – 15 中可以看到，2010 ~ 2015 年，进行整改的内部控制缺陷数量占披露具体内容的内部控制缺陷的比例一直在上升，在 2011 年和 2013 年，增长的比例最大。在 2016 年该比例出现了下降，相比 2015 年，下降了 8.73 个百分点。2017 年相比于 2016 年，上升了 26.95 个百分点，达到 92.94%。在 2013 年，进行整改的内部控制缺陷数量较 2012 年出现了下降，但进行整改的内部控制缺陷数量占披露具体内容的内部控制缺陷的比例却出现较大幅度的增长，这主要是因为当年披露具体内容的内部控制缺陷数量出现大幅度的下降。

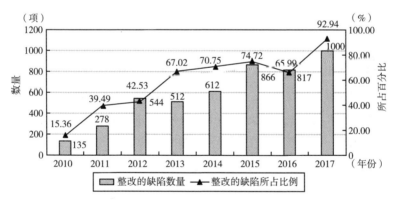

图 3 – 15　2010 ~ 2017 年内部控制评价缺陷整改情况

第四节　内部控制审计报告披露情况

一、内部控制审计报告披露总体情况

2010 年，在 2063 家上市公司中，共有 716 家上市公司披露了内部控制审计报告，占比34.71%。2011年，在2342家上市公司中，有967家上市公司披露了内部控制审计报告，占比41.29%，比2010年增加了6.58个百分点。2012年出现了更大幅度的增长，与2011年相比，其增长了20.26个百分点。2013年和2014年披露内部控制审计报告的上市公司所占的比例继续增加，在2015年出现了下降。在2827家上市公司中，有2267家上市公司披露了内部控制审计报告，占比80.19%，比2014年下降了1.94个百分点。2016年，在3052家上市公司中，有2269家上市公司披露了内部控制审计报告，占比74.34%，比2015年下降了5.85个百分点。2017年，在3485家上市公司中，有2579家披露了内部控制审计报告，占比进一步下降，为74%。具体数据见表3-13。

表3-13　　　　　2010~2017年内部控制审计报告披露的总体情况

项目	2010年	2011年	2012年	2013年	2014年	2015年	2016年	2017年
披露的上市公司数量（家）	716	967	1535	1824	2146	2267	2269	2579
披露内部控制审计报告的上市公司所占的比例（%）	34.71	41.29	61.55	73.28	82.13	80.19	74.34	74.00
总的上市公司数量（家）	2063	2342	2494	2489	2613	2827	3052	3485

从表3-13中可以观察到，在2010~2017年这8年中，披露内部控制审计报告的上市公司数量一直在增加，但2016年相对于2015年仅增加了2家上市公司。从图3-16中，可以直观地看到，2010~2014年，披露内部控制审计报告的上市公司所占的比例一直在增长，在2015年、2016年和2017年出现了下降。

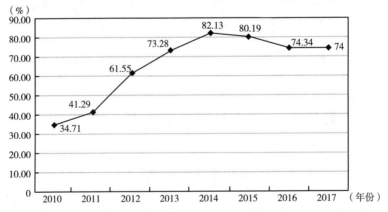

图3-16　2010~2017年披露内部控制审计报告的上市公司占比情况统计

二、内部控制审计报告格式的规范性

不同上市公司披露的内部控制审计报告的格式存在重大差异，总体上可以归为以下几类：内部控制审计报告、内部控制鉴证报告、内部控制审核报告、中小板内部控制审计报告、内部控制专项报告、其他类型报告。

2010 年，在 716 家披露内部控制审计报告的上市公司中，仅有 17 家上市公司披露了规范的内部控制审计报告，占比 2.37%，是 8 年中最低。2011 年，披露规范的内部控制审计报告的上市公司数量增加。在 967 家披露内部控制审计报告的上市公司中，有 236 家上市公司披露了规范的内部控制审计报告，占比 24.41%，比上年增加了 22.04 个百分点。2012 年，在 1535 家披露内部控制审计报告的上市公司中，有 963 家上市公司披露了规范的内部控制审计报告，占比 62.74%，比 2011 年增长了 38.33 个百分点。2013 年则出现了轻微的下降，在 1824 家披露了内部控制审计报告的上市公司中，有 1138 家上市公司披露了规范的内部控制审计报告，占比 62.39%，比 2012 年下降了 0.35 个百分点。2014 年，在 2146 家披露了内部控制审计报告的上市公司中，有 1453 家上市公司披露了规范的内部控制审计报告，占比 67.71%，比上年增加了 5.32 个百分点。2015 年，在 2267 家披露了内部控制审计报告的上市公司中，有 1517 家上市公司披露了规范的内部控制审计报告，占比 66.92%，比 2014 年下降了 0.79 个百分点。2016 年，在 2269 家披露了内部控制审计报告的上市公司中，有 1571 家上市公司披露了规范的内部控制审计报告，占比 69.24%，比上年增加了 2.32 个百分点。2017 年，在 2579 家披露了内部控制审计报告的上市公司中，有 1740 家上市公司披露了规范的内部控制审计报告，占比 67.47%，比 2016 年下降了 1.77 个百分点。具体数据见表 3 – 14。

表 3 – 14　　　　2010 ~ 2017 年内部控制审计报告格式的规范性　　　　单位：家

内部控制审计报告的格式	2010 年	2011 年	2012 年	2013 年	2014 年	2015 年	2016 年	2017 年
披露规范的内部控制审计报告的上市公司数量	17	236	963	1138	1453	1517	1571	1740
披露内部控制鉴证报告的上市公司数量	483	595	486	450	476	505	525	702

续表

内部控制审计报告的格式	2010 年	2011 年	2012 年	2013 年	2014 年	2015 年	2016 年	2017 年
披露内部控制审核报告的上市公司数量	136	114	23	138	143	140	85	47
披露内部控制专项报告的上市公司数量	65	18	24	26	20	26	16	18
披露中小板内部控制审计报告的上市公司数量	—	—	39	68	50	71	61	72
披露其他类型报告的上市公司数量	15	4	—	4	4	8	11	—
合计	716	967	1535	1824	2146	2267	2269	2579

从表 3 – 14 中可以得知，披露规范的内部控制审计报告的上市公司数量一直在增长，但从图 3 – 17 中可以看出，规范的内部控制审计报告所占比例并不是一直在增长，在 2013 年、2015 年和 2017 年均出现了轻微的下降。其中，在 2010 ~ 2012 年，规范的内部控制审计报告所占比例出现了大幅度的增长，在随后的 5 年里则表现得比较平稳。与披露规范的内部控制审计报告的上市公司数量相比，披露内部控制鉴证报告的上市公司数量则一直相对稳定。

图 3 – 17　2010 ~ 2017 年规范的内部控制审计报告情况统计

三、内部控制审计意见类型

2010 年，在 716 家披露了内部控制审计报告的上市公司中，715 家上市公司的内部控制审计意见为标准无保留意见，只有绿大地（002200）1 家上市公司的内部控制审计意见为否定意见。2011 年，在 967 家披露了内部控制审计报告的上市公司中，有 962 家上市公司的内部控制审计意见为标准无保留意见，4 家上市公司为带强调事项段的无保留意见，只有新华制药（000756）1 家上市公司的内部控制审计意见为否定意见。2012 年，内部控制审计意见为非标准无保留意见的上市公司数量增多，由 2011 年的 5 家上市公司增加到 26 家，其中有 22 家上市公司的内部控制审计意见为带强调事项段的无保留意见，贵糖股份（000833）、海联讯（300277）、北大荒（600598）、天津磁卡（600800）4 家上市公司的内部控制审计意见为否定意见。2013 年和 2014 年内部控制审计意见为非标准无保留意见的上市公司数量继续增加。2013 年，在 1824 家披露了内部控制审计报告的上市公司中，有 39 家上市公司内部控制审计意见为带强调事项段的无保留意见，13 家上市公司内部控制审计意见为否定意见，*ST 霞客（002015）、宏磊股份（002647）2 家上市公司的内部控制审计意见为保留意见，青鸟华光（600076）1 家上市公司的内部控制审计意见为无法表示意见。2014 年，在 2146 家披露了内部控制审计报告的上市公司中，有 58 家上市公司内部控制审计意见为带强调事项段的无保留意见，21 家上市公司内部控制审计意见为否定意见，宇顺电子（002289）、人人乐（002336）2 家上市公司的内部控制审计意见为保留意见，*ST 国恒（000594）、星美联合（000892）、*ST 成城（600247）3 家上市公司的内部控制审计意见为无法表示意见。2015 年和 2016 年内部控制审计意见为非标准无保留意见的上市公司数量基本相当。2015 年有 98 家上市公司的内部控制审计意见为非标准无保留意见，其中 78 家上市公司内部控制审计意见为带强调事项段的无保留意见，18 家上市公司内部控制审计意见为否定意见，凯瑞德（002072）、唐人神（002567）2 家上市公司内部控制审计意见为保留意见。2016 年有 99 家上市公司内部控制审计意见为非标准无保留意见，其中内部控制审计意见为带强调事项段的无保留意见的上市公司有 74 家，内部控制审计意见为否定意见的上市公司有 22 家，还有超华科技（002288）、金亚科技（300028）、和佳股份（300273）3 家上市公司内部控制审计意见为保留意见。2017 年有 101 家上市公司内部控制审计意见为非标准无保留意见，与 2016 年相差不大，其中内部控制审计意见为带强调事项段的无保留意见的上市公司有 54 家，内部控制审计意见为否定意见的上市公司有 44 家，凯瑞德（002072）、天龙光电（300029）2 家上市公司内部控制审计意见为保留意见，还有*ST 华信（002018）1 家上市公司内部控制审计意见为无法表示意见。详细数据见表 3 - 15 和表 3 - 16。

表 3 - 15　　　　　　　　　2010～2017 年内部控制审计意见类型　　　　　　　　单位：家

类型	2010 年	2011 年	2012 年	2013 年	2014 年	2015 年	2016 年	2017 年
标准无保留意见的上市公司	715	962	1509	1769	2062	2169	2170	2478
带强调事项段的无保留意见的上市公司	—	4	22	39	58	78	74	54
保留意见的上市公司	—	—	—	2	2	2	3	2
否定意见的上市公司	1	1	4	13	21	18	22	44
无法表示意见的上市公司	—	—	—	1	3	—	—	1
合计	716	967	1535	1824	2146	2267	2269	2579

表 3 - 16　　2010～2017 年内部控制审计意见为非无保留意见的上市公司

年份	类型	上市公司
2010	否定意见	绿大地（002200）
2011	否定意见	新华制药（000756）
2012	否定意见	贵糖股份（000833）、海联讯（300277）、北大荒（600598）、天津磁卡（600800）
2013	否定意见	泰达股份（000652）、科伦药业（002422）、*ST 超日（002506）、迪威视讯（300167）、上海家化（600315）、五洲交通（600368）、大有能源（600403）、风神股份（600469）、北大荒（600598）、天津磁卡（600800）、博汇纸业（600966）、西部矿业（601168）、华锐风电（601558）
	保留意见	*ST 霞客（002015）、宏磊股份（002647）
	无法表示意见	青鸟华光（600076）
2014	否定意见	*ST 新都（000033）、ST 生化（000403）、烯碳新材（000511）、泰达股份（000652）、荣丰控股（000668）、世纪游轮（002558）、顾地科技（002694）、*ST 国创（600145）、山水文化（600234）、大有能源（600403）、安泰集团（600408）、柳化股份（600423）、皖江物流（600575）、天目药业（600671）、航天通信（600677）、多伦股份（600696）、上海新梅（600732）、水井坊（600779）、昆明机床（600806）、柳钢股份（601003）、*ST 锐电（601558）
	保留意见	宇顺电子（002289）、人人乐（002336）
	无法表示意见	*ST 国恒（000594）、星美联合（000892）、*ST 成城（600247）

续表

年份	类型	上市公司
2015	否定意见	深华发 A（000020）、ST 生化（000403）、烯碳新材（000511）、盈方微（000670）、亚太实业（000691）、华泽钴镍（000693）、中水渔业（000798）、登云股份（002715）、金亚科技（300028）、京天利（300399）、禾嘉股份（600093）、太化股份（600281）、大有能源（600403）、柳化股份（600423）、一汽富维（600742）、秋林集团（600891）、海南橡胶（601118）、雪峰科技（603227）
	保留意见	凯瑞德（002072）、唐人神（002567）
2016	否定意见	ST 生化（000403）、中润资源（000506）、ST 亚太（000691）、*ST 华泽（000693）、万年青（000789）、中水渔业（000798）、一汽轿车（000800）、*ST 准油（002207）、*ST 墨龙（002490）、海润光伏（600401）、安泰集团（600408）、ST 慧球（600556）、中安消（600654）、航天通信（600677）、*ST 上普（600680）、*ST 匹凸（600696）、中国高科（600730）、大连控股（600747）、天津磁卡（600800）、*ST 昆机（600806）、秋林集团（600891）、大晟文化（600892）
	保留意见	超华科技（002288）、金亚科技（300028）、和佳股份（300273）
2017	否定意见	合肥百货（000417）、退市昆机（600806）、*ST 海润（600401）、黄河旋风（600172）、神雾节能（000820）、*ST 中绒（000982）、*ST 保千（600074）、神州长城（000018）、*ST 蓝科（601798）、大连港（601880）、云煤能源（600792）、*ST 天业（600807）、飞乐音响（600651）、菲达环保（600526）、*ST 皇台（000995）、农发种业（600313）、新日恒力（600165）、舜品 B（200168）、中弘股份（000979）、信威集团（600485）、ST 生化（000403）、*ST 信通（600289）、中润资源（000506）、新疆浩源（002700）、风华高科（000636）、*ST 上普（600680）、*ST 椰岛（600238）、ST 大控（600747）、斯太尔（000760）、烯碳退（000511）、雏鹰农牧（002477）、*ST 工新（600701）、*ST 尤夫（002427）、*ST 富控（600634）、宏达矿业（600532）、獐子岛（002069）、*ST 众和（002070）、蓝丰生化（002513）、睿康股份（002692）、加加食品（002650）、*ST 因美（002570）、*ST 龙力（002604）、*ST 巴士（002188）、东方网络（002175）
	保留意见	凯瑞德（002072）、天龙光电（300029）
	无法表示意见	*ST 华信（002018）

注：非无保留意见是指保留意见、否定意见和无法表示意见。

从上述数据可以看出，内部控制审计意见为标准无保留意见的上市公司数量一直在增加，而在图 3－18 中，标准无保留意见所占的比例却总体处于缓慢下降的趋势，在 2016～2017 年出现了小幅上升，这主要是因为披露内部控制审计报告的上市公司数量在不断上升。

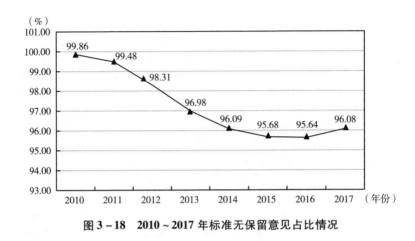

图 3 – 18　2010 ~ 2017 年标准无保留意见占比情况

四、审计师发现的内部控制重大缺陷

2010 年，审计师共发现一项内部控制重大缺陷，其来源于绿大地（002200），该重大缺陷属于财务报告缺陷，缺陷内容为：绿大地公司内部控制制度在实施过程中存在重大缺陷，未能在所有重大方面保持与财务报表相关的有效内部控制。2011 年审计师发现内部控制缺陷共 8 项，其中只有 1 项重大缺陷，该重大缺陷来源于新华制药（000756），根据财务报告缺陷和非财务报告缺陷划分，其属于财务报告缺陷，根据缺陷所涉及的业务活动/事项划分，其为组织架构、销售业务、担保业务类缺陷。2012 年，在审计师发现的 40 项内部控制缺陷中有 18 项为重大缺陷，其中，天津磁卡（600800）有5 项重大缺陷，且均为财务报告缺陷；北大荒（600598）有 4 项重大缺陷，2项为财务报告缺陷、2 项为非财务报告缺陷。2013 年，审计师共发现 58 项内部控制缺陷，其中有 49 项为内部控制重大缺陷，在该年，天津磁卡（600800）仍有 5 项内部控制重大缺陷，且仍均为财务报告缺陷；*ST 超日（002506）有 4 项内部控制重大缺陷，其中有 3 项为财务报告缺陷、1 项为非财务报告缺陷。2014 年，审计师则共发现 118 项内部控制缺陷，在这 118 项内部控制缺陷中有 69 项重大缺陷。其中，山水文化（600234）共有 7 项重大缺陷，5 为财务报告缺陷、2 项为非财务报告缺陷；泰达股份（000652）有 6 项重大缺陷，且均为财务报告缺陷；*ST 国创（600145）和皖江物流（600575）都有 5 项重大缺陷，*ST 国创（600145）的 5 项重大缺陷均为财务报告缺陷，皖江物流（600575）有 3 项为财务报告缺陷、2 项为非财务报告缺陷。2015 年，在审计师发现的 116 项内部控制缺陷中有 78 项重大缺陷，其中，华泽钴镍（000693）和中水渔业（000798）都有 5 项重大缺陷，华泽钴镍（000693）有 3 项为财务报告缺陷，中水渔业（000798）有 4 项为财务报告缺陷。2016 年，审计师共发现 130 项内部控制缺陷，有 67 项为重大缺陷。其中，*ST 华泽（000693）有 7 项重大缺陷，4 项为财务报告缺陷、3 项为非财务报告缺陷；海润光伏（600401）有 6 项重大缺陷，且均为财务报告缺陷；秋林集团（600891）有 5 项重大缺陷，且均为财务报告缺陷。2017 年，审计师共发现 165 项内部控制缺陷，有 127 项为重大缺陷。其中，龙力生物（002604）有 6 项重大缺陷，全部为财务报告缺陷；富控互动（600634）有 5 项重大缺陷，4 项为财务报告缺陷、1 项为非财务报告缺陷；宏达矿业（600532）也有 5 项重大缺陷，且 5 项均为财务报告缺陷。关于审计师发现的具有内部控制重大缺陷的上市公司的情况见表 3 - 17。

表 3 - 17　　2010 ~ 2017 年审计师发现内部控制存在重大缺陷的上市公司

年份	上市公司
2010	绿大地（002200）
2011	新华制药（000756）
2012	贵糖股份（000833）、海联讯（300277）、北大荒（600598）、天津磁卡（600800）、吉林森工（600189）、长春经开（600215）、南化股份（600301）、中材国际（600970）、*ST 长油（600087）
2013	康达尔（000048）、农产品（000061）、川化股份（000155）、泰达股份（000652）、泸天化（000912）、钱江摩托（000913）、江苏三友（002044）、瑞泰科技（002066）、科伦药业（002422）、康得新（002450）、*ST 超日（002506）、宏磊股份（002647）、迪威视讯（300167）、青鸟华光（600076）、广汇能源（600256）、上海家化（600315）、*ST 亚星（600319）、五洲交通（600368）、大有能源（600403）、风神股份（600469）、金晶科技（600586）、北大荒（600598）、上海三毛（600689）、天津磁卡（600800）、梅花集团（600873）、博汇纸业（600966）、西部矿业（601168）、华锐风电（601558）、光大证券（601788）
2014	*ST 新都（000033）、ST 生化（000403）、烯碳新材（000511）、泸州老窖（000568）、泰达股份（000652）、荣丰控股（000668）、亚太实业（000691）、罗牛山（000735）、神开股份（002278）、人人乐（002336）、世纪游轮（002558）、上海绿新（002565）、勤上光电（002638）、顾地科技（002694）、*ST 国创（600145）、西藏药业（600211）、山水文化（600234）、*ST 成城（600247）、大有能源（600403）、安泰集团（600408）、柳化股份（600423）、狮头股份（600539）、皖江物流（600575）、天目药业（600671）、航天通信（600677）、多伦股份（600696）、百花村（600721）、上海新梅（600732）、水井坊（600779）、昆明机床（600806）、厦华电子（600870）、柳钢股份（601003）、*ST 锐电（601558）、日出东方（603366）

续表

年份	上市公司
2015	深华发 A（000020）、* ST 川化（000155）、ST 生化（000403）、烯碳新材（000511）、* ST 蒙发（000611）、盈方微（000670）、亚太实业（000691）、华泽钴镍（000693）、北大医药（000788）、中水渔业（000798）、海南高速（000886）、凯迪生态（000939）、东方网络（002175）、华东数控（002248）、唐人神（002567）、宏磊股份（002647）、顾地科技（002694）、光洋股份（002708）、登云股份（002715）、金亚科技（300028）、华虹计通（300330）、京天利（300399）、澄星股份（600078）、禾嘉股份（600093）、兰花科创（600123）、山水文化（600234）、桂冠电力（600236）、太化股份（600281）、宏达股份（600331）、五洲交通（600368）、大有能源（600403）、现代制药（600420）、仰帆控股（600421）、柳化股份（600423）、六国化工（600470）、恒生电子（600570）、皖江物流（600575）、匹凸匹（600696）、* ST 新梅（600732）、一汽富维（600742）、华银电力（600744）、神马股份（600810）、中国嘉陵（600877）、秋林集团（600891）、重庆钢铁（601005）、海南橡胶（601118）、雪峰科技（603227）
2016	ST 生化（000403）、中润资源（000506）、四环生物（000518）、ST 亚太（000691）、* ST 华泽（000693）、万年青（000789）、盐湖股份（000792）、凯撒旅游（000796）、中水渔业（000798）、一汽轿车（000800）、凯迪生态（000939）、* ST 准油（002207）、赣锋锂业（002460）、* ST 墨龙（002490）、黄河旋风（600172）、广汇能源（600256）、海润光伏（600401）、* ST 大有（600403）、安泰集团（600408）、ST 慧球（600556）、新安股份（600596）、中安消（600654）、航天通信（600677）、* ST 上普（600680）、* ST 匹凸（600696）、中国高科（600730）、大连控股（600747）、天津磁卡（600800）、* ST 昆机（600806）、智慧能源（600869）、秋林集团（600891）、大晟文化（600892）、* ST 重钢（601005）、龙宇燃油（603003）
2017	盐湖股份（000792）、亚星化学（600319）、西南证券（600369）、新疆浩源（002700）、大连港（601880）、云煤能源（600792）、菲达环保（600526）、* ST 大有（600403）、风华高科（000636）、蓝丰生化（002513）、凯瑞德（002072）、* ST 黄台（000995）、舜喆 B（200168）、* ST 烯碳（000511）、中弘股份（000979）、中银绒业（000982）、加加食品（002650）、獐子岛（002650）、尤夫股份（002427）、飞乐音响（600651）、* ST 昆机（600806）、大连控股（600747）、工大高新（600701）、富控互动（600634）、信威集团（600485）、海润光伏（600401）、保千里（600074）、农发种业（600313）、巴士在线（002188）、雏鹰农牧（002477）、东方网络（002175）、龙力生物（002604）、华信国际（002018）、新日恒力（600165）、斯太尔（000760）、睿康股份（002692）、凯撒旅游（000796）、* ST 上普（600680）、贝因美（002570）、黄河旋风（600172）、宏达矿业（600532）、海南椰岛（600238）、海南高速（000886）、神州长城（000018）、蓝科高新（601798）、众和股份（002070）、神雾节能（000820）、天业股份（600807）、亿阳信通（600289）、远大控股（000626）、天龙光电（300029）、雅百特（002323）、合肥百货（000417）、湖北宜化（000422）、中润资源（000506）、* ST 生化（000403）

五、上市公司内部控制整合审计情况

《企业内部控制审计指引》规定，我国内部控制审计报告采用单独出具一份报告的披露形式。但是在实施具体审计工作时，可以采取与财务报表审计整合进行的方法。那么上市公司整合审计的情况如何，在这部分将进行统计。

2010 年，在 716 家披露了内部控制审计报告的上市公司中，只有 8 家上市公司未进行整合审计。2011 年，在 967 家披露了内部控制审计报告的上市公司中，有 14 家上市公司未进行整合审计。在以后的 6 年中，未进行整合审计的上市公司数量依然不多，分别为 23 家、36 家、39 家、34 家、24 家和 24家。具体数据见表 3 – 18。

表 3 – 18　　　　　　 2010 ~ 2017 年上市公司内部控制整合审计情况

项目	2010 年	2011 年	2012 年	2013 年	2014 年	2015 年	2016 年	2017 年
整合审计的上市公司（家）	708	953	1512	1788	2107	2233	2245	2060
未整合审计的上市公司（家）	8	14	23	36	39	34	24	24
整合审计所占比例（%）	98.88	98.55	98.50	98.03	98.18	98.50	98.94	98.80
合计（家）	716	967	1535	1824	2146	2267	2269	2085

第五节　内部控制信息披露总体情况

一、内部控制评价结论与内部控制审计结果不一致

通过将上市公司的内部控制评价结论与内部控制审计意见进行对比，在2010 年和 2011 年不存在内部控制评价结论与内部控制审计意见不一致的情形，但 2012 ~ 2017 年共有 23 家上市公司内部控制评价结论为整体有效但内部控制审计意见却为非无保留意见，具体见表 3 – 19。

表 3 – 19   2012 ~ 2017 年内部控制整体有效但审计报告

为非无保留意见的上市公司

年份	上市公司	内部控制审计报告意见
2012	贵糖股份（000833）、天津磁卡（600800）	否定意见
2013	泰达股份（000652）、北大荒（600598）	否定意见
	*ST 霞客（002015）	保留意见
	青鸟华光（600076）	无法表示意见
2014	水井坊（600779）	否定意见
	宇顺电子（002289）	保留意见
	*ST 成城（600247）、*ST 国恒（000594）	无法表示意见
2015	亚太实业（000691）、太化股份（600281）	否定意见
	凯瑞德（002072）	保留意见
2016	一汽轿车（000800）、大连控股（600747）	否定意见
	超华科技（002288）、金亚科技（300028）、和佳股份（300273）	保留意见
2017	一汽轿车（000800）、大连控股（600747）	否定意见
	和佳股份（300273）、金亚科技（300028）、超华科技（002288）	保留意见

  《关于 2012 年主板上市公司分类分批实施企业内部控制规范体系的通知》中指明，上市公司在披露当年公司年报的同时，应当披露董事会对公司内部控制的自我评价报告以及注册会计师出具的财务报告内部控制审计报告。但是通过对数据的整理，发现有 15 家内部控制评价报告的结论为整体无效的上市公司，其并未披露内部控制审计报告，如表 3 – 20 所示。

表 3 – 20 2010 ~ 2017 年内部控制整体无效且未披露审计报告的上市公司

年份	上市公司
2010	S*ST 恒立（000622）、紫金矿业（601899）
2011	中恒集团（600252）
2012	万福生科（300268）
2013	*ST 国恒（000594）、四海股份（000611）、键桥通讯（002316）
2014	内蒙发展（000611）*、舜天船舶（002608）、*ST 博元（600656）
2015	沃森生物（300142）
2016	宝馨科技（002514）
2017	*ST 华泽（000693）、宝馨科技（002514）、ST 慧球（600556）

  注：*2014 年 10 月 27 日，"四海股份" 的公司证券简称变更为 "内蒙发展"。

同时还发现有 2 家上市公司的内部控制评价结论为整体无效，但内部控制审计意见为非无保留意见。如 2012 年，长春经开（600215）内部控制评价结论为整体无效，但是其内部控制审计意见为标准无保留意见；2015 年，顾地科技（002694）内部控制评价结论为整体无效，其内部控制审计意见为带强调事项段的无保留意见。通过阅读长春经开（600215）的内部控制鉴证报告得知，该上市公司存在的内部控制重大缺陷属于非财务报告内部控制重大缺陷，但是由于注册会计师的责任是在实施审计工作的基础上，对财务报告内部控制的有效性发表审计意见，对注意到的非财务报告内部控制的重大缺陷仅进行披露，所以才会存在内部控制评价结论与内部控制审计意见不一致的情形。顾地科技（002694）的内部控制评价结论为整体无效，注册会计师在内部控制审计报告中将导致内部控制无效的事项在强调事项段中予以披露，所以出现了内部控制评价结论为整体无效，内部控制审计意见为带强调事项段的无保留意见的情形。

通过对比 2013～2017 年上市公司的内部控制评价结论和审计意见，还发现一个有趣的现象，即当上市公司内部控制评价结论为财务报告内部控制无效、非财务报告内部控制有效时，内部控制审计意见多为非无保留意见。如 2013～2017 年共有 87 家上市公司的内部控制评价结论为财务报告内部控制无效，非财务报告内部控制有效，其中有 46 家上市公司的审计意见为非无保留意见。当上市公司内部控制评价结论为财务报告内部控制有效，非财务报告内部控制无效时，内部控制审计意见多为标准无保留意见或带强调事项段的无保留意见。如在 2013～2017 年共有 50 家上市公司内部控制评价结论为财务报告内部控制有效，非财务报告内部控制无效，其中有 20 家上市公司的审计意见为标准无保留意见，20 家上市公司的审计意见为带强调事项段的无保留意见，只有荣丰控股（000668）、*ST 准油（002207）、*ST 上普（600680）、獐子岛（002069）、*ST 大有（600403）、ST 慧球（600556）6 家上市公司的审计意见为否定意见，剩余的 4 家上市公司未披露内部控制审计意见。导致这种现象的原因主要是注册会计师只对财务报告内部控制的有效性发表审计意见。

二、连续两年以上内部控制存在问题的上市公司较多

2010～2017 年，有 20 家上市公司连续两年以上（包含两年）内部控制评价结论均为非整体有效。大有能源（600403）1 家上市公司连续 5 年内部控制

评价结论都为非整体有效，其中，2013 年、2014 年和 2015 年内部控制评价结论均为整体无效；2016 年和 2017 年内部控制评价结论均为财务报告内部控制有效，非财务报告内部控制无效。有 5 家上市公司连续 3 年内部控制评价结论为非整体有效：川化股份（000155）在 2013 年、2014 年和 2015 年内部控制评价结论均为财务报告内部控制有效，非财务报告内部控制无效。内蒙发展（000611）在 2013 年和 2014 年内部控制评价结论为整体无效，2015 年内部控制评价结论为财务报告内部控制有效，非财务报告内部控制无效（注：2014 年 10 月 27 日，公司证券简称由"四海股份"变更为"内蒙发展"）。宏磊股份（002647）在 2013 年、2014 年和 2015 年内部控制评价结论均为财务报告内部控制无效，非财务报告内部控制有效。ST 生化（000403）在 2014 年和 2016 年内部控制评价结论为财务报告内部控制无效，非财务报告内部控制有效；2015 年内部控制评价结论为整体无效；2017 年内部控制评价结论为财务报告内部控制有效，非财务报告内部控制无效。柳化股份（600423）在 2014 年和 2015 年内部控制评价结论为财务报告内部控制无效，非财务报告内部控制有效；2016 年内部控制评价结论为财务报告内部控制有效，非财务报告内部控制无效。还有烯碳新材（000511）、华泽钴镍（000693）、中水渔业（000798）、泸天化（000912）、凯迪生态（000939）、顾地科技（002694）、欣泰电气（300372）、匹凸匹（600696）（注：2015 年 6 月 18 日公司名称由"上海多伦实业股份有限公司"变更为"匹凸匹金融信息服务（上海）股份有限公司"）、上海新梅（600732）、秋林集团（600891）、华锐风电（601558）、中润资源（000506）、黄河旋风（600172）、海润光伏（600401）14 家上市公司连续两年内部控制评价结论为非整体有效。

为探究上市公司为何连续两年以上（包含两年）内部控制评价结论为非整体有效，故对上述上市公司的内部控制缺陷是否进行整改的情况进行了统计（见表 3 – 21）。

表 3 – 21　连续两年以上内部控制存在重大缺陷的上市公司缺陷整改情况

公司名称	年份	内部控制重大缺陷整改情况
川化股份（000155）	2013、2014	存在 1 项重大缺陷，未披露整改运行结果
	2015	存在 1 项重大缺陷，未披露是否开始整改
内蒙发展（000611）	2013、2015	存在 1 项重大缺陷，未披露整改运行结果
	2014	存在 4 项重大缺陷，均未完成整改

续表

公司名称	年份	内部控制重大缺陷整改情况
泸天化 (000912)	2013	存在 1 项重大缺陷，未披露整改运行结果
	2014	存在 2 项重大缺陷，未披露整改运行结果
宏磊股份 (002647)	2013	存在 2 项重大缺陷，1 项未披露整改运行结果，1 项未开始整改
	2014、2015	均存在 1 项重大缺陷，未开始整改
大有能源 (600403)	2013	存在 3 项重大缺陷，1 项未完成整改，2 项未开始整改
	2014	存在 3 项重大缺陷，2 项未完成整改，1 项整改运行有效
	2015	存在 3 项重大缺陷，均未完成整改
	2016	存在 1 项重大缺陷，未完成整改
	2017	存在 1 项重大缺陷，未完成整改
华锐风电 (601558)	2013	存在 1 项重大缺陷，未披露整改运行结果
	2014	存在 1 项重大缺陷，未完成整改
ST 生化 (000403)	2014、2015	存在 3 项重大缺陷，均未完成整改
	2016	存在 1 项重大缺陷，未披露整改运行结果
	2017	存在 4 项重大缺陷，均完成整改
烯碳新材 (000511)	2014	存在 2 项重大缺陷，均未完成整改
	2015	存在 3 项重大缺陷，均未完成整改
顾地科技 (002694)	2014	存在 2 项重大缺陷，1 项未完成整改，1 项未开始整改
	2015	存在 2 项重大缺陷，均未完成整改
柳化股份 (600423)	2014、2015、 2016	均存在 1 项重大缺陷，且整改后运行有效
多伦股份 (600696)	2014	存在 3 项重大缺陷，2 项未披露整改运行结果，1 项整改运行有效
	2015	存在 1 项重大缺陷，未完成整改
上海新梅 (600732)	2014	存在 2 项重大缺陷，均未完成整改
	2015	存在 1 项重大缺陷，未开始整改
华泽钴镍 (000693)	2015	存在 7 项重大缺陷，均未完成整改
	2016	存在 2 项重大缺陷，均未完成整改
中水渔业 (000798)	2015	存在 5 项重大缺陷，均未完成整改
	2016	存在 1 项重大缺陷，未完成整改
凯迪生态 (000939)	2015	存在 2 项重大缺陷，未披露是否开始整改
	2016	存在 2 项重大缺陷，未披露整改运行结果
欣泰电气 (300372)	2015	存在 2 项重大缺陷，1 项整改运行有效，1 项未披露整改运行结果
	2016	存在 2 项重大缺陷，1 项未完成整改，1 项未开始整改

续表

公司名称	年份	内部控制重大缺陷整改情况
秋林集团 (600891)	2015	存在 2 项重大缺陷，均未完成整改
	2016	存在 5 项重大缺陷，3 项未完成整改，2 项整改运行有效
中润资源 (000506)	2016	存在 1 项重大缺陷，未完成整改
	2017	存在 1 项重大缺陷，1 项整改运行有效
黄河旋风 (600172)	2016	存在 4 项重大缺陷，3 项开始整改，1 项未开始整改
	2017	存在 1 项重大缺陷，未完成整改
海润光伏 (600401)	2016	存在 6 项重大缺陷，1 项整改运行有效，5 项未完成整改
	2017	存在 2 项重大缺陷，均完成整改运行有效

在 2010 ~ 2017 年，连续两年以上（包含两年）内部控制审计意见为非无保留意见的上市公司有 15 家，其中连续 3 年内部控制审计意见为否定意见的上市公司有 4 家，分别为大有能源（600403）、秋林集团（600891）、中水渔业（000798）和 ST 生化（000403）。金亚科技（300028）在 2015 年内部控制审计意见为否定意见，在 2016 年、2017 年内部控制审计意见为保留意见。剩余的 10 家上市公司均为连续两年内部控制审计意见为否定意见，见表 3 - 22。

表 3 - 22   连续两年以上内部控制审计意见为非无保留意见的上市公司

上市公司名称	年份	内部控制审计意见
北大荒（600598）、天津磁卡（600800）	2012、2013	否定意见
泰达股份（000652）、华锐风电（601558）	2013、2014	否定意见
烯碳新材（000511）、柳化股份（600423）	2014、2015	否定意见
亚太实业（000691）、华泽钴镍（000693）	2015、2016	否定意见
金亚科技（300028）	2015	否定意见
	2016、2017	保留意见
大有能源（600403）	2013 ~ 2015	否定意见
ST 生化（000403）	2014 ~ 2017	否定意见
ST 亚太（000691）、* ST 华泽（000693）	2016、2017	否定意见
秋林集团（600891）、中水渔业（000798）	2015 ~ 2017	否定意见

三、内部控制缺陷内容的披露不够规范

2011～2017 年，虽然每年上市公司披露的内部控制缺陷数量很多，但是披露具体内容的缺陷数量却很少，如 2011 年，在 3187 项内部控制缺陷中，仅有 704 项披露了缺陷的具体内容，占比为 22.09%。在随后的几年该比例虽有所上升，但依然不高，见表 3－23。这也就意味着，很大一部分的上市公司虽然披露了内部控制缺陷的数量，但并没有详细披露内部控制缺陷内容。也存在个别上市公司披露其存在内部控制缺陷，但只披露数量，既不区分财务报告内部控制和非财务报告内部控制，也不披露内容。

表 3－23　　　　　 2010～2017 年总的缺陷数量与披露具体内容的
缺陷数量情况对比

项目	2010 年	2011 年	2012 年	2013 年	2014 年	2015 年	2016 年	2017 年
披露具体内容的缺陷数量（项）	879	704	1279	764	865	1159	1238	1076
披露具体缺陷内容的比例（%）	97.99	22.09	29.79	33.64	36.68	31.78	27.30	23.44
缺陷总数（项）	897	3187	4293	2271	2358	3647	4535	4590

四、上市公司重大缺陷频繁发生的领域

2010～2017 年 8 年中，上市公司披露了具体内容的内部控制重大缺陷共有 340 项，根据缺陷涉及的具体业务活动和事项分类统计发现，资金活动类缺陷、财务报告类缺陷和组织架构类缺陷表现最为突出。资金活动类缺陷有 69 项，占比 20.29%；财务报告类缺陷有 45 项，占比 13.24%；组织架构类缺陷有 35 项，占比 10.29%。排名前十的缺陷事项如图 3－19 所示。

再对审计师发现的内部控制重大缺陷按缺陷涉及的具体业务活动和事项进行分类统计，在 283 项审计师发现的内部控制重大缺陷中，资金活动类缺陷为 46 项，占比 16.25%；财务报告类缺陷和组织架构类缺陷均为 32 项，占比均为 11.31%。由此可知，资金活动类缺陷、组织架构类缺陷和财务报告类缺陷依然表现最为突出。这其中排名前十的缺陷事项如图 3－20 所示。

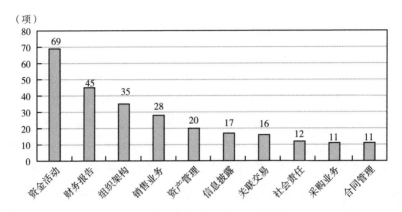

图 3 – 19　内部控制重大缺陷涉及的前十业务活动/事项

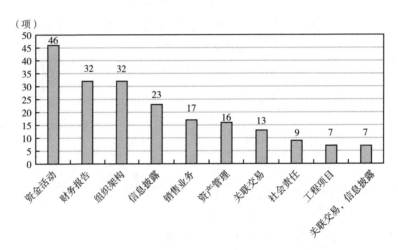

图 3 – 20　审计师发现的内部控制重大缺陷涉及的业务活动/事项

　　通过将上市公司披露的内部控制评价重大缺陷涉及的业务活动/事项与审计师发现的内部控制重大缺陷涉及的业务活动/事项进行对比，发现资金活动类重大缺陷、财务报告类重大缺陷、组织架构类重大缺陷无论在上市公司披露的内部控制评价重大缺陷中还是在审计师发现的内部控制重大缺陷中，均位于前三，属于上市公司重大缺陷发生的重灾区。

五、内部控制评价报告与内部控制审计报告披露水平不一致

　　2010 ~ 2017 年 8 年中，披露内部控制评价报告的上市公司数量都高于披露内部控制审计报告的上市公司数量，差距最大的当属 2010 年。在 2010 年

有1619家上市公司披露内部控制评价报告，但只有716家上市公司披露内部控制审计报告，这两者之间差了903家。具体数据见表3-24。

表3-24　　　　　　　2010～2017年内部控制评价报告与内部控制

审计报告披露数量情况对比　　　　　　　　　单位：家

项目	2010年	2011年	2012年	2013年	2014年	2015年	2016年	2017年
披露内部控制审计报告的上市公司数量	716	967	1535	1824	2146	2267	2269	2579
披露内部控制评价报告的上市公司数量	1619	1847	2244	2360	2606	2688	2881	3070

在图3-21中也可以很清晰地看到，2010～2016年披露内部控制评价报告的上市公司占当年总的上市公司的比例要一直高于披露内部控制审计报告所占的比例。之所以会出现这样的情形，原因在于：一是有一小部分上市公司在年报中披露了内部控制审计报告意见段或在年报中提及内部控制审计报告结论，并注明了内部控制审计报告全文披露日期和披露索引，但在其公开披露的资料中无法找到其内部控制审计报告。二是大部分的上市公司并没有披露内部控制审计报告。2017年这一趋势得到了逆转，披露内部控制审计报告的上市公司占当年总的上市公司的比例反超披露内部控制评价报告的上市公司所占的比例。原因在于：2017年，披露内部控制审计报告的上市公司增幅大于披露内部控制评价报告的上市公司的增幅。

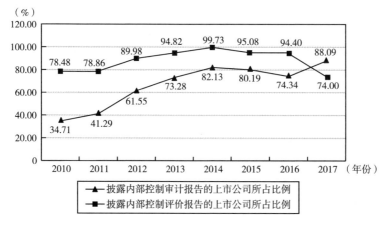

图3-21　2010～2017年内部控制评价报告与内部控制审计报告披露比例情况对比

六、内部控制审计结论中非标审计意见比例低

对 2010～2017 年这 8 年中进行内部控制审计或者鉴证且列示了审计意见的上市公司进行统计，发现非标准审计意见所占的比例虽然在前 7 年中一直处于上升趋势，从 2010 年的 0.14% 上升到 2016 年的 4.36%，但是这一比例始终没有突破 5%，2017 年略有下降，为 3.92%。否定意见的占比从 2010 年的 0.14%上升至 2017 年的 1.71%，在这 8 年中也从未超过 2%，具体如图 3－22 所示。

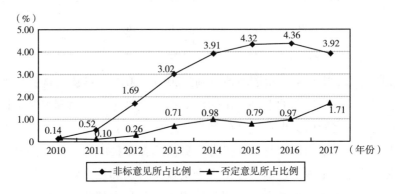

图 3－22　2010～2017 年非标准审计意见和否定意见占比情况

事实上，有一部分注册会计师存在"避重就轻"，刻意调节、出具较好审计意见的倾向，从而人为地降低了非标准审计意见的比例，尤其是否定意见的比例。一是上市公司披露的内部控制评价报告要素缺失，注册会计师应当在内部控制审计报告中增加强调事项段，但是几乎没有一家上市公司由于内部控制评价报告要素列报不完整或不恰当而被出具带强调事项段的内部控制审计报告。二是上市公司当期财务报表出现重大错报，而上市公司内部控制在运行过程中未能发现该错报，或上市公司关键管理人员的舞弊，或上市公司审计委员会和内部审计机构对内部控制的监督无效等，均为内部控制存在重大缺陷的迹象，注册会计师应当考虑发表否定意见的内部控制审计报告，但是，部分注册会计师对存在重大缺陷迹象的事项，仅以强调事项段描述以代替出具否定意见的内部控制审计报告。

七、出具的审计意见不符合规定

根据《企业内部控制审计指引》，如果内部控制存在一项或多项重大缺

陷，除非审计范围受到限制，注册会计师应当对内部控制发表否定意见；如果审计范围受到限制，注册会计师应当解除业务约定或出具无法表示意见的内部控制审计报告，但内部控制审计报告不存在保留意见的意见类型。通过统计的数据来看，2013 年 *ST 霞客（002015）和仁东控股（002647）2 家上市公司的内部控制审计意见为保留意见；2014 年宇顺电子（002289）和人人乐（002336）2 家上市公司的内部控制审计意见为保留意见；2015 年凯瑞德（002072）和唐人神（002567）2 家上市公司内部控制审计意见为保留意见；2016 年超华科技（002288）、金亚科技（300028）、和佳股份（300273）3 家上市公司内部控制审计意见为保留意见；2017 年凯瑞德（002072）和天龙光电（300029）2 家上市公司内部控制审计意见为保留意见。

八、有关建议

（1）企业应就内部控制重大、重要缺陷及内部控制审计意见积极与注册会计师沟通协调，使企业内部控制评价报告结论与注册会计师内部控制审计报告结论尽可能一致。

（2）加强对内部控制重大、重要缺陷的整改落实，规范对内部控制缺陷的披露，并持续细化财务报告内部控制相关信息的披露内容。对于企业内部控制评价和注册会计师内部控制审计过程中发现的内部控制重大、重要缺陷，企业应当提高重视程度、及时加以整改，并对整改后的控制措施实施严格测试，确保整改后控制措施有效。

（3）企业应当进一步规范内部控制缺陷披露，正式披露前参考《公开发行证券的公司信息披露编报规则第 21 号——年度内部控制评价报告的一般规定》的要求进行审核。企业还应在有效区分财务报告内部控制缺陷和非财务报告内部控制缺陷的基础上，更有针对性地细化财务报告内部控制相关信息的披露内容，提高财务报告披露信息的有效性，为报告使用者提供更具有实际参考价值的财务报告披露信息。

（4）增强开展内部控制审计业务的注册会计师的专业胜任能力。注册会计师应当强化内部控制审计的专业技术培训，并在执业过程中严格按照《中国注册会计师执业准则》《企业内部控制审计指引》开展内部控制审计。注册会计师不得在缺乏充分审计证据的情况下，直接假定上市公司其他部分（某些子公司、流程或交易）已经执行与已审计的部分类似的内部控制且运行有效，从而导致对这些部分财务报告内部控制审计工作的不足。

（5）中介机构应提升服务质量，积极引导上市公司的内部控制建设和内部控制评价的披露工作。中介机构要培养合格的内部控制专业人才，努力提高服务质量，协助上市公司完善内部控制，做好内部控制建设、内部控制评价及整改工作；审计机构要努力提高内部控制审计报告质量，特别是对于出具否定意见的内部控制审计报告，应按照内部控制审计报告的要求，对财务报告重大缺陷的性质及影响程度进行详细披露，以免造成报告使用者的误判。

第四章　审计师风险管理策略

上市公司存在的内部控制缺陷会提高审计师所面临的审计风险。为降低客户企业内部控制缺陷所带来的审计风险,审计师会采取相应措施进行风险管理。常见的审计师风险管理措施有三种:调整审计费用、出具非标审计意见,以及终止客户关系。早年的研究大多关注企业内部控制缺陷披露与某项具体审计师风险管理措施的关系,如内部控制缺陷披露与审计费用的关系、内部控制缺陷披露与审计意见的关系,以及内部控制缺陷披露与审计师变更的关系等。然而,近年来有学者研究发现,从一个较长的时间区间来看,审计师的风险管理行为不仅体现为单一风险管理措施的使用,还体现为多种风险管理措施的有机组合。

根据国内外已有研究表明,影响审计师风险管理决策的因素有很多,主要体现为以下方面:内部控制缺陷的披露、内部控制缺陷类型、审计师的专业判断以及内部控制缺陷披露的持续影响。

第一节　审计风险管理环节

内部控制审计风险的管理围绕内部控制审计工作展开,从一项审计业务实施的进程来看,内部控制审计业务中的风险管理可分为事前风险管理、事中风险管理和事后风险管理。

事前风险管理主要涵盖的是对注册会计师正式实施内部控制审计之前的相关事项开展的风险控制,主要涉及被审计客户的选择、审计计划的制订以及审计定价等。

事中风险控制包括审计测试、识别内部控制缺陷以及报告已经识别的内部控制缺陷、出具审计意见等。

事后风险控制通常指的是审计师考虑是否离开被审计客户，即发生审计师变更的可能性。

一、审计客户的选择

远离高风险内部控制审计客户是审计师有效管理内部控制审计风险的第一道关口。在接受审计业务之前，审计师需要对被审计客户可能存在的内部控制审计风险做一个大概的评估，作为确立审计客户关系的前提。评估包括通过经验判断公司是否更有可能存在内部控制重大缺陷，即有着较高的内部控制审计风险。

审计师可以通过经验判断或借鉴以往研究得出的先验信息，在一定程度上选择内部控制审计风险较小的客户。然而，初次审计所面临的内部控制审计风险通常不会很低。已有研究表明，注册会计师对新客户的初次内部控制审计所面临的风险要高于前任审计师面临的审计风险，也会相对高于之后审计业务开展所面临的审计风险。

已有研究发现，上市公司更换会计师事务所当年，与前任会计师事务所和签字注册会计师相比，继任会计师事务所和签字注册会计师的专业胜任能力和审计独立性的联合效用在整体上有所下降（闫焕民，2012）。这是因为，初次审计时，被审计客户对于外部审计师而言是相对陌生的，因此外部审计师对被审计客户可能存在的内部控制风险难以达到清晰而全面的认识。

根据以往研究，外部审计师可以通过对以下事项的风险评估来了解被审计客户可能存在的内部控制审计相关风险：（1）慎重考虑之前发生过非正常轮换审计师变更的企业。通常来说，上市公司内部控制质量越低，变更审计师的可能性越大（方红星，2013）。并且，原任会计师在最后查核年度审计的严谨度也可能下降。小型会计师事务所更应谨慎对待上任审计单位为大型事务所的企业，了解该企业与上任审计师解除关系的缘由及潜在的风险。

（2）慎重考虑非审计师本身专长领域内的企业。多数事务所具有行业熟悉差异，选择陌生行业的企业会极大提高其在初任年度的查核成本，包括取得了解新客户所需信息的成本及营销成本。审计师对客户累积知识和经验不足可能会增加初任年度审计失败的机会。

（3）慎重考虑该企业是否存在内部控制审计风险较高企业的特征。例如，存在内部控制缺陷的公司其会计稳健性和应计质量均显著低于不存在内部控制缺陷的公司（齐堡垒等，2010）。当年才成立审计委员会的公司以及董事长与总经理两职合一的公司报告内部控制缺陷的可能性更大（刘亚莉等，2011）。规模越大或财务状况越好的公司，其控制活动、信息与沟通两类指标的披露水平越高（李颖琦等，2013）。存在内部控制缺陷的公司一般经营更加复杂，存在的会计风险更高，内部控制建设相对更不完善；经历审计师变更和财务报告重述的公司更可能披露内部控制缺陷（田高良等，2010）。

二、审计计划的制订

合理有效的内部控制审计计划的制订是管理内部控制审计风险的总纲领。审计师应当从总体审计计划和具体审计计划两个角度进行设计。

总体审计计划以被审计单位的内部控制有效性审计为目标，确定总体的审计范围、时间与方向。具体审计计划则需要落实到具体的审计工作事项。例如，根据我国《企业内部控制审计指引》在计划审计工作时，注册会计师应当评价下列事项对内部控制、财务报表以及审计工作的影响：

（1）与企业相关的风险；
（2）相关法律法规和行业概况；
（3）企业组织结构、经营特点和资本结构等相关重要事项；
（4）企业内部控制最近发生变化的程度；
（5）与企业沟通过的内部控制缺陷；
（6）重要性、风险等与确定内部控制重大缺陷相关的因素；
（7）对内部控制有效性的初步判断；
（8）可获取的、与内部控制有效性相关的证据的类型和范围。

三、审计测试的实施

内部控制有效性分为内部控制制度设计的有效性与内部控制执行的有效性。在内部控制审计过程中，注册会计师应当对内部控制设计的有效性进行测试，确保内部控制制度的设计是合理有效的。

开展基于风险导向的内部控制审计测试。注册会计师应当更多地关注内部控制的高风险领域，即可能导致财务报表重大错报的领域，而非那些即使有内部控制缺陷也不会导致企业发生财务报告重大错报的领域。此时，审计师可以增加更多的审计程序（Graham and Bedard, 2013）。

选择可行性强和成效较高的审计测试方式。例如，灵活运用包括询问、观察、检查和重新执行等审计程序来测试企业内部控制的有效性。如果存在多个控制均能应对相关认定的重大错报风险，审计师应当选择那个能够以最有效方式予以测试的控制。此外，有研究表明审计师在执行控制测试时比在执行实质性测试时能发现更多的内部控制缺陷（Bedard and Graham, 2010）。

合理选择审计测试时间与区间。通常来说，审计师对企业内部控制有效性测试的实施时间越接近内部控制审计基准日，那么审计师所提供的审计证据就越有力。然而并不是测试时间越短越好，为保证测试的有效性和所获得审计证据的充分性，审计师应当保证选择审计基准日前一段足够长的期间进行测试。相关研究也发现，提前开展企业的内部控制测试有利于提高发现潜在内部控制重大缺陷的可能性，从而降低审计风险（Graham and Bedard, 2013）。

合理利用对审计测试有帮助的资源。对内部审计工作的利用能够减少外部审计师的测试程序，从而提高审计效率。SOX 法案实施后的数据显示，相比外部审计师，内部审计师获得了被评估公司更高水平上的认同，但外部审计师获得的高水平的客户认可是与更宽松的控制评估相联系的（Bamber and Iyer, 2007）。

四、进行审计定价

早期的研究已经发现审计师对客户风险的评估会体现在审计定价上（Simunic 1980; Pratt and Stice, 1994）。客户的风险会影响审计定价，因为审计师在定价决策时除考虑审计投入成本之外也考虑了未来预期的损失和风险（Morgan and Stocken, 1998; Houston et al., 1999, 2005; Lyon and Maher, 2005; Venkataraman et al., 2008）。因此，审计费用与客户风险之间的关联使市场参与者把审计费用视为客户风险信号的具体体现（Stanley et al., 2007; Hirsch, 2002; Weil, 2004; Glass, Lewis and Co., 2005; Mavin, 2005）。此外，审计费用也被视为客户风险的一个重要度量指标，审计费用的披露潜在地揭示出了客户的风险。通过检验审计费用和客户未来经济状况变化之间的关联可以获取相关经验证据（Stanley, 2011）。赫里巴尔等（Hribar et al., 2014）检验了审计费用和随后揭露出来的虚假财务报告和舞弊之间的关系，表明审计费用是客户会计质量的一个潜在指标，审计费用有关于客户未来经济状况的信息含量。

实施内部控制审计之后，部分学者开始关注到内部控制缺陷披露与审计费用之间的关系。当公司存在内部控制重大缺陷时，公司有更高的风险，为弥补额外的风险，审计师会付出更多努力去获取更多、更高质量的必要证据去支持其审计报告的合理保证程度，这一推断也得到了相当数量文献的支持（Raghunandan and Rama，2006；Hogan et al.，2008；Krishnan，2008）。例如，较早的文献主要检验了 2003~2004 年执行 SOX 法案后公司的内部控制缺陷和审计费用之间的相关性，多数文献发现存在内部控制缺陷的公司需要审计师和公司管理层进行更多的沟通和探讨，因而会增加审计工作从而导致审计费用的增加（Graham and Bedard，2013；Charles et al.，2009；Raghu-nandan and Rama，2006）。

五、出具审计意见

在遵循 SOX 条款后，一些学者开始关注披露内部控制缺陷将如何影响审计师内部控制审计意见的出具。审计意见代表了审计师对客户风险最终公开出具的评估结果，直接体现了审计师的专业判断和对被审计客户内部控制建设情况的态度。部分学者发现内部控制缺陷与审计师出具意见的态度相对一致，存在内部控制缺陷的企业更有可能收到修正的审计意见（Elder et al.，2009；Bedard and Graham，2010）。

此外，有的学者认为，审计意见的出具只是审计师在客户风险管理策略中的一个中间环节，是审计师调整过审计费用后对客户风险评估仍然较高而不得不采取的一种风险管理措施，当审计师出具修正的审计意见仍不见客户存在的内部控制审计风险降低时将会辞职（Elder et al.，2009）。然而也有学者认为，修正审计意见的出具可能是审计师在内部控制缺陷审计中走的最后一步棋，因为部分研究发现在企业收到来自审计师的修正审计意见后，该企业很大程度上会解聘或辞退审计师（Maya Thevenot，2009；Ettredge et al.，2011）。

六、考虑审计师变更

以往研究表明，有内部控制缺陷以及披露了内部控制缺陷的公司更有可能更换审计师（Hertz，2006；Ettredge et al.，2007；Ettredge et al.，2011；Rice et al.，2013）。迄今为止，国外学者对审计师变更的研究区分了两种不同的变更情形：审计师主动辞职与被审计客户解聘审计师。审计师与客户意见不一致时，客户更有可能结束审计雇佣关系，企业也更有可能解聘审计师（Elder et al.，2009）。

区分审计师变更的具体情形后，可以发现诸多学者得出相对一致的研究结论：审计师主动辞职的情况通常出现在审计师评估发现被审计客户内部控制缺陷风险较高，从而主动结束客户关系的情形下（Hertz，2006；Ettredge et al.，2007；Ettredge et al.，2011）；若审计师在发现被审计客户存在内部控制缺陷风险后采取先调高审计费用的策略，则很有可能出现被客户解聘的情况（Ettredge et al.，2011）；若审计师在发现被审计客户存在内部控制缺陷风险后采取先出具修正审计意见的策略，同样会在很大程度上出现被被审计对象解聘的情形（Maya Thevenot，2009；Ettredge et al.，2011）。那么审计师将何种情形的与内部控制缺陷相关的风险界定为较为严重的内部控制风险呢？在什么程度的内部控制风险下，审计师将主动结束与被审计客户的关系呢？已有研究表明，当企业存在或披露内部控制重大缺陷以及公司层面的内部控制缺陷时，审计师主动辞职的可能性会提高（Elder et al.，2009；Maya Thevenot，2009）。内部控制缺陷的严重程度与审计师辞职的可能性正相关（Antanu Mitra，2009；Maya Thevenot，2009）。

第二节 内部控制缺陷与审计师风险管理策略

内部控制审计风险主要指的是审计师能否对企业内部控制有效性发表恰当审计意见的风险。其中，根据我国《企业内部控制审计指引》的规定，审计意见的范围包括：对财务报告内部控制的有效性发表审计意见，以及对审计过程中发现的非财务报告内部控制重大缺陷在审计报告中增加描述段予以披露。因此，审计师对被审计客户内部控制审计采取的风险管理策略具体体现为，审计师应对被审计客户内部控制缺陷的策略。

内部控制缺陷释放的是一种信息风险信号。阿什堡·斯卡伊夫等（Ashbaugh-Skaife et al.，2009）发现披露内部控制缺陷的公司会计风险更高，经营业务更复杂，受到 SEC 处罚和发生财务重述的可能性更大。道夫等（Doyle et al.，2007）也发现存在财务风险的公司更有可能披露内部控制缺陷。因此，审计师关注客户风险直接体现为关注客户的内部控制缺陷，事实上也是将风险管理过程提前，从关注最终的财务报告信息到控制信息产生的过程，起到提前防范风险的作用。自 SOX 法案执行以来，相当数量的文献转而直接以有内部控制缺陷的公司为研究对象，围绕内部控制缺陷和审计师客户风险管理问题，研究者从不同的审计师风险管理策略角度开展了研究。常见的审计师风险管理措施有审计费用调整、审计意见修改和审计师变更。

面对监管格局的改变和风险责任的出现，审计师为了把控审计工作中可能存在的风险，将采取一系列的客户风险管理策略来降低面临的审计风险。因此，当企业存在或披露内部控制缺陷时，审计师可能会采取哪些风险管理策略便成为一个需要重点关注的问题。

前文提到，当审计师识别出企业的内部控制缺陷并评估出其存在的内部控制缺陷风险时，通常会采取调整审计费用、出具修正的审计意见，以及结束客户关系为主的几种措施。而不同的审计师采取以上三种风险管理措施的先后顺序及组合并不一致，构成了不同排序的风险管理策略。表 4 - 1 整理了当企业存在（或披露）内部控制缺陷时，审计师采取的客户风险管理策略组合、主要相关文献及研究结论。

表 4 - 1 内部控制缺陷与审计师决策

审计师风险管理策略	具体研究发现	主要代表文献
ICD – AF	（1）存在内部控制缺陷的公司支付更高的审计费用；（2）披露内部控制缺陷的公司支付更高的审计费用；（3）内部控制缺陷严重程度与审计费用正相关；（4）IT 行业公司的内部控制缺陷披露不会显著导致审计费用提高；（5）额外的重大缺陷披露对审计费用有增量影响；（6）302 条款执行首年内部控制缺陷的补救并没有导致审计费用的降低；（7）四大会计师事务所（以下简称"四大"）*的客户存在内部控制缺陷时，审计费用会显著增加	Raghunandan and Rama（2006）；Hogan et al.（2008）；Krishnan（2008）；Elder et al.（2009）；Hoitash et al.（2007）；Hay（2012）；Peary et al.（2014）；Keane et al.（2012）；Hribar et al.（2014）；Charles et al.（2010）；Bedard, Hoitash, and Hoitash（2008）；盖地和盛常艳（2013）
ICD – AF – AC	（1）在有缺陷的公司里，审计费用与审计师辞职的关系不显著；（2）审计费用与解聘审计师显著正相关；（3）发生审计师解聘的公司中，支付较高审计费用的公司倾向于雇用非"四大"继任审计师	Thevenot M. et al.（2009）；Ettredge et al.（2011）；

续表

审计师风险管理策略	具体研究发现	主要代表文献
ICD – AF – AO – AC	审计师对内部控制缺陷的应对策略有着先调整审计费用，再修改审计意见，最后才辞职的决策等级顺序	Elder et al. (2009)
ICD – AO	(1) 有内部控制缺陷的公司更有可能收到修正的审计意见；(2) 存在内部控制重大缺陷的公司更有可能收到非标审计意见	Elder et al. (2009)；Bedard and Graham (2010)；尚兆燕和扈唤 (2016)
ICD – AO – AC	(1) 有缺陷的企业更可能收到非标准审计意见和解聘审计师；(2) 公司收到否定审计意见更容易辞退审计师	Maya Thevenot (2009)；Ettredge et al. (2011)
ICD – AC	(1) 企业内部控制缺陷与审计师辞职正相关；(2) 企业隐瞒不报内部控制缺陷的不会招致审计师辞职；(3) IT 行业中的内部控制缺陷披露不会显著导致审计师变更；(4) 存在内部控制缺陷低的公司审计师更换频繁；(5) 披露内部控制缺陷的公司有更多的审计师变更	Hertz (2006)；Ettredge et al. (2007)；Ettredge et al. (2011)；Rice et al. (2013)；Joseph Canada et al. (2009)；Peary et al. (2014)；Hribar et al. (2014)；Krishnan (2005)；Krishnan et al. (2008)；Elder et al. (2009)；Ashbaugh et al. (2007)；叶陈刚等 (2013)

注：* 指毕马威、德勤、安永、普华永道四大会计师事务所。AF、AO、AC 缩写分别表示三种审计师风险管理措施，即审计收费（audit fee）、审计意见（audit opinion）和审计师变更（auditor change），以下均同。

第三节 内部控制缺陷类型与审计师风险管理策略

根据内部控制审计准则的要求，审计师必须评估发现的每一个控制缺陷的严重程度。按照严重程度，内部控制缺陷可以分为内部控制一般缺陷、重要缺陷和重大缺陷；根据内部控制缺陷的具体类型和范畴，又可以分为公司层面的缺陷和业务层面的缺陷（Elder et al.，2009）。部分文献通过研究内部控制缺陷的类型和数量对审计费用的影响来考察内部控制的有效性，研究发现内部控制缺陷的类型和数量都会显著影响审计费用，进而影响企业内部控制的有效性。因此，内部控制缺陷的分类与审计师的风险管理决策有着密不可分的联系。表 4 – 2 整理了当审计师面临不同类型的内部控制缺陷时采取的风险管理策略、主要相关文献及研究结论。

表 4 - 2　　　　　　　　　　　　内部控制缺陷分类与审计师决策

内控缺陷分类	风险管理策略	策略的具体体现	主要代表文献
信息系统内部控制缺陷	ICD - AF	报告信息系统内部控制缺陷的公司会被收取更高的审计费用	Joseph Canada et al.（2009）
重大内部控制缺陷	ICD - AF ICD - AC	（1）有重大内部控制缺陷的公司比没有重大内部控制缺陷的公司支付更高的审计费用；（2）有重大内部控制缺陷的公司审计收费高于内控有效的公司；（3）内部控制重大缺陷数量比重大缺陷的存在更能解释审计费用的变化；（4）SOX 法案执行首年，披露重大缺陷公司的审计费用比未披露重大缺陷的公司高 43%；（5）内部审计费用与内部控制缺陷的严重程度正相关；（6）报告重大缺陷的公司更易发生审计师变更；（7）重大缺陷的数量仅与审计师辞职显著相关，与解雇审计师相关性不显著；（8）重大缺陷数量仅影响客户将"四大"换为非"四大"，不会显著导致"四大"间的更换；（9）解聘审计师与报告重大缺陷显著正相关	Hogan et al.（2008）；Joseph Canada et al.（2009）；Elder et al.（2009）；Foster and Shastri（2013）；Hoitash, Hoitash and Bedard（2008）；Krishnan, Rama and Zhang（2008）；Calderon et al.（2012）；Raghunandan and Rama（2006）；Maya Thevenot（2009）；Ettredge et al.（2011）
内部控制缺陷严重程度	ICD - AF ICD　AC	（1）内控审计费用与内部控制缺陷的严重程度正相关；（2）内部控制缺陷的严重程度与审计师变更的可能性正相关	Santanu Mitra（2009）；Maya Thevenot（2009）
公司层面 & 业务方面的内部控制缺陷	ICD - AF ICD - AC ICD - AO	（1）公司层面内部控制缺陷企业的审计费用溢价高于只有业务层面内部控制缺陷的企业；（2）审计师变更与业务层面的内控缺陷关系不显著，与公司层面缺陷的关系处于临界状态；（3）公司层面的重大内控缺陷与审计师辞职显著正相关；（4）审计师更关注公司层面的内控缺陷，针对业务层面的缺陷审计师会倾向于发布修正的审计意见；（5）公司层面内控缺陷的披露使审计师更加稳健，进而影响审计师出具可持续经营不确定性的审计意见	Elder et al.（2009）；Maya Thevenot（2009）；Bedard and Graham（2010）；Goh et al.（2013）；张红英和高晟星（2014）
系统 & 非系统控制缺陷	ICD - AF	相比非系统控制缺陷的补救，系统控制缺陷的补救对审计费用的减少有更大的影响	Santanu Mitra（2009）

第四节　审计师专业判断与风险管理策略

根据《企业内部控制审计指引》，在内部控制审计过程中，注册会计师应当实施合理的审计程序，包括参考客户企业提供的内部控制评价信息，对已有的内审结果进行独立的判断，考察内审结果的客观性和真实性，并进一步考虑是否存在潜在的未被披露的内部控制缺陷。其目的是保证内部控制审计结果和审计意见的准确性和客观性，降低审计师在企业内部控制审计中可能面临的风险。因此，所有内部控制审计程序的实施与对内部控制缺陷的识别和认定都需要注册会计师最大限度地发挥其专业判断能力。

根据 SOX 法案的要求，上市公司是报告公司内部控制缺陷的主体，外部审计师在此基础上对上市公司的财务报告内部控制做出评价。审计师对内部控制缺陷的识别和判断是非常重要的（Simunic，1980；Pratt and Stice，1994），有关研究发现绝大多数的上市公司内控缺陷是由外部审计师发现的。哈默斯利等（Hammersley et al.，2007）用档案研究法研究了 358 家遵循 302 条款首次宣告内部控制缺陷的公司，研究发现审计师在识别公司未能识别的内部控制缺陷上扮演着重要的角色。他们提供了一半以上的公司是审计师而不是管理层发现了内部控制缺陷的证据，同时也证明了审计过程在确认重大缺陷时的重要性。由于之前的文献并没有检验过审计师和客户在识别内部控制缺陷方面的差异，因此，贝达德和格雷厄姆（Bedard and Graham，2011）通过问卷调查了 2004～2005 年 44 家公司的 76 个审计合约的 3990 个内部控制缺陷，深入研究了审计师对内部控制缺陷的识别和严重性分类，其结果发现外部审计师（或外部审计师和客户联合）发现了 70% 以上的内部控制缺陷和将近 85% 的重大缺陷。可见，审计师的参与对识别和披露内部控制缺陷是非常关键的。

审计师专业判断能力的发挥体现在审计师对内部控制缺陷的识别和认定方面，从而为客户风险判断和做出风险管理决策提供基础。考察审计师的专业判断能力发挥的影响因素有助于进一步理解内部控制缺陷评估的结果。根据已有研究，审计师的专业判断受到审计具体实施程序、事务所特征、被审计单位管理层的干扰，以及被审计单位内部审计工作等方面的影响。

一、审计师的投入

SOX 法案实施后，基于财务报告的内部控制审计对于审计人员而言是复杂的、非结构化审计问题，因为这些问题没有一个明确的解决方案路径，并且审计人员只能通过为时不长的实践反馈来促进学习（Earley et al.，2008）。内部控制缺陷的识别和认定也是比较艰难的任务，尤其是在审计师没有发现被审计客户存在财务错报时，外部审计师也很难追溯到其可能存在的内部控制缺陷（Kinney et al.，2011）。因此，作为审计工作的最后一道防线，外部审计师在复杂、非结构化的财务报告内部控制审计工作中是否充分体现其专业判断能力，并发挥应有的效果，将取决于审计师的投入。

审计师的投入体现在两个方面：一是具体审计工作的投入；二是审计师本身具有的一些审计师特征对审计师投入的影响。具体审计工作的投入主要体现在审计程序中。从审计师特征的影响来看，和小型会计师事务所相比，大中型会计师事务所在审计过程中可以投入更多资源，因此可以更好地执行 SOX 法案的相关规定，也能够披露更多的内部控制缺陷（Bedard et al.，2009；Bedard and Graham，2010；Roybark，2008）；具有行业专长的审计师更有可能发现和披露被审计单位的内部控制缺陷（Stephens，2011）；在后萨班斯时期，"四大"会计师事务所在有行业专家的情况下仍然提供了更高质量的审计，特别是在涉及公司层面内部控制缺陷时（Khlif and Samaha，2014）。

二、管理层干扰

尽管审计师应该对被审计单位的内部控制进行独立的判断[①]，但被审计单位管理层先前提供的信息[②]仍然会影响审计师的判断。管理层预先提供信

[①] 由 PCAOB 制定的审计准则 2 号文件中关于财务报告内部控制（ICFR）审计规定，审计师在对被审计单位存在的内部控制缺陷分类时应当进行独立的评价（independent assessment）。而之后的审计准则 5 号文件虽然继续要求审计师对被审计单位的内部控制缺陷做出独立的判断，却在此基础上要求审计师提高审计效率，并允许被审计单位的管理层进行更多的内部控制测试。

[②] SOX 法案 404 号条款要求公司的管理层和外部审计师都要对公司的财务报告内部控制进行记录、开展测试和进行评估，最终分别对企业财务报告内部控制的有效性形成自己独立的判断；然而，SOX 法案 302 号条款要求企业管理层在该会计年度早先的季度评估中开展财务报告内部控制测试和评价。

息会影响审计师独立判断的现象在早先的审计师行为心理学研究中被称为"知识的诅咒"（the curse of knowledge）现象（Fischhoff，1977），意指审计师无法忽视管理层提供的信息（Kennedy，1995）。随后，这样的"知识诅咒"现象被证实存在于多种不同情形下的审计环境中（Biggs and Wild，1985；Kinney and Uecker，1982；Mcdaniel and Kinney，1995）。厄利等（Earley et al.，2008）发现审计师对财务报告内部控制的首次评估会受到管理层评估的影响，在对内部控制缺陷的分类做出判断时也会受到管理层最初分类的影响。

为避免严重的内部控制缺陷信息的披露可能带来的风险（Ashbaugh-Skaife et al.，2007），管理层会试图去影响审计师对财务报告内部控制缺陷问题的严重性估计。厄利等（2008）认为，管理层通常通过降低对已识别内部控制缺陷严重程度的描述来调低审计师对内部控制缺陷严重程度的判断。然而，根据乌尔夫等（Wolfe et al.，2009）的发现，管理层除了采取"否认存在缺陷"的策略外，也会适时地采用"承认存在缺陷"策略。对已有缺陷的承认能够传递出管理层愿意承担责任的积极信号，意味着管理层会为内部控制缺陷负责，未来会采取相关的纠正行为。实验发现在 IT 以及人工内部控制偏差（internal control deviations）中，管理层采用承认策略会降低审计师对内部控制缺陷重要性的评估。

关于如何降低管理层先验信息对审计师独立判断的影响，厄利等（2008）研究发现，当审计师被要求去证明财务报告内部控制缺陷的影响以及描述其审计过程的时候，管理层评估对审计师独立评估结果的影响就降低了。卡普兰等（Kaplan et al.，2008）则发现对经验较少的审计师来说，对管理层内部控制评估的了解会导致审计师对内部控制可靠性评级的偏差，即经验较少的审计师会受到管理层评估的影响，但较有经验的审计师不会受到管理层评估的影响。

三、内部审计职能的影响

由 PCAOB 颁布的审计准则 5 号允许外部审计师在内部审计活动符合特定标准时依靠内部审计职能（iternal audit function），通过对内部审计职能的利用提高其工作效率。外部审计师利用内部审计可以减少本应由外部审计师执行的工作。来自实证经验的证据表明，外部审计对内部审计工作的利用呈现出逐渐增长的趋势（Jr et al.，2001；Haron et al.，2004）。

在财务报告内部控制审计方面，部分研究发现对内部审计职能的利用会在某种程度上起到积极作用。对内部审计工作的利用能够减少外部审计师的测试程序，从而提高审计效率。SOX 法案实施后的数据显示，相比外部审计师，内部审计师获得了被评估公司更高水平上的认同，但外部审计师获得的高水平的客户认可是与更宽松的控制评估相联系的（Bamber and Iyer，2007）。内部审计师作为公司的员工，可以长期任职，能更客观地评价内部控制。当内部审计师是由较少支持管理层的人员担任时，内部审计师在评估内部控制缺陷时会比外部审计师更严格。通过提供高质量的内部审计工作，内部审计师的努力能够帮助减少外部审计师的工作量和风险评估，从而间接减少应该向外部审计师支付的审计费用（Twaijry et al.，2004；Jr et al.，2001）。

然而，外部审计师对内部审计工作的利用程度还取决于外部审计师对被审计客户的了解和对被审计单位内部审计质量的评估（Suwaidan and Qasim，2010）。而外部审计师对内部审计质量的评估又会涉及对多重影响因素以及复杂审计环境的考虑（Bamealdred et al.，2013）。

表 4-3 对以上提及与可能影响审计师专业判断能力发挥的主要影响因素相关的主要文献研究发现进行了整理。

表 4-3　　　　　　　　　审计师专业判断能力发挥的影响因素

专业判断的影响因素	具体研究发现	主要代表文献
审计程序	（1）审计师提早开始内部控制可以促进管理层对内控缺陷的补救；（2）审计师对察觉风险的企业投入更多的工作并提高审计费用；（3）审计师在执行控制测试时比在执行实质性测试时能发现更多的内部控制缺陷	Graham and Bedard.（2013）；Charles et al.（2010）；Hurtt et al.（2013）；Bedard and Graham（2010）
事务所特征	（1）"四大"会计师事务所能更好识别与财务错报相关的内控风险，同时有着更高的审计费用；（2）审计师的经验影响其对内部控制可靠性评级的偏差；（3）缺陷披露的可能性与审计单位的事务所规模正相关；（4）SOX 法案实施第一年，80% 的内部控制否定意见是由"四大"会计师事务所出具的；（5）有行业专长的审计师和审计委员会，以及有会计专家的公司更有可能披露内部控制缺陷；（6）事务所规模与审计质量显著正相关	Charles et al.（2010）；Kaplan et al.（2008）；Ashbaugh-Skaife et al.（2007）；Bedard et al.（2009）；Bedard and Graham（2010）；Roybark（2008）；Stephens（2011）；Jaggi et al.（2015）；Khlif and Samaha（2014）；程小可等（2016）

专业判断的影响因素	具体研究发现	主要代表文献
管理层干扰	（1）审计师对财务报告内部控制的首次评估和对缺陷分类的判断受到管理层评估的影响；（2）较有经验的审计师不会受到管理层评估的影响；（3）在IT控制偏差中，管理层的主动承认有效降低审计师对内部控制缺陷重要性的评估；（4）管理层倾向于降低已发现内控缺陷的严重性；（5）管理层能力越强，越容易识别已存在的内部控制缺陷	Earley et al.（2008）；Kaplan et al.（2008）；Wolfe et al.（2009）；Rice and Weber（2011）；Bedard and Graham（2010）；许宁宁（2017）
对内审工作的利用	（1）管理层及其内部审计师的评价将会减少审计师的测试程序，从而提高其审计效率；（2）外部审计师是否信任内部审计的工作取决于内部审计的客观性、专业胜任能力和内部审计师的工作业绩	Stefaniak et al.（2012）；Suwaidan and Qasim（2010）；徐永超（2017）

　　审计师专业判断能力除了为审计师的客户风险决策提供基础，还能通过向被审计客户释放警示信号来间接降低审计师可能面临的内部控制风险。格雷厄姆和贝达德（Graham and Bedard，2013）对公司的补救活动和审计师遵循404条款的过程直接进行首创性的计量发现，审计师对信息技术进行有效整合并且提早开始进行控制测试与公司方面是否补救内控缺陷是正相关的。审计师严格遵循SOX审计章程并提早开展控制测试能够促使企业对已发现的内部控制缺陷进行及时有效的补救。

　　部分学者持续关注了公司执行萨班斯法案302条款和404条款后几年内审计费用的变化情况，发现萨班斯法案实施后的几年内，企业内部控制缺陷仍影响着审计师的风险感知以及相应的风险管理策略，这种持续期间内的影响显著体现在审计费用的变化上。

　　多数研究发现SOX法案实施后的几年内，企业前期披露内部控制缺陷与持续期间内的审计费用呈显著的正相关关系。其中，福斯特、奥伦斯坦和沙斯特里（Foster，Orenstein and Shastri，2007）选取2003～2005年可以获得审计费用数据的3497家公司，分析了SOX法案404条款连续几年对审计费用的影响。研究发现实施404条款的第一年审计费用显著增加，实施第二年审计费用略有下降。有内部控制重大缺陷的公司比没有重大缺陷的公司支付了更高的审计费用。霍塔什等（Hoitash et al.，2008）研究发现，SOX法案404条款实施后第一年的审计费用与内部控制缺陷披露之间存在显著正相关关系，且披露内部控制问题的公司审计费用较高，审计定价因内部控制问题的严重程度而不同。即使后续年度没有披露重大缺陷，遵循 302 条款披露内部控制问题的公司在后续年度也将持续支付较高的审计费用。

此外，在研究审计费用的变化趋势时，另外一个与内部控制缺陷披露相关的问题也受到了关注，它就是内部控制缺陷的补救问题。前期披露的内部控制缺陷对后续期间审计师进行风险管理采取的审计费用调整策略具有持续性影响。在前期缺陷是否补救对后续期间审计费用定价影响的问题上，多数学者的研究结论相对一致。有的学者发现，只要企业在前期披露过内部控制缺陷，即使企业后续几年内成功补救了缺陷，企业前期披露过内部控制缺陷带来的后续期间对审计费用居高不下的影响也是不可逆的（Vishal Munsif，2011；Calderon et al.，2012；Keane et al.，2012）。然而，企业若没有补救前期披露的内部控制缺陷，甚至发生缺陷补救失败，将支付比其他新披露内部控制缺陷的企业相比来看更高的审计费用（Keane et al.，2012）。表 4 – 4 整理了企业前期披露的内部控制缺陷以及前期缺陷补救情况在持续期间对后续期间审计师决策影响的主要相关文献及研究结论。

表 4 – 4　　　　　　　　内部控制缺陷对审计师决策的持续影响

前期缺陷情况	风险管理策略	具体研究发现	主要代表文献
前期披露缺陷	ICD – AF	（1）前期内部控制缺陷的披露会导致后续审计收费居高不下；（2）前期披露的重大缺陷对丁当期重大缺陷披露带来的审计费用具有增量作用；（3）前期重大内部控制缺陷披露对后期审计费用的影响通常会持续三年；（4）连续报告相同缺陷的公司比没有报告不同缺陷的公司在后续期间支付更高的审计费用	Hoitash，Hoitash and Bedard（2008）；Krishnan，Rama and Zhang（2008）；Calderon et al.（2012）；Keane et al.（2012）
缺陷补救成功	ICD – AF	（1）前期成功补救内部控制缺陷的公司比没有补救（持续披露）内部控制缺陷的公司支付更高的审计费用；（2）成功补救缺陷的公司在后三年内的审计收费高于从未披露缺陷的公司；（3）重大内部控制缺陷成功补救后仍然与后期审计费用正相关；（4）缺陷补救发生的年限长度与审计费用显著负相关；（5）SOX 法案实施后两年内发现前期缺陷的成功补救并没有导致审计费用的降低	VishalMunsif（2011）；Calderon et al.（2012）；Keane et al.（2012）；Santanu Mitra（2009）；Bedard，Hoitash and Hoitash（2008）

续表

前期缺陷情况	风险管理策略	具体研究发现	主要代表文献
缺陷补救失败	ICD – AF	前期缺陷补救失败的公司比新披露缺陷的公司承担更高的审计费用	Keane et al.（2012）
缺陷未补救	ICD – AF	前期未补救内部控制缺陷的公司比补救了缺陷的公司支付更高的审计费用	Keane et al.（2012）

第五节　审计师开展内部控制审计和风险管理过程中遇到的其他问题

审计师在开展企业内部控制审计的过程中，还会遇到一些其他的状况。综述已有研究，截至目前主要有以下四个方面的问题。

1. SOX 法案 404 条款关于内部控制审计的执行引起了关于执行成本过高的争议

PCAOB 发布的审计准则 2 号和后来取代 2 号准则的 5 号审计准则引入了内控审计和财务报告审计进行整合审计的概念。5 号审计准则要求审计师评估其财务报告审计意见是否会受到不利内控审计意见的影响。吴等（Goh et al.，2013）以财务困境公司为样本对整合审计进行了研究，发现内控缺陷审计报告使审计师更加稳健，进而影响审计师出具可持续经营不确定性的审计意见，但这种影响仅在公司层面的内控缺陷和高风险的行业中显著。

2. 内部控制审计相关的审计延迟问题

部分学者的研究表明，SOX 法案的实施使审计延迟显著增加（Krishnan et al.，2008），还有部分学者的研究发现内部控制缺陷会导致审计延迟。例如，有内部控制重大缺陷的公司往往存在更长的审计延迟（Schneider et al.，2009）。埃特雷奇等（Ettredge et al.，2007）研究了 2344 家遵循 404 条款的公司。研究发现，报告内部控制重大缺陷的公司比报告内部控制有效的公司有更长的审计延迟。进一步来说，公司层面的重大缺陷较之账户或交易层面的重大缺陷与较长的审计延迟更相关。蒙西夫等（Munsif et al.，2012）对埃特雷奇等（2007）的研究从以下两个方面进行了扩展：（1）对研究期间进行了拓展，着重研究了根据 404 条款提供报告的第五年和第六年；（2）将研究的公司分为加速申报公司和非加速申报公司。结果表明：（1）与加速申报者相比，2008 年度非加速申报者存在内部控制重大缺陷的审计报告延迟增加更少；（2）对于加速申报者，2009 年披露内部控制重大缺陷对审计延迟的影响显著低于 2008 年披露的公司。

此外，研究还发现，整改了内部控制问题的公司，审计报告延迟明显缩短；然而，相比在两年中都拥有"清洁"的内部控制审计意见的公司，整改后的公司仍然有更长的审计报告延迟。合理的解释是如果公司存在内部控制缺陷问题，审计师可能出于风险考虑对该公司进行更多审计测试工作，从而导致更长的审计延迟。江、鲁普利和吴（Jiang，Rupley and Wu，2008）检验了处于财务困境的公司并且发现公司层面的重大缺陷与公司收到持续经营的意见显著正相关。有重大缺陷的公司发布审计报告的平均延迟时间显著较高（121 天和 68 天）。

3. 较长的审计师任期产生的问题

霍根（Hogan，2008）发现审计师任期超过两年的公司存在审计溢价，即存在"低价揽业"的现象。斯蒂芬斯（Stephens，2011）研究发现，审计师任期和内部控制缺陷披露之间存在负相关关系。较长的审计任期会降低审计师的独立性并影响财务报告的质量。

4. 管理层缺陷信息披露不实的问题

有学者进一步区分了内部控制缺陷的识别和报告（即披露），发现即使企业识别（发现）了自身的内控缺陷也有可能不披露。莱斯等（Rice et al.，2013）以虚假陈述内控缺陷有关的重述企业为样本研究了 SOX 法案 404 条款下内部控制报告决策的影响因素。发现只有少数企业意识到在虚假陈述期间存在内部控制缺陷，并且这个比例还在下降。研究进一步发现，报告内控缺陷的可能性和外部资本需求、企业规模、非审计费用和是否由大型事务所审计负相关；报告内控缺陷的可能性和财务困境、审计师的努力、前期报告过内部控制缺陷和重述报表、新近发生审计师和高管变更正相关。这一系列的研究提供了发现和披露的动机在是否报告重大缺陷上有着重要的作用。例如，审计师会增加更多的审计程序，以及提前开展企业内部控制的测试（Graham and Bedard，2013）。

第五章 客户风险、内部控制审计和审计费用

第一节 审计费用总论

一、国内外审计收费制度

(一) 国外的审计收费制度

国外会计师事务所的收费制度是计时制,即以注册会计师花费在审计事项上的工时作为审计收费的主要依据,会计师事务所与被审计单位以此作为基础协商确定最终的收费金额。通常注册会计师的审计收费由三部分构成:一是审计产品成本,即执行必要的审计程序、出具审计报告所需要的费用,包括资料费、审计人员报酬、外勤费等;二是风险成本,即由于审计风险的存在而导致的预期损失费用,包括诉讼损失和恢复名誉的潜在成本等;三是事务所的正常利润。按照西方国家的研究成果,西方发达国家公认的审计等业务计费标准为审计等项目所需的工时。

随着我国资本市场的发展,审计质量问题越来越受到社会各界的高度关注。审计质量问题是当前注册会计师行业面临的核心问题,全面提高审计质量,才能更好地发挥注册会计师的监督作用,促进中国审计事业在新时代取得更大的发展。西方的经济制度和市场条件造就了普华永道(PwC)、德勤(DTT)、毕马威(KPMG)、安永(EY)"四大"国际品牌事务所(以下简称"四大")。它们在西方审计市场上已经是高质量审计服务的代名词,在价格和市场份额等方面具有绝对的竞争优势。中国注册会计师协会 2002~2009 年的会计师事务所百强排行榜上,排名前四位的始终是"四大"。据统计,2002~2007 年,"四大"收入在全国百强会计师事

务所总收入的占比逐年增长，从 2002 年的 38.22% 一直攀升到 2007 年的 55.45%；2008 年金融危机后稍有回落，降至 53%；2009 年占比达到 44.3%。"四大"声望极大，但近年来中国资本市场上发生的一些审计个案也涉及"四大"，这些诚信危机使它们在客户心目中的地位有所改变。2007 年，"四大"收入在全国百强会计师事务所总收入中所占份额达到峰值 55%，此后开始逐渐降低，2008 年降为 53%，2009 年则降为 44%。① 中国注册会计师协会公布的 2010 年年报审计快报披露，2010 年度不再续聘"四大"会计师事务所审计，而改聘本土所的上市公司有：大唐发电、万通地产、怡亚通、兴蓉投资和晨鸣纸业等。与此同时，我国国内的会计师事务所则以提高事务所竞争力、做大做强为主要目标掀起了规模化的浪潮。2010 年 4 月 19 日，财政部公布了《中国企业会计准则与国际财务报告准则持续趋同路线图》，从战略上着力支持国内事务所做大做强。这些不免让我们产生这样的疑问："四大"在中国市场上是否会系统地降低审计质量？或者"四大"在中国市场上的审计质量是否并不比国内所高？刘莹莹（2012）认为，国际四大会计师事务所在我国执业过程中碰到了严重的审计质量问题，通过采用盈余反应系数法，在我国资本市场上对"四大"和我国国内大所的审计服务质量进行实证检验。结果发现，"四大"的审计质量并没有比国内大所的审计质量高。

（二）国内的审计收费制度

2014 年之前，我国注册会计师行业的审计收费制度实行政府定价模式。注册会计师审计收费的依据是《中华人民共和国价格法》和《中介服务收费管理办法》。会计师事务所审计收费时实行政府指导价，审计收费标准由各省级财政部门会同物价管理部门制定，各地具体的收费办法由当地财政部门会同物价部门联合制定。如表 5 - 1 所示，我们发现审计收费标准相对透明，审计服务主要实行计件收费、计时收费或计件与计时收费相结合的方式。但是在 2014 年国家发改委发布《关于放开部分服务价格意见的通知》，放开了会计师事务服务收费价格。对此，学者们展开讨论，发表不同见解。有学者认为开放初期容易形成低价竞争，有实力的会计师事务所才能逐步提高收费水平。也有学者表示支持，认为审计收费逐渐与国外趋同走向市场化，减少

---

① 根据中国注册会计师协会网站公布的《会计师事务所综合评价前百家信息》相关数据整理。

政府干预是有利的。

表 5 - 1 　　　　　　　　　　　　**审计收费依据以及考虑的因素**

收费方式	收费依据	考虑因素
计件收费	实行计件收费的审计服务，可以实收资本、资产总额或营业收入等反映审计对象规模的指标为计费依据，采取差额定率累进计算的办法收取服务费。即按实收资本、资产总额或营业收入等划分收费档次，分档计算收费额，各档相加为收费总额	（1）耗费的工作时间； （2）业务的难易程度； （3）委托人的承受能力； （4）会计师事务所可能承担的风险和责任； （5）会计师事务所的社会信誉等
计时收费	实行计时收费的审计服务，可按照提供服务所需工作人日数和每个工作人日收费标准收取服务费用。工作人日数根据审计服务的性质、风险大小、繁简程度等确定；每个工作人日收费标准根据执业人员专业技能水平、审计工作的服务质量等分别确定	

二、自愿时期与强制时期的审计费用

（一）自愿时期的审计费用研究

在后 SOX 法案时代，内部控制系统是重要的公司治理机制之一。根据财政部等五部委的部署，我国上市公司从 2011 年度开始分类分批执行强制性内部控制审计。但是，在 2011 年度之前，我国部分上市公司存在自愿性内部控制审计的实务（刘明辉，2010）。例如，根据胡为民（2012）的研究，2008 ~ 2011 年度所有 A 股公司中，分别有 316 家、627 家、875 家、941 家公司出具了内部控制审计报告。关于财务报告内部控制审计的 404 条款是 SOX 法案中最具争议性的。美国的相关研究表明，实施内部控制审计会给公司带来额外的巨额成本和更高的法律风险（Elder et al.，2009）。美国 SEC 一共六次推迟小型公司执行 SOX 法案 404（b）条款，并最终颁布法案永久豁免小型公司的内部控制审计，原因主要是内部控制审计会给小型公司带来特别大的审计负担（Kinney and Shepardson，2011；Dey and Sullivan，2012）。在我国自愿性内部控制审计的制度背景下，迫切需要评价内部控制审计的成本效益。特别是评估内部控制审计是否会增加企业的审计负担，内部控制审计意见所传递出的公司内部控制质量和控制风险信息如何基于审计风险模型影响审计服务的定价，仍然缺乏直接的经验证据。

从西穆内克（Simunic，1980）开始，诸多研究探讨了审计费用的影响因

素，主要检验了客户特征、审计师特征和审计业务特征等如何影响审计收费
（Hay et al.，2006；张宜霞，2011）。有一类研究检验了属于客户特征的公司
内部控制质量如何影响审计收费，并且一般预测内部控制质量是审计定价的
动因之一。但在 SOX 法案实施之前，关于客户控制风险方面的信息不可能大
规模地公开获得（Elder et al.，2009），主要是通过问卷调查、实验研究等间
接方式获得。在后 SOX 法案时代，财务报告内部控制有效性的相关信息公开
披露，激发了审计定价如何随内部控制风险变化而调整这一方面的研究。例
如，拉吉南丹和拉玛（Raghunandan and Rama，2006）、霍塔什等（Hoitash et
al.，2008）、哈默斯利等（Hammersley et al.，2012）都发现，公司披露内部
控制重大缺陷与审计费用正向关联。我国有一些研究（张敏和朱小平，
2010；张宜霞，2011）直接从内部控制质量角度探讨审计定价动因，但得到
的结论不相一致甚至相悖。在财务会计和审计环境都经历着结构性变化的后
SOX 法案时代，我国基本建成企业内部控制规范体系，确立了企业内部控制有
效性的自我评价制度和 CPA 审计制度，关于内部控制的一系列新规定使得这类
研究显得尤为重要。基于内部控制审计传递的内部控制质量信号，探讨审计定
价的动因，分析我国内部控制管理遵循成本的影响因素，以拓展该领域的研究。

　　基于我国自愿性内部控制审计的制度背景，张国清和夏立军（2013）探
讨了公司进行内部控制审计是否会增加审计费用，首次、再次、第三次或更
多次及非连续进行内部控制审计如何影响审计费用，以及内部控制审计意见
类型如何影响审计费用。根据 2007～2011 年期间自愿进行内部控制审计并获
得标准或非标准内部控制审计意见公司的年度样本 2412 个以及控制样本
5590 个进行研究发现，在控制了影响审计费用的其他因素之后，进行内部控
制审计公司的审计费用，并没有比未进行内部控制审计公司的审计费用更高，
相对而言，进行内部控制审计并没有增加企业的审计费用负担；首次进行内
部控制审计的公司，与前一会计年度相比，审计费用平均增长 18.3%，但
是，在控制了审计费用的其他影响因素以及年度固定效应之后，审计费用并
没有更高。首次进行内部控制审计的公司审计收费较高，不是内部控制审计
引起的，可能是年度审计费用自然增长所致；与前一会计年度相比，第二次、
第三次或更多次进行内部控制审计的公司审计费用年均分别显著增长
5.13%、6.18% 等，上年度进行内部控制审计但本年度未进行内部控制审计
的公司，其审计费用年均显著增长 10.85%。在控制了审计费用的其他影响
因素之后，与前一会计年度相比，第二次、第三次或更多次进行内部控制审

计，或者上年度进行内部控制审计但本年度未进行内部控制审计，不会显著影响审计费用；在控制了影响审计费用的其他因素之后，与未进行内部控制审计的公司相比，首次执行内部控制审计公司的审计费用没有更高，再次或第三次自愿执行内部控制审计公司的审计费用没有更低，上年度进行内部控制审计但本年度未进行内部控制审计的公司审计费用没有更低，由此推测，审计费用可能具有黏性；在其他情况相同时，自愿性内部控制审计意见的类型对公司审计收费没有显著影响。总之，在自愿性内部控制审计制度背景下，内部控制审计没有增加企业的审计负担。

此外，他们还发现，与美国相比，我国上市公司主动披露内部控制缺陷和获得非标内部控制审计意见的比例都低得多，但这并不意味着中国公司的内部控制质量比美国公司更好。在美国，SOX 法案大大地增加了会计师的法律责任，违背 SOX 法案的任何条款都面临着重大的法律后果，导致承担民事和刑事责任（Elder et al. , 2009），因此，审计师会非常慎重地对待内部控制审计，可能会通过发表非标内部控制审计意见来警示财务报表使用者和进行自我保护。而目前我国关于注册会计师在内部控制审计中的法律责任还没有相关规定，使得注册会计师在执行内部控制审计时的风险意识还比较淡薄，这可能是未来需要强化的。

（二）强制时期的审计费用研究

到目前为止，已经有大量的文献集中研究了 SOX 法案的要求、执行情况及其所带来的影响。然而争议最多的还是 SOX 法案 404 条款的执行成本。反对者认为其执行成本已经远超于所带来的益处。然而，文献中关于 SOX 法案404 条款执行成本研究都是针对审计费用展开的，这是因为总的审计成本代表了 SOX 法案 404 条款执行成本的主要部分，SOX 法案 404 条款是在原来只进行财务报表审计的基础上附加的一种审计。不过，文献中记载了不同的研究结果。如克瑞斯南和拉玛（Krishnan and Rama, 2008）的研究发现，自愿披露 SOX 法案 404 条款的公司总的执行成本均值大约为 220 万美元，其中150 万美元（约 70%）是由审计费用引起的，基于数据的调查，在第一年执行的时候审计费用超过了原先的两倍。如塔克特（Tackett, 2006）发现审计费用的增长约 50% 都是由于执行 SOX 法案 404 条款所导致的。又如福斯特（Foster, 2007）研究 2003～2004 年以及 2004～2005 年首次执行 SOX 法案404 条款的企业审计费用的变化，发现 2003～2004 年审计费用增长了 73%，而 2004 ~ 2005 年审计费用的变化量甚至达到了 99%，而 2004 ~ 2005 年没有执行 SOX 法案 404 条款的企业审计费用只增长了 15%。虽然很多文献分析了 SOX 法案 404 条款执行成本，但反过来分析 SOX 法案 404 条款所带来益处的文献就比较少。从本质上来说，这是因为 SOX 法案所带来的益处相较于成本难以量化。但是作为潜在的益处，里滕伯格和米勒（Rittenberg and Mille, 2005）以学习曲线效应来分析，他们认为随着执行时间的拉长，SOX 法案 404 条款的执行成本将会减少，他们解释说这是因为 SOX 法案 404 条款在实施过程中会不断改进，最终会导致内部控制变得更有效率。

国内学者对强制执行内部控制审计后的内部控制缺陷与审计费用关系进行的研究不多。盖地（2013）利用我国强制执行内部控制审计之前 A 股上市公司 2009 年和 2010 年的数据，研究发现，上市公司存在内部控制缺陷会导致审计费用增加。李越冬和张冬（2014）选取 2007 ~ 2011 年沪深两市 6227 个样本为研究对象，发现内部控制与外部审计间具有相互替代作用，即审计费用与内部控制重大缺陷间存在显著的正相关关系，根据不同的产权性质进一步讨论该作用机理后，发现与非国有企业相比，注册会计师对内部控制存在重大缺陷的企业收取的审计费用更高这一现象在国有企业中更加明显。

三、其他审计费用影响因素

（一）我国上市公司低价揽业情况的研究

通过调研发现，审计价格、供求和竞争机制可以使审计市场的需求和供给达到均衡，使供给方提高审计商品的质量，优化审计市场资源配置，提高社会总效用。审计费用的变化不仅能体现劳动生产率的变化，还反映了审计的供求状况。如若审计费用变动幅度较大，审计市场就会不稳定，审计产品的供应者和需求者所获得的市场信息也就不准确，会进一步加剧审计市场供求的不平衡。但固定不变的审计价格，会使劳动生产率受到影响，价格机制也不能够发挥作用，审计供求关系也会失衡。因此，发挥审计市场机制利益导向作用的重要之处在于建立良好的价格体系和价格管理体制。

"低价揽业"是指会计师事务所在客户的首期审计业务收费中给予客户折扣优惠。中华人民共和国财政部会计司发布的《中国注册会计师行业发展报告》（基于会计师事务所 2010 ~ 2014 年度报备信息的数据分析）指出，目前在我国审计行业中存在着很严重的"低价揽业"现象，而该现象很可能会造成恶意竞价，从而降低审计质量。"低价揽业"对我国审计行业竞争关系和竞争秩序造成的影响不容忽视，要严控风险，防止因地方保护主义或"价格战"等因素造成"劣币驱逐良币"。

为检验是否存在"低价揽业"现象，本书选取 2012～2015 年 A 股上市公司 7175 个样本数据进行回归分析，回归结果如表 5－2 所示。

表 5－2　　　　　　　　同级审计师变更与审计费用的关系

模型	LNFEE	
	系数	t 值
AUDCHG	− 0.0146 **	− 0.0271
SIZE	0.4271 ***	90.85
BALANCE	− 0.0003	− 1.21
CEOCHG	0.0285 *	1.74
OP_{t-1}	0.2764 ***	8.99
NEWISSUE	− 0.0379 **	− 2.28
LOSS	0.0580 ***	3.15
LEV	0.0248 ***	3.36
_CONS	4.5205 ***	
$ADJR^2$	0.5772	
PROB > F	0	
YEAR	YES	
INDU	YES	
N	7175	

注：*** 表示 1% 的显著水平，** 表示 5% 的显著水平，* 表示 10% 的显著水平。

从表 5－2 可见，强制执行内部控制审计后，同级审计师变更与审计费用在 5% 的水平上显著负相关，即在审计师发生变更的当年审计费用显著降低。这表明，在我国证券市场上，会计师事务所为争夺客户会采取"低价揽业"策略，在其为客户审计的初始时期提供比未更换事务所时更低的价格，并且这种情况主要发生在同质量等级的事务所之间。

尽管目前我国监管层对于"低价揽业"表示出明显的担忧，然而，理论研究表明，"低价揽业"并不必然对审计质量造成损害，迄今为止的实证研究也没有得到一致的结论。在中国审计市场，由于法律诉讼机制的缺位，"低价揽业"行为是否会损害审计质量，抑或它只是一种正常的价格竞争行为，还需要进一步的研究。市场经济是一种信息经济，由信息引导资源的配置。审计质量的好坏会影响市场的经济秩序和投资者的合法权益。合理的审计收费可以使审计质量得到保障，也可以为审计行业的可持续发展奠定基础。反之，低于审计收费标准的审计收费则会影响到审计质量。事务所为了扩大现有的市场份额，稳定并且争取更多的客户，获取较高的利润，在规定的时间内完成审计工作，审计人员就可能会以减少甚至忽略审计程序为代价，如不跟踪或者控制函证程序、不查看客户重要资料的原件、口述实施的审计程序等，这些问题会严重影响事务所的审计质量。

（二）我国上市公司审计费用黏性的研究

经济学理论认为，在理想情况下，供求变化能瞬间反映在商品的价格中。但在现实中，价格不会随需求变动而迅速调整，而是出现"黏性"（stickiness）现象。但会计学中对"黏性"的定义与经济学中的不尽相同，所以有必要从科学角度重新认识"黏性"。例如，安德森等（Anderson et al.，2003）从成本性态理论出发，将费用"黏性"定义为，当费用随着业务量的变化而变化时，其边际变化率在不同业务量变化方向上的不对称性。他们进一步研究发现，费用在业务量上升时的边际增加量大于业务量下降时的边际减少量，即存在向下的"黏性"。而杰克逊等（Jackson et al.，2008）发现，高管薪酬的业绩敏感性也存在不对称（向下）的"黏性"特征，即业绩上升时薪酬的增加幅度显著大于业绩下降时薪酬的减少幅度，并且，民营企业和中央政府控制的企业具有更弱的高管薪酬"黏性"，董事会独立性的增强也有助于降低薪酬"黏性"，但他们的研究没有发现普通员工的薪酬是否存在"黏性"的证据。

王立彦（2014）以我国 2001～2011 年 A 股上市公司为样本，对审计费用"黏性"进行研究。研究发现，由于受到成本、契约和管制的影响，我国上市公司的审计费用和其他商品或服务价格一样，存在向下（易涨难跌）的价格"黏性"。另外，从供求双方的影响因素来看，事务所的市场份额增强了审计费用向下的"黏性"，事务所的声誉（"四大"）和客户重要性对向下"黏性"的影响则不明显。"黏性"特征为理解审计费用及其影响因素提供了新视角。他们还发现"黏性"模型的解释力不到5%，而费用影响因素的模型解释力则超过50%。两者之间相差较大的原因一方面是影响因素无法穷尽，另一方面则是由审计费用的"黏性"（缓慢变化）特征引起的，这一特征降低了部分变量对审计费用影响的敏感性。他们建议审计供需双方与监管者都应重视审计费用的"黏性"特征。在当前的审计价格形成过程中,相比于客户,事务所具有更强的议价能力,表现出卖方主导市场的特征,而不是以往的"买方市场",这需要双方重新制定价格策略。此外,不对称变化(易涨难跌)也可以为当前审计收费"孰高孰低"的争论提供一定的解释,监管者也需要重新审视价格管制政策的合理性及其效果。

孙新宪(2016)对我国 2012~2014 年 A 股上市公司对审计费用是否存在黏性以及审计费用黏性和会计师事务所变更之间的关系进行了实证研究。研究结果表明,我国上市公司的审计费用确实存在黏性,且会计师事务所变更能够显著减弱审计费用的黏性。这说明我国审计市场存在"低价揽客"现象,为会计师事务所调整审计收费的定价策略带来了启示,也为审计市场监管部门完善相应的监管制度提供了依据。

第二节　我国强制执行内部控制审计后的成本研究

本节以沪深 A 股上市公司为样本,研究在内部控制信息披露制度变化的背景下,首次执行内部控制审计后审计费用的变化情况以及审计费用在以后4 年内的变化趋势。还使用审计费用百分比考察审计费用增量的变化,提供了一种新的考察审计费用的方法。此外,进一步对审计费用与内部控制审计费用之间进行了相关性分析,发现二者高度相关,以审计费用替代内部控制审计费用进行研究不影响相关研究的结论。最后研究内容紧密结合国家发布的政策法规,研究发现对监管部门有一定的参考价值。

一、数据来源

首次强制执行内部控制审计的样本为 2011~2012 年 A 股主板的所有上市公司;强制执行内部控制审计后 4 年审计费用变化趋势所选取的样本为 2012~2016年 A 股主板的所有上市公司,所有数据均来源于国泰安(CSMAR)数据库。

二、内部控制审计首次执行时审计费用的变化

根据 2010 年财政部、证监会、审计署、银监会、保监会《关于印发企业

内部控制配套指引的通知》（2010 年 4 月 15 日）的规定，《企业内部控制基本规范》及其配套指引自 2011 年 1 月 1 日起在境内外同时上市的公司施行，2011 年样本为境内外同时上市的 67 家公司。2012 年在 2011 年的基础上要求所有主板上市公司实施。内部控制审计业务使得会计师事务所审计程序有所改变，需要与客户公司进行更多的合作，审计师还需要对企业的内部控制有效性进行评价。内部控制审计业务的实施增加了会计师事务所的工作量和责任，而这些额外的工作将会导致审计费用的增加（Raghunandan and Rama，2006）。因此，需要研究首次强制执行内部控制审计当年较执行前一年审计费用的变化。样本为 2011～2012 年 A 股主板的所有上市公司，分年度对首次执行内部控制审计前后上市公司审计费用的变化情况进行统计（见表 5 - 3）。2011 年披露了审计费用的上市公司共计 2041 家；2012 年披露了审计费用的上市公司共计 2485 家。结果显示，2012 年的审计费用较 2011 年上升了 9.95%。同样地，对我国内部控制审计费用进行统计分析，发现相较于审计费用，内部控制审计费用披露的样本量明显较少。2011 年披露内部控制审计费用的样本只有 39 家，2012 年则上升到 693 家。但是结果却显示 2012 年的内部控制审计费用较 2011 年显著下降了 16.03%。究其原因，可能是因为监管部门没有强制要求披露内部控制审计费用，所以大部分上市公司都没有披露内部控制审计费用，故内部控制审计费用的样本量存在一定的局限性。

表 5 - 3　　　　　　　　　首次执行前后上市公司审计费用变化情况

项目	年度	样本量（家）	均值（万元）	最大值（万元）	最小值（万元）	合计（万元）	变动比例（%）
Panel A 审计费用	2011	2053	139.0800	21500	10	285531.3	11.53
	2012	2464	155.1168	22200	1	382207.8	
Panel B 内部控制审计费用	2011	44	59.3727	360	10	2612.4	-19.56
	2012	716	47.7590	1500	5	34195.4	

注：我国 A 股主板所有上市公司中 2011 年共计 2053 家上市公司披露了年报综合审计费用，其中 44 家披露了内部控制审计费用；2012 年共计 2464 家上市公司披露了年报综合审计费用，其中 716 家披露了内部控制审计费用。"样本量"表示当年披露了相应审计费用的公司数量。剔除 4 个内部控制审计费用为 0 的样本。

三、内部控制审计执行后审计费用的变化趋势

部分学者持续关注了公司执行 SOX 法案 302 条款和 404 条款后几年内

审计费用的变化情况（Foster，2007）。我国强制执行内部控制审计与美国相比执行得较晚，时间的局限导致较少有文献追踪审计费用的后续变化。但是到目前为止执行已经有 5 年的时间，为本节研究提供了数据支持。我们将追踪分析审计费用在强制执行内部控制审计后 4 年的变化趋势，是逐年增加，还是会出现一个先增后减的过程？我们选取的样本为 2012 ~ 2016 年 A 股主板的所有上市公司，分年度对执行内部控制审计后上市公司审计费用的变化趋势进行统计（见表 5 - 4）。2013 年披露了审计费用的上市公司共计 2498 家，其中披露了内部控制审计费用的共计 939 家；2014 年披露了审计费用的上市公司共计 2619 家，其中披露了内部控制审计费用的共计 1222 家；2015 年披露了审计费用的上市公司共计 2813 家，其中披露了内部控制审计费用的共计 1341 家；2016 年披露了审计费用的上市公司共计 3111 家，其中披露了内部控制审计费用的共计 1375 家。结果显示，2013 年的审计费用较 2012 年上升 4.2176%，2014 年的审计费用较 2013 年上升 6.2857%，2015 年的审计费用较 2014 年上升 18.6901%，2016 年的审计费用较 2015 年下降 8.1522%。而 2013 年的内部控制审计费用较 2012 年下降 1.0511%，2014 年的内部控制审计费用较 2013 年下降了 0.999%，2015 年的内部控制审计费用较 2014 年下降了 0.7151%，2016 年内部控制审计费用较 2015 年上升了 2.1211%。为了能够直观地体现出 2012 ~ 2015 年审计费用和内部控制审计费用的总体变化情况，根据每一年的平均值做出了折线图（见图 5 - 1）。从折线图更能清晰地发现我国在强制执行内部控制审计后，审计费用是先升后降，而内部控制审计费用的变化趋势却是先降后升，与审计费用的变化趋势不同。

表 5 - 4　　　　　　　　　强制执行后上市公司审计费用变化趋势

项目	年度	样本量（家）	均值（万元）	最大值（万元）	最小值（万元）	12 ~ 13 变动比例（%）	13 ~ 14 变动比例（%）	14 ~ 15 变动比例（%）	15 ~ 16 变动比例（%）
Panel A 审计费用	2012	2464	155.1168	22200	1				
	2013	2516	157.3409	18500	10				
	2014	2640	159.3697	21400	14	1.43	1.89	5.94	0.21
	2015	2830	168.8339	21400	7.5				
	2016	3125	169.1899	21300	10				
	合计	13575	809.8512	104800	42.5				

续表

项目	年度	样本量 （家）	均值 （万元）	最大值 （万元）	最小值 （万元）	12 ~ 13 变动比例 （%）	13 ~ 14 变动比例 （%）	14 ~ 15 变动比例 （%）	15 ~ 16 变动比例 （%）
Panel B 审计费用	2012	716	47.759	1500	5	-0.86	-3.44	-2.09	3.30
	2013	939	47.3505	1500	2				
	2014	1222	45.7223	1500	5				
	2015	1341	44.7649	1575	3				
	2016	1375	46.2462	1400	2				
	合计	5593	231.8429	7475	17				

注：剔除缺失值和审计费用、内部控制审计费用为0的样本。

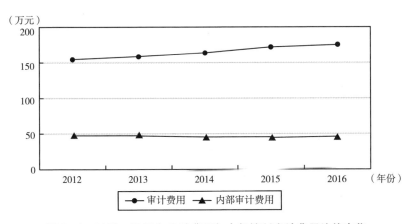

图 5-1　2012~2015 年审计费用与内部控制审计费用均值变化

　　针对以上结论，值得注意的是我国内部控制审计执行的是整合审计与单独审计并行的模式，呈现的是以整合审计为主、单独审计为辅的现状。为了减少审计成本，越来越多的上市公司进行整合审计。方红星等（2016）的研究发现，整合审计与内部控制审计费用呈显著负相关的关系，即企业内部控制审计与财务报表审计交由同一家会计师事务所进行合并审计，内部控制审计费用收取会减少。本节进一步研究发现，我国部分进行整合审计的上市公司，其内部控制审计费用并没有单独披露，而是包含在审计费用的总额中。如图 5-2、图 5-3 所示，2012 年披露内部控制审计费用的上市公司数量为 757 家，单独披露内部控制审计费用的上市公司数量为 720 家，其中有 37 家上市公司的内部控制审计费用包含在审计费用总额中，没有进行单独披露；2013 年披露内部控制审计费用的上市公司数量

为 972 家，单独披露内部控制审计费用的上市公司数量为 939 家，其中有
33 家上市公司是将内部控制审计费用包含在审计费用总额中披露；2014 年
披露内部控制审计费用的上市公司数量为 1271 家，单独披露内部控制审计
费用的上市公司数量为 1227 家，其中有 44 家上市公司是将内部控制审计
费用包含在审计费用总额中披露；2015 年披露内部控制审计费用的上市公
司数量为 1406 家，单独披露内部控制审计费用的上市公司数量为 1346 家，
其中有 60 家上市公司是将内部控制审计费用包含在审计费用总额中披露；
2016 年披露内部控制审计费用的上市公司数量为 1465 家，单独披露内部
控制审计费用的上市公司数量为 1383 家，其中有 82 家上市公司是将内部
控制审计费用包含在审计费用总额中披露。

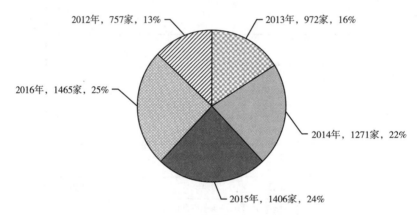

图 5-2　2012~2016 年披露内部控制审计费用的上市公司数量

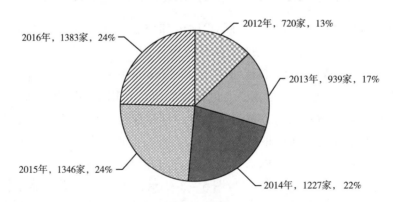

图 5-3　2012~2016 年单独披露内部控制审计费用的上市公司数量

四、审计费用变动百分比情况

考虑到我国的国情、市场环境及其他一些因素的影响，除了站在静态的角度统计审计费用以外，本节还从动态的角度选择用审计费用变动百分比来衡量我国强制执行内部控制审计的执行成本。如图 5 - 4 所示，我们发现 2012 年强制实施内部控制审计后上市公司审计费用变动较大，2013 年审计费用变动百分比出现下降，2013 ~ 2014 年审计费用变动百分比相对比较稳定，而 2015 年审计费用变动也较大。可能因为 2012 年是我国内部控制信息披露由自愿披露进入强制披露的过渡阶段，审计师在以往只进行财务报告审计工作的基础上又增加了内部控制审计业务，需要对上市公司内部控制是否有效做出评价，由此导致 2012 年审计费用百分比有较大变动，这与上述结论一致。

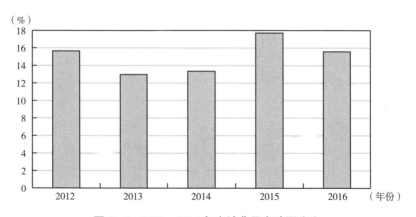

图 5 - 4　2012 ~ 2016 年审计费用变动百分比

五、审计费用与内部控制审计费用

我国内部控制建设、发展和监管滞后于国外，相关的研究相对滞后，对内部控制审计费用的研究还处于起初阶段，监管部门也还未对内部控制费用的披露做强制要求。本书发现，各个省份的内部控制审计收费都没有统一的标准，部分省份在本省会计师事务所审计服务收费标准中有明确规定，内部控制审计收费是按照财务报表审计收费额为标准进行计算的（如陕西省、河南省等）。如果内部控制审计费用是按照审计费用为标准来进行计算的，那么当审计费用增加时，内部控制审计费用也会相应增加；当审计费用下降时，内部控制审计费用也会相应下降。因此，有必要结合实际情况研究内部控制审计费用与总的审计费用之间的关系。如表 5 - 5 所示，对 2012 ~ 2016 年由5550 家上市公司组成的样本，进行 Spearman 双侧相关性检验。结果显示，内部控制审计费用与审计费用相关性极高，在 1% 的显著水平上相关系数达到了 0.833。表明内部控制审计费用与审计费用不仅呈正相关，而且在很大程度上趋于一致，故可以使用审计费用替代内部控制审计费用进行研究。

表 5 - 5 　　　　　　　　　　　审计费用与内部控制审计费用相关性分析

变量	审计费用	内部控制审计费用
审计费用	1	0.833 ***
内部控制审计费用	0.833 ***	1
N	5550	5550

注：*** 相关性在 1% 的水平上显著（双尾）。

六、结论与建议

综上所述，我国自 2012 年强制执行内部控制审计后，审计费用先保持高位增长，直到 2016 年出现下降，且 2012 年、2015 年的审计费用增长变动幅度较大。上市公司内部控制审计情况也发生了显著的变化，从审计报告披露比例来看，2012 ~ 2016 年，上市公司内部控制审计报告的披露比例每年都在稳步提升；从内部控制审计费用披露情况来看，五年来，上市公司内部控制审计费用披露比例大幅提升，自 2012 年开始，平均增幅为 220.18%。结果表明，我国内部控制审计的强制执行，与国外相同，也带来了执行成本的增加。此外，对于内部控制审计费用的收费标准，我国尚没有统一的标准，但是披露内部控制审计费用的企业数量越来越多。

以上研究均表明，我国内部控制审计还处于初步阶段，还未达到国外研究发现的那样，在学习曲线的作用下执行成本开始减少，即随着内部控制审计的规范化，企业内部控制质量得到提高，审计费用最终在未来将得以减少。我国内部控制审计的实施相比国外较晚，内部控制审计还处于发展过程中。美国、日本、韩国等国家都已将内部控制的建设上升到法律的高度，而我国的内部控制法制建设还处于部门规章层面，本节建议监管机构加强对内部控制法制建设，并借鉴美国的 SOX 法案，提高上市公司内部控制水平。同时，应完善对上市公司内部控制审计费用的披露制度，因为严格区分财务报告审计费用和内部控制审计费用，能让外部使用者通过内部控制审计费用了解企业的内部控制工作，避免企业的内部控制审计流于形式，即单独披露的内部控制审计费用相关信息对外部使用者来说更有信息含量。

第三节　内部控制缺陷、内部控制审计与审计费用实证研究

本节基于我国 A 股上市公司 2012~2016 年披露的内部控制缺陷及审计费用的数据，深入研究客户风险对我国强制执行内部控制审计后的执行成本的影响。研究发现，在首次强制执行内部控制审计的年度以及后续的年度，客户风险均导致内部控制审计执行成本的增加。进一步研究发现，前期的客户风险对当期执行成本也有影响。最后，企业采取措施通过整改内部控制缺陷降低风险，在一定程度上减少了执行成本，但效果并不显著。

一、研究背景

为遏制安然、世通等一系列财务欺诈事件再度发生，保护投资者及公众利益，2002 年美国国会颁布了 SOX 法案。这个新法案的颁布对整个世界都产生了深远的影响，它改变了公司治理、会计监管和证券市场监管机制，加大了公司高管和审计职业的法律责任。SOX 法案 404 条款强调了对内部控制的重视，要求审计师对企业内部控制是否有效做出评价并出具内部控制审计意见。立法者和监管机构都认为 SOX 法案 404 条款有助于恢复公众对财务报告真实可靠的信心。

但 SOX 法案 404 条款也引起了较大的争议，SOX 法案 404 条款的反对者认为条款的执行成本加重了企业负担、抑制了经济增长、限制了投资机会，甚至最终可能促使企业私有化或者停业（Engel et al.，2007）。另外，富理达（Foley and Lardner）法律公司的研究发现，虽然很多企业报道 SOX 法案 404 条款的执行成本在首次执行的后续年度里显著降低，但是这些企业的审计费用在 SOX 法案 404 条款执行的后续年度并没有降低（Scannell，2007）。

为了顺应国际资本市场监管变革趋势，2008 年 5 月和 2010 年 4 月，我国

财政部会同证监会、审计署、银监会、保监会分别发布了《企业内部控制基本规范》和《企业内部控制审计指引》等企业内部控制制度，确立了我国企业内部控制审计制度。要求执行内部控制规范体系的企业，必须聘请会计师事务所对其财务报告内部控制有效性进行审计。其中《企业内部控制审计指引》自 2011 年 1 月 1 日起在境内外同时上市的公司施行，自 2012 年 1 月 1 日起在上海证券交易所、深圳证券交易所主板上市公司施行。在此基础上，择机在中小板和创业板上市公司施行，同时鼓励非上市大中型企业提前执行。至此，我国内部控制信息披露由自愿披露进入了强制披露的阶段。

如何保证企业内部控制有效实施，进一步提高财务报告信息质量，作为管制措施之一的内部控制审计发挥着重要作用。但审计本身也是受成本限制的，对会计师事务所而言，内部控制审计是一个新型的审计业务，会增加会计师事务所的工作量与审计责任。会计师事务所依据企业内部控制的情况需要扩大审计范围，增加更多的实质性测试，这给审计费用的确定提出了新的问题。强制执行内部控制审计之后，内部控制审计会对审计费用产生怎样的影响？企业内部控制缺陷披露与审计费用存在什么样的关系？在现有研究的基础上，从内部控制缺陷披露的角度研究内部控制审计问题能更好地从多个角度分析相关政策的实施效果，并进一步提出完善内部控制审计制度的建议，推动内部控制规范建设，提升企业信息披露的透明度，增强投资者对企业财务信息可靠性的信心。

本节的研究贡献主要包括以下三个方面：第一，关于强制执行内部控制审计后的执行成本研究，国内外文献较多依据的是静态的审计费用，仅仅用审计费用作为执行成本代理变量总体较为单一，本节除了用总的审计费用金额衡量执行成本外，还选用审计费用增长百分比及每股审计费用作为执行成本的代理变量。审计费用增长百分比考虑了外部环境风险及其他一些不可控因素，从动态的角度更为准确地研究了客户风险对内部控制审计执行成本的影响；每股审计费用反映的是我国强制执行内部控制审计后股东所承担的单位执行成本。通过多个指标对上市公司强制执行内部控制审计的执行成本进行全方面、多角度的衡量，能够全面、系统地反映客户风险对内部控制审计执行成本的影响。第二，在前期研究的基础上，拓展了研究样本区间，连续考察了强制执行内部控制审计以来客户风险对内部控制审计执行成本的影响，并将样本分为首次强制执行和强制执行后续年度的影响，丰富了此类研究的文献。第三，考虑了前期客户风险对后续年度内部控制审计执行成本的影响。

二、文献综述与假设的提出

自 2002 年美国 SOX 法案要求上市公司披露内部控制自我评价报告后，内部控制缺陷特别是重大缺陷成为判断公司是否存在经营风险的重要信号。如阿什鲍格（Ashbaugh，2007）、道尔（Doyle，2007）等的研究发现，公司经营复杂程度越高，面临的经营风险越大，内部控制系统存在缺陷的可能性越大。奥格涅瓦、苏布拉曼尼亚姆和拉古南丹（Ogneva, Subramanyam and Raghunandan, 2007）研究发现，与那些规模庞大、历史悠久、财务状况良好、治理水平高效的公司相比，规模小、成立时间短、面临财务困境、公司治理水平低的公司更容易出现内部控制缺陷。因此，审计师关注客户风险也直接体现为关注客户内部控制缺陷。

在强制执行内部控制审计后，审计师要对被审计单位内部控制缺陷进行评估，全面获取审计证据，包括控制测试结果、财务报表审计中发现的错报以及已识别的所有内部控制缺陷，以确保审计师最终形成有效的内部控制审计意见。那么，客户内部控制缺陷会导致首次执行内部控制审计后的审计成本增加吗？霍塔什（Hoitash，2008）发现 SOX 法案 404 条款实施后第一年的审计费用与内部控制缺陷披露之间存在显著正相关关系，研究还发现那些基于 SOX 法案 302 条款披露内部控制问题的公司在接下来的年度里继续支付了更高的审计费用。埃尔德（Elder，2009）从 SOX 法案 404 条款首次强制执行时审计师的客户风险管理策略角度出发，发现审计师对内部控制缺陷的应对策略存在严格的等级顺序，当客户风险增加时，审计师首先是对审计费用进行调整，其次是修改审计意见，最后才是审计师辞职。因此，可以合理预测首次强制执行内部控制审计，与未披露内部控制缺陷的企业相比，披露内部控制缺陷的企业增加了审计师工作量和审计风险，可能导致企业审计费用增加。企业披露的内部控制缺陷越多，表明客户风险越大，审计师会增加实质性测试或者收取风险溢价，从而引起审计费用的增加。

鉴于前述理论分析及已有的研究，本节提出以下假设。

H1a：首次强制执行内部控制审计，披露内部控制缺陷的企业审计费用比未披露内部控制缺陷的企业审计费用高。

H1b：首次强制执行内部控制审计，企业披露的内部控制缺陷与审计费用呈正相关关系。

SOX 法案颁布之后，美国公众公司会计监督委员会（PCAOB）相继颁发了第 2 号和第 5 号审计准则。第 2 号审计准则将内部控制缺陷定义为"当内部控制体系出现设计或者运行缺陷而导致公司管理层和员工不能在正常情况下及时地发现并阻止财务错报时，便产生内部控制缺陷，无论它是无意还是故意造成的"。而第 5 号审计准则进一步严格划分了重大缺陷、重要缺陷和一般缺陷。基于此，部分学者追踪研究了内部控制缺陷与审计费用之间的关系。如埃特雷奇（Ettredge，2014）分析了美国 2007～2009 年审计费用压力问题，发现审计费用压力与上市公司发生亏损、规模、复杂性以及内部控制缺陷呈正相关关系，而且 49.6% 的客户公司都成功地把费用压力转移到审计师身上。如蒙西夫（Munsif，2014）研究了 2008～2009 年审计收费溢价的问题，发现属于非快速申报企业披露内部控制重大缺陷所导致的审计收费溢价显著低于快速申报企业披露内部控制重大缺陷所导致的审计收费溢价。但是，埃伯海姆（Ebrahim，2010）发现 SOX 法案 404 条款的初始执行成本增长是明显的，但是后续执行成本（审计费用）会逐渐趋于平缓。一方面，内部控制审计能够提高企业内部控制质量并增加投资者的信心；另一方面，受学习曲线的影响，未来 SOX 法案 404 条款的执行成本会逐步下降。因此，有必要追踪研究强制执行内部控制审计后续年度的执行成本。

理论分析表明，总的审计费用可以反映整体客户风险和审计工作量，是审计投入成本与审计师未来可能承担法律责任的函数（Simunic，1980），但是仅仅把审计费用作为强制执行内部控制审计后的执行成本较为局限。以往的研究主要以总审计费用为研究对象，而与总审计费用比较而言，审计费用变动百分比体现了上一年度到下一年度的相对效应，反映的是费用变动增量的影响，同时也考虑到了市场环境、风险、制度等因素对审计费用的影响。另外，SOX 法案 404 条款的颁布虽然在一定程度上保护了股东及投资者利益，但实务中 SOX 法案 404 条款的执行成本同时也加大了股东成本。伊利耶夫（Iliev，2010）研究发现，美国从 2002～2004 年执行 SOX 法案 404 条款以来，流动股波动超过 7500 万美元，SOX 法案的执行减少了小公司的市场价值，并且降低了股票的收益。卡纳德（Canada，2009）进一步发现，企业披露内部控制重大缺陷表明了企业内部控制管理无效。内部控制缺陷会增加外部审计成本，同时还会增加企业的内部管理成本。因此，还需验证我国强制执行内部控制审计后，客户风险是否也给股东带来了单位执行成本。基于以上分析，本节把强制执行内部控制审计执行成本划分为三个维度来深入分析：（1）总的审计费用金额；（2）审计费用增长百分比；（3）每股审计费用。

值得注意的是，如果公司前期披露了内部控制缺陷，那么表明公司内部控制系统曾经有缺陷，审计师可能会更加关注内部控制风险。该缺陷可能会对当期甚至以后期间的公司业务产生不利的影响。美国审计准则第 9 号要求审计师评估前期的内部控制缺陷是否会影响当期的财务报告和内部控制审计报告，如果有影响的话，还需要进一步阐明是如何影响的。同样地，美国审计准则第 12 号也要求审计师评估前期的重大变化，包括内部控制审计报告的变化是否会影响当期重大错报风险评估。卡尔德隆（Calderon，2012）的研究发现美国 SOX 法案 404 条款颁布后，前期的内部控制缺陷对当期审计费用具有溢价效应。蒙西夫等（Munsif et al.，2011）也发现，存在内部控制重大缺陷的公司采取补救措施后，能够报告更高的审计质量，但至少 4 年后仍需支付较高的审计费用溢价，证实了内部控制重大缺陷的影响具有滞后性。也就是说，以前年度披露的内部控制缺陷可能会增加当期内部控制审计执行成本。鉴于此，本节控制了前期披露的内部控制缺陷。

基于以上分析，本节提出以下假设。

H2：强制执行内部控制审计后，企业披露的内部控制缺陷与强制执行内部控制审计后的执行成本呈正相关关系。

H2a：强制执行内部控制审计后，企业披露的内部控制缺陷与总的审计费用金额呈正相关关系。

H2b：强制执行内部控制审计后，企业披露的内部控制缺陷与审计费用增长百分比呈正相关关系。

H2c：强制执行内部控制审计后，企业披露的内部控制缺陷与每股审计费用呈正相关关系。

三、研究设计

（一）样本选择

以我国强制执行内部控制审计的时间为起点，选取 2012 ~ 2016 年 A 股上市公司为研究对象。在原始样本的基础上剔除金融业、所有变量的缺失值及变量异常值，首次强制执行内部控制审计的剩余样本为 2148 个，强制执行内部控制审计后续年度，以总的审计费用金额作为被解释变量的剩余样本为 9591 个，以审计费用百分比增长作为被解释变量的剩余样本为 9385 个，以每股审计费用作为被解释变量的剩余样本为 9387 个。原始数据来自 Wind、CAMAR 和迪博数据库。

(二) 变量的设定

1. 被解释变量

被解释变量主要研究内部控制缺陷披露对强制执行内部控制审计后的执行成本影响。执行成本主要从三个维度来衡量，第一个是总的审计费用金额，借鉴国内外相关研究 (Raghunandan and Rama, 2006; 盖地和盛常艳, 2013)，将企业对应总的审计费用取自然对数作为被解释变量，记为 LNFEE; 第二个是审计费用增长百分比，为 (当期审计费用 – 上期审计费用)/上期审计费用，记为 PCAF; 第三个是每股审计费用，为当期总的审计费用/股本总数，记为 CAFPS。

2. 解释变量

本节用内部控制缺陷作为客户风险的代理变量。当期企业披露了内部控制缺陷为 1，否则为 0。

3. 控制变量

为了准确研究内部控制缺陷是否会导致以审计费用为基础的执行成本增加，借鉴西穆内克 (Simunic, 1980) 模型，再结合本节问题设置了一系列控制变量来控制其他因素对执行成本的影响。具体的有: 公司规模、审计复杂性、企业风险、事务所特征、审计意见等。此外，由于前期披露的内部控制缺陷可能会增加当期执行成本，还把企业披露的内部控制缺陷滞后一期作为控制变量。并且，为了使模型两边对等，被解释变量为审计费用增长百分比的控制变量除了虚拟变量以外，均进行了百分比处理; 被解释变量为每股审计费用的控制变量除了虚拟变量以外，均进行了差分处理。变量的具体定义如表 5 – 6 所示。

表 5 – 6　　　　　　　　　　　　变量定义

项目	变量名称	变量代码	变量定义
被解释变量	总的审计费用金额	LNFEE	当年总的审计费用金额取自然对数
	审计费用百分比增长	PCAF	(当期审计费用 – 上期审计费用)/上期审计费用
	每股审计费用	CAFPS	当期总的审计费用/股本总数
	审计费用率	ROF	当期总的审计费用/总资产

续表

项目	变量名称	变量代码	变量定义
解释变量	当期内部控制缺陷披露	ICD_t	当期企业披露了内部控制缺陷为1，否则为0
	当期内部控制缺陷等级	$DRANK_t$	如果当期内部控制缺陷为重大缺陷取值为3，重要缺陷取值为2，一般缺陷取值为1，无缺陷取值为0
	内部控制缺陷整改	$REVISE$	内部控制缺陷整改取1，否则为0
控制变量	内部控制缺陷披露滞后项	ICD_{t-1}	内部控制缺陷披露的滞后项
	内部控制缺陷等级滞后项	$DRANK_{t-1}$	如果前期内部控制缺陷为重大缺陷取值为3，重要缺陷取值为2，一般缺陷取值为1，无缺陷取值为0
	公司规模	$ASSET$	期末总资产取自然对数
	业务复杂性	$RECINV$	应收账款和存货占总资产比率
		$FORGN$	当期上市公司存在海外收入则取值为1，否则为0
		$LOSS$	当期发生亏损则取值为1，否则为0
	企业风险	DA	期末负债总额/期末资产总额
		ROA	本期净利润/期末资产总额
	事务所特征	$BIG4$	当期会计师事务所为国际"四大"则取值为1，否则为0
	审计意见	$OPINION$	当期审计意见不是标准无保留意见则取值为1，否则为0
	每股营业收入	TTM	当期营业收入/当期股本总数
	每股净资产	BPS	当期股东权益/当期股本总数
	年度变量	$YEAR$	当样本属于某一年度时取值为1，否则为0
	行业变量	$INDUSTRY$	当样本属于某一行业时取值为1，否则为0

（三）研究模型

通过理论分析和借鉴相关文献的研究成果，参考西穆内克（Simunic，1980）、盖地和盛常艳（2013）的研究模型，本节建立多元回归模型研究企业内部控制缺陷披露是否会导致强制执行内部控制审计后的执行成本增加，研究模型如式（5-1）~式（5-3）所示：

$$LNFEE = \beta_0 + \beta_1 ICD_t + \beta_2 ICD_{t-1} + \beta_3 ASSET + \beta_4 RECINV + \beta_5 FORGN$$
$$+ \beta_6 DA + \beta_7 ROA + \beta_8 BIG4 + \beta_9 LOSS + \beta_{10} OPINION + \varepsilon \quad (5-1)$$

$$PCAF = \beta_0 + \beta_1 ICD_t + \beta_2 ICD_{t-1} + \beta_3 ASSET + \beta_4 RECINV + \beta_5 FORGN$$
$$+ \beta_6 DA + \beta_7 ROA + \beta_8 BIG4 + \beta_9 LOSS + \beta_{10} OPINION + \varepsilon \quad (5-2)$$

$$CAFPS = \beta_0 + \beta_1 ICD_t + \beta_2 ICD_{t-1} + \beta_3 RECINV + \beta_4 FORGN + \beta_5 DA + \beta_6 ROA$$
$$+ \beta_7 BIG4 + \beta_8 LOSS + \beta_9 OPINION + \beta_{10} TTM + \beta_{11} BPS + \varepsilon \quad (5-3)$$

四、实证结果分析

(一) 描述性统计分析

本节对首次强制执行内部控制审计中的所有变量进行描述性统计和独立样本均值差异 T 检验 (见表 5-7)。全样本有 2148 个, 披露了内部控制缺陷的样本有 584 个, 未披露内部控制缺陷的样本有 1564 个。我们将披露了内部控制缺陷 (ICD = 1) 和未披露内部控制缺陷 (ICD = 0) 的两个样本组进行统计对比, 结果显示: 首先, 披露内部控制缺陷 (ICD = 1) 公司的审计费用自然对数 (LNFEE) 的均值为 13.8434, 在 1% 的水平上显著高于未披露内部控制缺陷 (ICD = 0) 公司的审计费用自然对数均值, 表明首次强制执行内部控制审计, 披露内部控制缺陷的企业审计费用比未披露内部控制缺陷的企业审计费用高, H1a 得到了验证; 其次, 披露了内部控制缺陷 (ICD = 1) 的公司企业风险显著高于未披露内部控制缺陷 (ICD = 0) 的公司, 意味着披露了内部控制缺陷的企业比未披露内部控制缺陷的企业面临更高的风险; 最后, 还发现披露了内部控制缺陷 (ICD = 1) 的公司相较于未披露内部控制缺陷 (ICD = 0) 的公司更可能被审计师出具非标审计意见。

表 5-7　　　　　　　　描述性统计与独立样本均值差异 T 检验

变量	全样本					ICD = 1		ICD = 0		均值差
	均值	最大值	最小值	标准差	样本	均值	样本	均值	样本	
ICD	0.27	1	0	0.445	2148					
TAF	13.653	16.3571	12.5062	0.6811	2148	13.8434	584	13.582	1564	0.2614 ***
ASSET	21.8191	25.8844	19.5033	1.2741	2148	22.3102	584	21.6357	1564	0.6745 ***
RECINV	0.271	0.7608	0.0049	0.1709	2148	0.2645	584	0.2735	1564	-0.0090
DA	42.2934	92.9877	4.7825	22.8745	2148	52.0552	584	38.6483	1564	13.4069 ***
ROA	6.6593	26.1127	-14.3459	5.7758	2148	5.9424	584	6.927	1564	-0.9846

续表

变量	全样本					ICD = 1		ICD = 0		均值差
	均值	最大值	最小值	标准差	样本	均值	样本	均值	样本	
FORGN	0.54	1	0	0.498	2148	0.48	584	0.56	1564	− 0.084
BIG4	0.05	1	0	0.224	2148	0.09	584	0.04	1564	0.052 ***
LOSS	0.13	1	0	0.335	2148	0.17	584	0.11	1564	0.056 **
OPINION	0.03	1	0	0.166	2148	0.05	584	0.02	1564	0.029 ***

注：***、** 分别表示 ICD = 1（披露了内部控制缺陷的公司）样本组和 ICD = 0（未披露内部控制缺陷的公司）样本组在各个统计值上的均值差异显著性分别在 1%、5% 的水平上显著。

（二）变量的相关性分析

表 5 - 8 是主要变量的相关系数。解释变量、被解释变量与所有控制变量之间的相关系数绝对值较小（均小于 0.6），所以模型中变量间不存在多重共线性。其中，当期内部控制缺陷（ICD_t）和审计费用（LNFEE）的相关系数为 0.158，统计上显著正相关，初步表明企业披露内部控制缺陷会导致审计费用溢价；前期内部控制缺陷（ICD_{t-1}）和审计费用的相关系数为 0.140，统计上显著正相关，表明前期披露的内部控制缺陷也会导致审计费用溢价；总资产（ASSET）与审计费用的相关系数为 0.434，统计上显著正相关，表明公司资产规模越大，审计费用越高。

表 5 - 8　　　　　　　　　　　　　**主要变量的相关系数**

变量	ICD	ICD_{t-1}	TAF	ASSET	RECINV	ROA	FORGN	LOSS	BIG4	OPINION
ICD	1									
ICD_{t-1}	0.531 ***	1								
TAF	0.158 ***	0.140 ***	1							
ASSET	0.171 ***	0.153 ***	0.434 ***	1						
RECINV	−0.046 ***	−0.053 ***	−0.046 ***	0.013	1					
ROA	−0.135 ***	−0.105 ***	−0.036 ***	0.033 ***	−0.061 ***	1				
FORGN	−0.054 ***	−0.059 ***	−0.021 **	−0.022 **	0.055 ***	−0.025 **	1			
LOSS	0.124 ***	0.107 ***	−0.003	−0.080 ***	0.007	−0.467 ***	−0.019 *	1		
BIG4	0.094 ***	0.077 ***	0.363 ***	0.171 ***	−0.057 ***	0.022 **	−0.001	−0.021 **	1	
OPINION	0.122 ***	0.100 ***	−0.008	−0.107 ***	−0.057 ***	−0.206 ***	−0.055 ***	0.205 ***	−0.029 ***	1

注：*** 表示 1% 的显著水平，** 表示 5% 的显著水平，* 表示 10% 的显著水平。

（三）多元回归分析

对首次强制执行内部控制审计的样本进行了多元回归（见表5-9），结果显示，首先，首次强制执行内部控制审计，企业内部控制缺陷披露（ICD）的系数为0.1045且在5%的水平上显著，即审计费用（LNFEE）与企业披露的内部控制缺陷显著正相关，H1b得到了验证。其次，控制变量公司规模（ASSET）的回归系数为0.1403，且在1%的水平上显著，表明公司规模越大，审计收费越高；另外，控制变量资产报酬率（ROA）的回归系数为 -0.0055，在5%的水平上显著，即资产报酬率越高意味着企业风险越小，因而降低了审计收费。最后，事务所特征（BIG4）的回归系数为0.8725，且在1%的水平上显著，说明是否是四大会计师事务所进行审计是审计定价的重要考虑因素。

表5-9 首次强制执行内部控制审计的回归结果

变量	LNFEE	
	系数	t 值
ICD	0.1045 **	3.39
ASSET	0.1403 ***	10.23
RECINV	-0.1217	-1.30
FORGN	0.0105	0.36
DA	0.0012	1.44
ROA	-0.0055 **	-2.08
BIG4	0.8725 ***	14.57
LOSS	0.0232	0.53
OPINION	-0.1180	-1.41
_CONSN	10.5387	
ADJR^2	0.2192	
PROB > F	0.0000	
是否控制年度	YES	
是否控制行业	YES	
N	2148	

注：*** 表示1%的显著水平，** 表示5%的显著水平。

本节对强制执行内部控制审计随后年度，内部控制缺陷披露对以审计费用为基础的执行成本影响进行了追踪研究，回归结果见表5-10。结果显示：

当期内部控制缺陷披露（ICD_t）与执行成本的三个衡量维度（LNFEE、PCAF、CAFPS）都显著正相关，回归系数分别为 0.0777、0.0123、0.0001，但我们发现当期内部控制缺陷与每股审计费用的回归系数较小，原因是披露内部控制缺陷虽然导致强制执行内部控制审计的执行成本增加，但是由于股本总数较大，执行成本分担到以每股为单位的股东身上就变得相对较少，这也从侧面反映了我国审计收费偏低。

表 5 – 10　　　　　　强制执行内部控制审计后的回归结果

变量	（1）INFEE 系数	（2）PCAF 系数	（3）CAFPS 系数
ICD_t	0.0777 *** (5.59)	0.0123 * (1.95)	0.0001 *** (2.94)
ICD_{t-1}	0.0412 *** (2.91)	− 0.0068 (− 1.06)	0.0001 *** (2.82)
ASSET	0.1907 *** (32.52)	0.6030 ** (2.11)	—
RECINV	− 0.0672 * (− 1.73)	0.0065 (0.53)	0.0000 (0.20)
FORGN	0.0017 (0.15)	− 0.0024 (− 0.45)	− 0.0000 (− 1.51)
DA	0.0002 (0.70)	− 0.0186 * (− 1.71)	0.0000 *** (3.59)
ROA	− 0.0049 *** (− 3.82)	0.0028 (0.95)	0.0000 *** (3.57)
BIG4	0.6171 *** (26.15)	− 0.0128 (− 1.20)	0.0001 *** (3.05)
LOSS	0.0099 (0.60)	− 0.0050 (− 0.72)	0.0001 *** (4.68)
OPINION	0.0693 ** (2.29)	0.0137 (1.02)	0.0001 *** (3.51)
TTM	—	—	0.0000 *** (5.06)

续表

变量	(1) INFEE 系数	(2) PCAF 系数	(3) CAFPS 系数
BPS	—	—	0. 0000 *** (2. 95)
ADJR^2	0. 2685	0. 0052	0. 0316
PROB > F	0. 0000	0. 0000	0. 0000
是否控制年度	YES	YES	YES
是否控制行业	YES	YES	YES
N	9591	9385	9387

注: *** 表示 1% 的显著水平, ** 表示 5% 的显著水平, * 表示 10% 的显著水平。

此外, 还发现企业前期披露的内部控制缺陷 (ICD_{t-1}) 与总的审计费用金额 (LNFEE)、每股审计费用 (CAFPS) 间显著正相关, 回归系数分别为 0. 0412、0. 0001, 而前期披露的内部控制缺陷 (ICD_{t-1}) 与审计费用百分比增长 (PCAF) 呈负相关的关系, 不过并不显著。结合当期披露的内部控制缺陷分析, 说明不管是当期的内部控制缺陷还是前期的内部控制缺陷都会对当期总的审计费用产生显著影响, 即客户风险会导致强制执行内部控制审计后的执行成本增加。但从动态变化来看, 当期内部控制缺陷与前期内部控制缺陷对审计费用百分比的增量变化影响不是很显著, 即审计费用增长变化并不大。这与国外的研究结果 (Calderon, 2012; Canada, 2009) 不一致, 但与我们国家实际相符, 相比美国, 我国每年审计收费增长并不多, 甚至还存在 "低价揽业" 现象。

(四) 进一步分析

《企业内部控制审计指引》中要求审计师评价其识别的各项内部控制缺陷的严重程度, 以确定这些缺陷单独或者组合起来是否构成重大缺陷。贝达德等 (Bedard et al., 2008) 的研究发现, 内部控制缺陷越严重, 审计定价越高, 审计费用与重大缺陷显著相关, 但与重要缺陷的关系不显著。因此, 本节进一步研究我国强制执行内部控制审计后, 内部控制缺陷等级 ($DRANK_t$) 与执行成本 (LNFEE、PCAF、CAFPS) 的关系。本节对内部控制缺陷等级划分采取的是四分法, 四分法相较于两分法的衡量更为准确。如果公司披露的内部控制缺陷为重大缺陷，取值为 3；重要缺陷取值为 2；一般缺陷取值为 1；无缺陷取值为 0。研究模型如式（5-4）~式（5-6）所示：

$$LNFEE = \beta_0 + \beta_1 DRANK_t + \beta_2 DRANK_{t-1} + \beta_3 ASSET + \beta_4 RECINV + \beta_5 FORGN$$
$$+ \beta_6 DA + \beta_7 ROA + \beta_8 BIG4 + \beta_9 LOSS + \beta_{10} OPINION + \varepsilon \qquad (5-4)$$

$$PCAF = \beta_0 + \beta_1 DRANK_t + \beta_2 DRANK_{t-1} + \beta_3 ASSET + \beta_4 RECINV + \beta_5 FORGN$$
$$+ \beta_6 DA + \beta_7 ROA + \beta_8 BIG4 + \beta_9 LOSS + \beta_{10} OPINION + \varepsilon \qquad (5-5)$$

$$CAFPS = \beta_0 + \beta_1 DRANK_t + \beta_2 DRANK_{t-1} + \beta_3 RECINV + \beta_4 FORGN$$
$$+ \beta_5 DA + \beta_6 ROA + \beta_7 BIG4 + \beta_8 LOSS + \beta_9 OPINION$$
$$+ \beta_{10} TTM + \beta_{11} BPS + \varepsilon \qquad (5-6)$$

表 5-11 为客户风险等级与强制执行内部控制审计后执行成本的回归结果。仍然把前期的内部控制缺陷（$DRANK_{t-1}$）作为控制变量。结果发现：当期内部控制缺陷等级（$DRANK_t$）与总的审计费用金额、审计费用百分比增长以及每股审计费用显著正相关，回归系数分别为 0.0516、0.0091、0.0001，表明客户风险越大，强制执行内部控制审计后的执行成本增加越多。

表 5-11　　　　　　　　进一步分析的回归结果

变量	(1) LNFEE 系数	(2) PCAF 系数	(3) CAFPS 系数
$DRANK_t$	0.0516 *** (4.94)	0.0091 ** (1.98)	0.0001 *** (3.97)
$DRANK_{t-1}$	0.0337 *** (3.10)	-0.0024 (-0.50)	0.0000 (1.21)
ASSET	0.1836 *** (31.37)	0.6844 *** (2.59)	—
RECINV	-0.1034 *** (-2.72)	0.0123 (1.08)	0.0000 (0.17)
FORGN	-0.004 (-0.35)	-0.0016 (-0.32)	-0.0000 ** (-2.12)
DA	0.0005 (1.53)	-0.0205 ** (-1.97)	0.0000 *** (3.96)

续表

变量	(1)	(2)	(3)
	LNFEE	PCAF	CAFPS
	系数	系数	系数
ROA	−0.0036***	0.0033	0.0000***
	(−2.86)	(1.21)	(2.56)
BIG4	0.6376***	−0.0152	0.0001***
	(28.18)	(−1.53)	(3.40)
LOSS	0.0193	−0.0039	0.0001***
	(1.22)	(−0.57)	(4.49)
OPINION	0.0696**	0.0068	0.0001***
	(2.39)	(0.54)	(3.41)
TTM	—	—	0.0000***
			(4.92)
BPS	—	—	0.0000***
			(2.61)
ADJR^2	0.2509	0.0072	0.0303
PROB > F	0.0000	0.0000	0.0000
是否控制年度	YES	YES	YES
是否控制行业	YES	YES	YES
N	10106	10071	10077

注：*** 表示1%的显著水平，** 表示5%的显著水平。

盖地、盛常艳（2013）在对2009～2010年沪深两市 A 股上市公司的研究中发现，修正内部控制缺陷后可以使审计费用得到降低，但降低的效果并不显著。而王晶琦（2013）却认为，当缺陷经整改后，后续年度的审计定价将会降低。审计师发现内部控制缺陷后，一般会进一步与企业沟通并要求其进行整改，然后还需要监督和检查企业的内部控制缺陷整改情况，企业的内部控制缺陷整改会导致年报时滞延长（王加灿，2015），从而增加审计工作量，导致审计费用增加。基于此，本节进一步分析我国强制执行内部控制审计后，内部控制缺陷整改（REVISE）是否会降低执行成本。

回归结果如表5-12所示，我国强制执行内部控制审计后，内部控制缺陷整改与总的审计费用金额及审计费用增长百分比之间是负相关的关系，但并不显著。这和盖地、盛常艳（2013）的结论相一致，说明修正内部控制缺陷在一定程度上会降低审计收费，但是由于不确定修正的内部控制缺陷是否重大以及公司可能会在期末对该缺陷进行修正，而审计师已经在前期开展审计工作，从而导致二者的相关关系不显著。此外，内部控制缺陷修正与每股审计费用呈正相关的关系，表明内部控制缺陷的整改成本会增加股东成本，但是结果也并不显著。

表 5 – 12　　　　　　　　　进一步分析的回归结果

变量	(1) LNFEE 系数	(2) PCAF 系数	(3) CAFPS 系数
REVISE	−0.0909 (−1.28)	−0.0118 (−0.40)	0.0001 (0.60)
ASSET	0.1553*** (16.08)	0.9006 (1.57)	—
RECINV	−0.1408** (−2.01)	0.0034 (0.17)	0.0003 (1.60)
FORGN	0.0783*** (3.63)	−0.0132 (−1.50)	−0.0000 (−1.08)
DA	0.0003 (0.46)	−0.0339 (−1.37)	0.0000*** (2.85)
ROA	−0.0027 (−1.13)	0.0012 (0.28)	0.0000*** (2.57)
BIG4	0.6289*** (18.08)	−0.0341** (−2.42)	0.0000 (1.18)
LOSS	0.0255 (0.91)	0.0024 (0.19)	0.0001*** (3.06)
OPINION	−0.0368 (−0.85)	0.0051 (0.30)	0.0001* (1.78)
TTM	—	—	0.0000 (1.26)
BPS	—	—	−0.0000 (−0.22)

续表

变量	(1)	(2)	(3)
	LNFEE	PCAF	CAFPS
	系数	系数	系数
ADJR^2	0.2172	0.0130	0.0513
PROB > F	0.0000	0.0000	0.0000
是否控制年度	YES	YES	YES
是否控制行业	YES	YES	YES
N	3463	3354	3353

注：*** 表示 1% 的显著水平，** 表示 5% 的显著水平，* 表示 10% 的显著水平。

（五）稳健性检验

为了验证上述的回归结果，本节用审计费用率（ROF）作为审计费用的代理变量，进行稳健性检验。李补喜和王平心（2005）的研究认为，与审计费用模型的解释度相比，审计费用率模型的解释度要比其高很多，从审计费用率角度研究审计服务产品定价的相关问题，既便于审计费用方面的监管，又能够剔除资产规模对审计费用的潜在影响，对审计定价的本质把握得更好（审计费用率＝当期审计费用/当期总资产）。回归结果如表 5-13 所示，我国强制执行内部控制后，当期内部控制缺陷与审计费用率显著正相关，前期内部控制缺陷也与审计费用率显著正相关，与表 5-10 结果基本相同。说明本书变量设计、模型设定以及研究结论比较稳健可靠。

表 5-13 稳健性检验回归结果

变量	ROF	
	系数	t 值
ICD$_t$	0.0444 ***	3.46
ICD$_{t-1}$	0.0574 ***	4.40
ASSET	− 0.5145 ***	− 93.38
RECINV	0.1434 ***	4.00
FORGN	0.0152	1.41
DA	0.0040 ***	12.22
ROA	0.0048 ***	4.08
BIG4	0.0817 ***	3.76

续表

变量	ROF	
	系数	t 值
LOSS	0. 1113 ***	7. 39
OPINION	0. 0592 **	2. 12
_CONS	2. 9275	
ADJR^2	0. 5841	
PROB > F	0. 0000	
是否控制年度	YES	
是否控制行业	YES	
N	9591	

注：***表示1%的显著水平，**表示5%的显著水平，*表示10%的显著水平。

五、研究结论及启示

本节通过研究客户风险是否会导致强制执行内部控制审计后的执行成本增加，得出以下结论：（1）首次强制执行内部控制审计后，披露了内部控制缺陷的企业比未披露内部控制缺陷的企业风险更大，审计费用更高。首次强制执行内部审计产生的内部控制缺陷与审计费用呈正相关的关系，即内部控制缺陷越多，审计成本越高。（2）追踪强制执行内部控制审计的后续年度，发现当期内部控制缺陷与执行成本的三个衡量维度都显著正相关，表明当期客户风险会导致强制执行内部控制审计后的执行成本增加，但给股东带来的单位执行成本并不高。（3）追踪强制执行内部控制审计的后续年度还发现，前期的客户风险，即前期的内部控制缺陷也会导致强制执行内部控制审计后的执行成本增加。此外，与国外研究结论有所不同的是，不管是当期披露的内部控制缺陷还是前期披露的内部控制缺陷对审计费用增长百分比的影响都不是很显著，这与我们国家实际情况相符，因为相较于美国，我们国家审计收费偏低，增长幅度并不是很大。（4）用内部控制缺陷严重程度进一步衡量客户风险，回归结果发现客户风险越大，强制执行内部控制审计后的执行成本增加越多；而修正内部控制缺陷虽然可以降低执行成本，但效果并不显著。本节的研究有助于从客户风险的角度更好地了解强制执行内部控制审计后的执行成本，便于理解强制披露制度环境下对企业、股东、审计师的影响也具有重要的政策启示。

综上所述，从企业的角度来说，建立健全内部控制，不仅可以提高企业的内部控制质量，还可以反过来降低企业的执行成本。二者密切相关，因为从长远来看，强制执行内部控制审计工作会提高内部控制质量，随着时间的推移，外部审计成本及内部管理成本都会相应下降，最终导致执行成本趋于平缓甚至下降。从股东的角度来说，强制执行内部控制审计后给股东带来的单位执行成本并不是很高，而且还有助于降低外部投资者及小股东信息不对称的风险，帮助他们恢复对企业财务报告披露质量的信心。从审计师的角度来说，新的制度环境要求审计师不断提高其专业胜任能力，才能给出有效的内部控制审计意见。而且，只有审计师在内部控制审计工作中充分发挥其审计职能作用，才能帮助上市公司提升内部控制水平。

第四节 内部控制缺陷、法律环境与内部控制审计费用实证研究

本节以 2012 ～ 2014 年强制实施内部控制审计的 A 股主板上市公司为样本，对内部控制缺陷严重程度、宏观法律环境及违规和诉讼仲裁次数与内部控制审计费用的关系进行研究发现：内部控制缺陷越严重，内部控制审计费用越高；相比法律环境差的地区，法律环境好的地区内部控制审计收费较高；上市公司违规和受到诉讼仲裁次数越多，内部控制审计费用越高。研究结论表明，风险是内部控制审计定价的决定因素，注册会计师在面临较高的内部控制风险时通常会实施更多的审计程序以降低风险，从而导致内部控制审计收费增加。

一、研究背景

为了恢复公众对资本市场的信心，提高财务报告信息的质量，美国颁布了 SOX 法案，法案要求公司管理层对内部控制情况做出评价，出具内部控制自我评价报告，并由注册会计师对企业内部控制进行审计，出具内部控制审计意见。SOX 法案的颁布标志着美国内部控制审计由自愿披露阶段进入强制实施阶段。为了顺应国际资本市场对内部控制监管的改革趋势，我国于 2010

年颁布了《内部控制审计指引》及《内部控制评价指引》，要求自 2011 年起，在境内外的上市公司中执行该制度；自 2012 年起，在 A 股主板上市的所有公司中执行该制度。

SOX 法案实施之后，很多学者关注了公司审计费用的变化，有相当数量的文献发现执行 SOX 法案 404 条款带来了审计费用的增加（Weil Jonathan，2004；Hammersley S. et al.，2008）。部分文献从 SOX 法案的执行成本角度进行了研究，也有部分文献关注公司内部控制缺陷与审计费用的关系。我国自 2012 年开始强制实施内部控制审计以来，有相当数量的公司披露了内部控制缺陷，也有国内学者开始研究我国上市公司内部控制缺陷和审计费用的关系。如果上市公司存在内部控制缺陷，审计师能够进行识别，那么缺陷的类型即缺陷严重程度应该能够反映审计风险的大小。审计风险是审计定价的一个重要因素，审计风险大小的不同即内部控制缺陷的严重程度不同会导致审计费用的不同。

此外，由于我国经济尚处于转型期，市场环境薄弱，市场调节机制不健全，法律风险对审计市场的均衡定价至关重要（郝玉贵、陈丽君，2013），公司面临较高的法律风险必然会导致审计风险增加，为了降低风险审计师会增加审计程序、扩大测试范围，从而导致审计成本增加，审计费用上升。在某种程度上，为防范审计失败的风险，审计师调整审计费用也是对未来可能承担的损失的一种弥补。

我国各地区经济发展不均衡，中东部及沿海地区由于市场化进程快，外部法律环境等相对于西部地区较好，能够有效地约束会计师事务所的行为，各地会计师事务所所处的法律环境不一样，产生的审计溢价也有所不同，上市公司违规受到证监会及沪深两所的惩罚也会对内部控制审计收费产生影响。法律环境好的地区因为监管较严，审计失败面临的诉讼风险也较高，审计师有可能因此收取较高的审计费用。

二、文献综述

（一）内部控制审计费用的相关研究

SOX 法案颁布后，相当数量的文献研究了审计费用的变化，多数研究认为实施内部控制审计后，审计费用普遍增加。威尔‧乔纳森（Weil Jonathan，2004）和哈默斯利等（Hammersley S. et al.，2008）研究发现，执行 SOX 法案增加了审计师的审计成本，导致审计收费增加；埃伯海姆（Ebrahim，2010）对小规模上市公司的审计费用进行了检验，同样发现 SOX 法案的实施使得审计收费增加；史密斯（Smith，2007）发现 SOX 法案颁布后，审计师会扩大对内部控制的测试范围以降低财务欺诈的可能性，SOX 法案的执行增加了审计师的风险，审计费用随之增加。张国清（2011）用 2007～2009 年自愿进行内部控制审计的上市公司作为样本进行研究，发现事务所对首次进行财务报告内部控制审计的公司收取的费用显著增加。埃尔德里奇和凯雷（Eldridge and Kealey，2005）对 SOX 法案颁布后的审计费用影响因素进行了研究，发现审计费用与公司规模、内部控制质量及资产增长率等相关。

张宜霞（2011）发现，内部控制审计费用与公司规模、业务复杂程度、事务所声誉正相关。傅绍正（2013）从风险预期、损失分担机制和事务所特征三个角度进行分析，发现公司规模、子公司数量、审计师声誉及专长、资产收益率和流动比率对内部控制审计费用有显著影响。李补喜和贺梦琪（2014）也得出相同结论，同时还发现内部控制审计费用与是否整合审计负相关。此外，按照 SOX 法案的要求强制执行内部控制审计后，基恩和埃尔德（Keane and Elder，2010）认为，不同类型的内部控制缺陷及缺陷数量会对审计费用产生显著影响，尤其是披露额外的实质性缺陷会增加审计费用，相对于从没披露过内部控制缺陷的公司，审计师对多年持续披露同一缺陷的公司收取的费用较高，可能的解释是该公司内部控制没有得到有效的改进或内部控制流于形式。

（二）内部控制缺陷与审计费用影响因素

SOX 法案颁布后，关于内部控制缺陷与审计费用关系的研究文献显著增加。大部分的研究认为两者之间具有显著的正相关关系。霍塔什（Hoitash，2008）发现，重大缺陷的存在使企业经营失败的可能性增加，同时，披露内部控制缺陷的公司股权成本高于未披露的公司（Maria Ogneva，2007）。为了降低成本，企业会对财务信息进行操纵，审计师会收取更高的审计费用以降低风险。盖地和盛常艳（2013）及李越冬等（2014）等从不同角度检验了内部控制缺陷对审计收费的影响，结论一致表明，事务所对存在缺陷的公司收取了较高的费用。一些学者用是否存在内部控制缺陷及缺陷严重程度作为内部控制有效性的替代变量，考察企业内部控制质量的影响因素及其产生的经济后果，道尔等（Doyle et al.，2007）以至少披露出一个实质性缺陷的 705

家公司为样本，研究发现内部控制存在缺陷会导致盈余质量降低，使企业经营失败的可能性增加，审计师为了降低风险通常会收取额外的费用。张红英和高晟星（2013）认为，存在缺陷类型越多的上市公司将来发生审计失败的风险越大，事务所会要求公司为额外的审计程序及风险溢价支付较高的审计费用。霍根和威尔金斯（Hogan and Wilkins，2008）发现，SOX 法案实施后的审计费用与缺陷程度正相关，认为重大和重要控制缺陷的披露会产生更高的审计费用。

（三）法律环境与审计费用

泰勒和西蒙（Taylor and Simon，1999）等研究发现诉讼压力、法律法规是决定审计费用的重要因素。审计师对风险进行评估后会对法律风险高的地区实施更多的审计程序；法律风险越大意味着审计师审计失败进行赔偿的可能性越大，审计师会因此提高审计收费。

崔等（Choi et al.，2008）对不同国家和地区的上市公司法律背景进行比较，发现法律制度完善的地区收取的审计费用更高。冯延超和梁莱歆（2010）从微观层面采用违规处分与诉讼仲裁的平方根作为法律风险的替代变量，分析了风险导向审计模式下法律风险对审计费用和审计意见的影响。郝玉贵和陈丽君（2013）以中国法律风险管理网站公布的法律风险指数为解释变量进行研究，得出上市公司法律风险与审计收费正相关的研究结论。保罗·贝克等（Paul J. Beck et al.，2013）得出相同的结论：以董事会成员及高职务职员的保险费作为诉讼风险的替代性指标，在控制其他影响因素后发现审计费用与法律风险是正相关的。对于法律风险指标的衡量除了以上两种外，王良成和陈汉文（2010）采用樊纲等编写的《中国市场化指数》中的法律环境指标作为法律风险的替代变量进行研究，其结论与前述研究一致，即外在法律风险会影响事务所定价。章琳一（2015）同样采用樊纲指数来衡量法律风险，但对指数采用虚拟变量的方法进行验证，结果也与前述研究一致。

法律风险会对审计定价产生影响，面临"一会两所"的监管同样也会对事务所收费产生影响。李爽和吴溪（2004）发现，监管释放的信号对审计收费存在一定影响；朱春艳和伍利娜（2009）发现，被"一会两所"惩罚的公司给审计师带来的风险更大，审计师会实施更多的审计程序以降低风险，审计费用也更高，并且在剔除了处罚类型为立案调查的样本后，上市公司被处罚越严重，在受到处罚当年事务所收取的费用越高；宋衍蘅（2011）以当年遭受违规处罚和调查的公司为样本，得出的结论与前述研究相同，即相比正常的上市公司，其年报披露的费用更高。

三、假设的提出

内部控制缺陷通常会使企业经营失败的可能性大大增加，如果缺陷未被审计师察觉，发生重大错报而导致审计失败的可能性也会同时增加。出于对成本的考虑，审计师只能在有限范围内保证财务报告不存在重大错报风险，因而风险导向审计模式下对内部控制的考虑就显得尤为重要。内部控制有效性与事务所的收费具有替代效用（杨德明和胡婷，2010；曹建新和陈志宇，2011），SOX 法案被执行后，国内外的大部分学者用内部控制缺陷作为内部控制有效性的替代变量，并且发现内部控制缺陷与内部控制质量负相关。内部控制缺陷的程度越严重，企业发生经营失败的可能性就越大，审计失败的风险相应也越大。在这种情况下，审计师需要加大投入去衡量不同缺陷的严重程度所产生的不利影响，同时还要与公司管理层对存在的缺陷进行沟通，因而事务所会增加审计费用以弥补额外投入的成本及未来风险的损失。

据此，提出本节的第一个假设。

H1：内部控制缺陷严重程度与内部控制审计费用正相关。

纵观以往的一些审计失败及企业经营失败的案例，即使所有的工作底稿都表明审计师按照执业准则合理地对被审计单位进行了审计，但一旦审计失败或企业经营失败给投资者造成损失，审计师都将对投资者的损失进行赔偿。因此，在审计时，考虑到所面临法律风险的大小，为了尽可能地避免该风险造成的损失，审计师不得不实施更多的审计程序以降低风险。同时，法律制度完善的地区民众的法律意识较高，要求赔偿的可能性更大。因此，审计师会针对法律风险的高低调整审计收费。出于成本的考虑，审计范围不能包括企业的所有业务，而内部控制涵盖企业的方方面面，再加上跨业经营的兴盛，审计难度加大，对内部控制的把控难度越来越大。根据保险理论，法律环境将内部控制的风险放大，同时审计师将来为审计失败承担的诉讼风险增加，为了弥补将来可能遭受诉讼风险所导致的损失，审计师会提高内部控制审计费用。另外，降低风险就是收集更多的证据来证明企业内部控制的有效性，这必然会导致审计成本增加从而使得审计费用增加。据此，提出本节第二个假设。

H2：上市公司所在地区法律环境越好，内部控制审计费用越高；反之则低。

随着我国市场经济的不断完善及民众法律意识的不断提高，利益相关者倾向于通过合法的途径如诉讼、仲裁的方式来解决纠纷，一旦成功，上市公司将面临巨额的赔款，导致经营失败的风险增加。由于违规和诉讼仲裁的上市公司更容易引起公众及监管部门的关注，这势必会增加审计师的压力。面对违规和受到诉讼仲裁的上市公司，为确保财务报告不存在重大错报，审计师通常会相应地调整实质性测试的工作量，通过扩大对内部控制的测试范围来降低风险，从而使得内部控制审计费用增加。据此提出本节的第三个假设。

H3：上市公司违规与诉讼仲裁次数与内部控制审计费用正相关。

四、研究设计

（一）样本与数据来源

本节以 2012～2014 年在沪深两市 A 股主板上市的披露内部控制审计费用的公司为样本，剔除金融、保险行业及 2012～2014 年退市的上市公司、内部控制审计费用异常披露为"0"的 8 家公司，最终选取 2012 年 689 家、2013 年 883 家、2014 年 1175 家，样本总数为 2747 家披露内部控制审计费用的公司。本节的主要样本数据来自 CSMAR 数据库、Wind 数据库、DIB 内部控制与风险管理数据库。

（二）模型设定和变量选择

为检验假设，本节构建以下回归模型：

$$LNICA = \beta_0 + \beta_1 ICW + \beta_2 LNSIZE + \beta_3 NUMBER + \beta_4 LEV + \beta_5 ROA + \beta_6 STATE$$
$$+ \beta_7 OPINION + \beta_8 BIG4 + \sum IND + \sum Y + \varepsilon \qquad (5-7)$$

$$LNICA = \beta_0 + \beta_1 LAW + \beta_2 LNSIZE + \beta_3 NUMBER + \beta_4 LEV + \beta_5 ROA + \beta_6 STATE$$
$$+ \beta_7 OPINION + \beta_8 BIG4 + \sum IND + \sum Y + \varepsilon \qquad (5-8)$$

$$LNICA = \beta_0 + \beta_1 PUNISH + \beta_2 LNSIZE + \beta_3 NUMBER + \beta_4 LEV + \beta_5 ROA + \beta_6 STATE$$
$$+ \beta_7 OPINION + \beta_8 BIG4 + \sum IND + \sum Y + \varepsilon \qquad (5-9)$$

其中，被解释变量 LNICA，表示年报中披露的内部控制审计费用。解释变量 ICW 为内部控制评价报告中披露的内部控制缺陷类型。按照《企业内部控制评价指引》的规定，缺陷分为一般缺陷、重要缺陷及重大缺陷。若公司存在重大缺陷，则 ICW 取 3；存在重要缺陷，则 ICW 取 2；存在一般缺陷，则 ICW 取 1。当上市公司同时存在三种类型的缺陷，选取严重程度最高的作为缺陷类型。解释变量 LAW 为各省份的法律环境，以樊纲编写的《中国市场化指数》中的法律制度环境指标为法律环境的衡量依据，借鉴章琳一（2015）的处理方法，公司所在地法律保护水平高于全国的法律保护水平平均数时取 1，否则取 0。

本节选取的变量定义及说明如表 5 – 14 所示。

表 5 – 14　　　　　　　　　　变量定义及说明

变量类型	变量名称	变量符号	变量描述
被解释变量	内部控制审计费用	LNICA	内部控制审计费用取自然对数
解释变量	内部控制缺陷类型	ICW	如果内部控制缺陷为重大缺陷，则取 3；重要缺陷则取 2；一般缺陷则取 1
	法律环境	LAW	按照王小鲁、樊纲、余静文《中国分省份市场化指数报告（2016）》中法律环境指数，若高于各省份平均值，则取 1；若低于各省份平均值，则取 0
控制变量	违规和诉讼次数	PUNISH	违规和诉讼次数和的平方根
	资产规模	LNSIZE	总资产规模的自然对数
	子公司数量	NUMBER	上市公司子公司数量
	资产负债率	LEV	期末负债总额与资产总额的比率
	资产报酬率	ROA	净利润与年末资产总额的比率
	是否国有	STATE	如上市公司为国有企业则取 1，否则取 0
	审计意见	OPINION	当年公布的审计意见为标准无保留审计意见，则取 1；出具非标准审计意见，则取 0
	是否"四大"	BIG4	事务所为"四大"则取 1，否则取 0
	行业变量	IND	虚拟变量，按证监会行业标准定义
	年度变量	Y	数据所处年份

五、实证分析

（一）描述性统计

表 5 – 15 是 2012 ~ 2014 年 A 股主板上市公司内部控制审计费用的描述性统计。在表 5 – 15 第二行的全样本中，有 2755 家样本公司披露了内部控制审

计费用，有 8 家披露的费用为 0，所以取对数表示为缺失值，有效样本量最终为 2747 家。2012 年、2013 年披露了内部控制审计费用的公司分别为 689 家、883 家，均值分别为 3.52、3.54，相比连续 3 年的全样本，均值有所增加，可以看出内部控制审计费用在逐年上升，2014 年均值虽然低于全样本均值，但差别不大，因此，内部控制审计费用整体呈上升的趋势。

表 5 - 15　　　　　　　　被解释变量的描述性统计

年度	样本量	未披露	有效	缺失	极小值	极大值	均值	中值	标准差	百分位		
										25	50	75
全样本	2846	91	2747	8	2	7	3.51	3.4	0.691	3	3.4	3.89
2012	721	29	689	3	2	7	3.52	3.4	0.712	3	3.4	3.91
2013	908	25	883	0	2	7	3.54	3.4	0.689	3	3.4	3.91
2014	1217	37	1175	5	2	7	3.49	3.4	0.68	3	3.4	3.83

我国 2010 年颁布了《企业内部控制评价指引》，要求上市公司对企业内部控制进行自我评价，并出具内部控制自我评价报告。通过对近几年的评价报告进行研究可以发现，管理层对内部控制有效性及缺陷的认定和披露存在避重就轻的倾向，因而较少有企业披露重大缺陷。如表 5 - 16 所示，2012~2014 年，共有 620 家 A 股主板上市公司披露了内部控制缺陷，其中 2012~2013 年披露的公司数量有所减少，到 2014 年从 173 家增加到 195 家。从披露的公司数量看，我国上市公司内部控制缺陷披露比例不高，但重要缺陷及重大缺陷的披露程度逐年提高，其中重要缺陷由 2012 年的 16 家上升到 2014 年的 35 家；重大缺陷由最初的 6 家上升到 35 家。总体而言，相比一般缺陷，重大缺陷的披露数量相对较少，大部分企业披露的缺陷都为一般缺陷。

表 5 - 16　　　　　　　　内部控制缺陷的统计　　　　　　　　单位：家

年度	样本数	一般缺陷	重要缺陷	重大缺陷
2012	252	230	16	6
2013	173	116	35	22
2014	195	125	35	35

　　表 5 – 17 为主要变量的描述性统计结果。从表 5 – 17 可见，内部控制缺陷类型（ICW）的均值为 1.3702，25 分位和 50 分位都为 1，说明大多数公司披露的缺陷为一般缺陷；75 分位为 2，也能够说明披露重大缺陷的公司低于 1/4。法律环境（LAW）的均值为 0.5661，超过 0.5，说明样本中法律环境指标超过各省法律环境平均值的上市公司居多，50 分位为 1 也能从侧面说明研究样本中超过 1/2 的上市公司法律环境指标高于全国平均水平。而违规和诉讼次数（PUNISH）均值为 1.4759，均值接近于最小值 1，说明同一年度同一家上市公司违规和诉讼的次数不多，只有极少数的上市公司在同一年度内涉及多次处罚或遭到多次诉讼。

表 5 – 17　　　　　　　　　主要变量的描述性统计

变量	N	极小值	极大值	均值	标准差	P25	P50	P75
ICW	416	1	3	1.3702	0.6677	1	1	2
LAW	2639	0	1	0.5661	0.4957	0	1	1
PUNISH	519	1	8	1.4759	0.8693	1	1	2
SIZE	2652	15	29	22.586	1.411	22	22	23
NUMBER	2652	0	495	19.219	24.639	6	12	23
ROA	2652	– 16.11	7.2493	0.0255	0.3514	0.0084	0.027	0.0552
LEV	2652	0.0351	46.159	0.5528	0.9238	0.3828	0.5392	0.6865
STATE	2652	0	1	0.7632	0.4252	1	1	1
OPINION	2652	0	1	0.9532	0.2112	1	1	1
BIG4	2652	0	1	0.0916	0.2886	0	0	0

（二）变量间的相关系数

　　从表 5 – 18 相关性分析的结果来看，内部控制审计费用与内部控制缺陷在 10% 的水平上显著正相关，意味着内部控制缺陷越严重，内部控制审计收费越高；内部控制审计费用与法律环境在 5% 的水平上显著正相关，表明内部控制审计收费的多少会根据法律环境指标的高低做出调整，内部控制审计费用与公司规模和公司业务复杂程度在 5% 的水平上显著相关，这与多数学者的研究结论一致；内部控制审计费用与公司的资产负债率在 5% 的水平上显著，这是因为上市公司面临的债务风险越高，审计师会通过实施越多的审计程序以降低风险，从而导致审计费用增加；内部控制审计费用与是否国有、出具的审计意见及是否"四大"事务所在 5% 的水平上显著正相关。

表 5 – 18　　　　　　　　　　　主要变量的相关性分析

变量	INICA	ICW	LAW	PUNISH	LNSIZE	NUMBER	ROA	LEV	STATE	OPINION	BIG4
LNICA	1.00										
ICW	0.110 *	1.00									
LAW	0.144 **	0.02	1.00								
PUNISH	0.07	0.196 *	-0.04	1.00							
LNSIZE	0.609 **	-0.08	0.090 **	0.04	1.00						
NUMBER	0.362 **	-0.02	0.160 **	0.06	0.409 **	1.00					
ROA	-0.01	-0.140 **	0.03	-0.096 *	0.082 **	0.02	1.00				
LEV	0.075 **	0.127 **	-0.03	0.091 *	-0.01	0.02	-0.886 **	1.00			
STATE	0.066 **	0.187 **	-0.02	-0.08	0.144 **	-0.02	0.02	-0.01	1.00		
OPINION	0.087 **	-0.375 **	0.055 **	-0.176 **	0.188 **	0.076 **	0.135 **	-0.139 **	0.040 *	1.00	
BIG4	0.402 **	0.08	0.159 **	-0.02	0.356 **	0.110 **	0.02	0.00	0.079 **	0.02	1.00

注：表中的数据为 Pearson 相关系数，*** 表示 1% 的显著性水平，** 表示 5% 的显著性水平，* 表示 10% 的显著性水平。

（三）回归分析

表 5 – 19 列示的是三个假设的回归结果。模型一的 R^2 为 43.4%，拟合程度较好，回归结果显示内部控制缺陷类型与内部控制审计费用的系数为正 (0.09)，在 5% 的水平上显著相关，对存在重大缺陷的上市公司，事务所收取的内部控制审计费用更高，因为披露重大缺陷表明该上市公司内部控制失效或存在严重漏洞，不能保证企业财务、资产的安全与完整，因而审计师面临的风险较大。

表 5 – 19　　　　　　　　　　　回归结果

变量	模型一			模型二			模型三		
	系数	SIG.	VIF	系数	SIG.	VIF	系数	SIG.	VIF
ICW	0.09 **	0.04	1.34						
LAW				0.07 ***	0	1.15			
PUNISH							0.07 **	0.02	1.15

变量	模型一			模型二			模型三		
	系数	SIG.	VIF	系数	SIG.	VIF	系数	SIG.	VIF
NUMBER	0.22***	0	1.46	0.14***	0	1.31	0.14***	0	1.54
SIZE	0.45***	0	1.65	0.48***	0	1.62	0.56***	0	2.09
LEV	0.01	0.83	1.05	−0.02	0.24	1	0.15***	0	1.05
ROA	0.06	0.15	1.01	0	0.74	1.02	0.01	0.84	1.04
BIG4	−0.08*	0.07	1.27	0.21***	0	1.2	0.03	0.34	1.19
OPINION	0.11***	0.01	1.16	−0.02	0.15	1.05	0.24***	0	1.25
STATE	−0.08*	0.07	1.22	−0.01	0.45	1.14	0.05*	0.07	1.23

注：*** 表示1%的显著水平，** 表示5%的显著水平，* 表示10%的显著水平。

针对模型一，内部控制审计费用与子公司数量、资产规模、是否"四大"、审计意见及是否国有等存在显著相关关系，与资产负债率及资产报酬率不相关，模型一各变量的 VIF 均小于5，说明不存在多重共线性问题。模型二的 R^2 为44.3%，拟合度较好，回归结果显示法律环境与内部控制审计费用的系数为0.07，在1%的水平上显著正相关，说明法律环境越好，意味着该地区监管越严，法律制度越完善，审计失败给审计师带来的风险越大。审计师会增加控制测试以尽可能查出内部控制可能存在的风险，因而会增加审计成本，导致内部控制审计收费增加。这与 H2 一致，即各省份法律环境的好坏与内部控制审计费用正相关。控制变量子公司数量、公司规模、是否"四大"与模型一结论一致，审计意见与是否国有的结果不显著。模型三的回归结果显示违规和诉讼次数与内部控制审计费用在5%的水平上显著正相关（系数为0.07），与预期结果一致。说明上市公司违规和诉讼仲裁次数越多，越容易受到监管者及公众的关注，审计师在审计时面临的风险越大，因而内部控制审计费用越高。而其与资产报酬率及是否"四大"的关系不显著，其他控制变量相关性与前述两个模型的结论一致。模型三的 R^2 为43.9%，模型拟合度较好，VIF 均小于5，说明不存在多重共线性问题。根据表 5-20，三个模型的 Durbin-Watson 检验值分别为1.815、1.711、1.908，说明残差序列自相关程度较低。

表 5 - 20　　　　　　　　　　　　　　　　　　　　**模型汇总**

模型	R	R²	调整 R²	标准估计的误差	更改统计量					DURBIN-WATSON
					R² 更改	F 更改	Df1	Df2	Sig. F 更改	
1	0.658ª	0.434	0.4	0.52	0.434	13.045	23	392	0	1.815
2	0.670ª	0.448	0.443	0.522	0.448	81.66	26	2612	0	1.711
3	0.795ª	0.632	0.615	0.439	0.632	36.922	23	495	0	1.908

同时，本节对披露缺陷与未披露缺陷的上市公司做了配对检验（见表 5 - 21）。以 2012 ~ 2014 年 A 股主板上市公司为样本，以公司规模及行业类别为配对标准，对披露缺陷与未披露缺陷的上市公司进行配对，配对成功的样本有 286 家。TYPE 1 表示披露内部控制缺陷的上市公司，TYPE 0 表示未披露内部控制缺陷的上市公司。披露内部控制缺陷上市公司的内部控制审计费用均值为 391838.57 元，明显高于未披露内部控制缺陷上市公司审计费用的均值 303317.27 元，结果表明披露内部控制缺陷的上市公司内部控制审计费用高于未披露的公司，在 1% 的水平上显著。该结论与预期一致，较好地验证了 H1，即内部控制缺陷严重程度与内部控制审计费用正相关。

表 5 - 21　　　　　　　　　　　　　**成对样本统计量**

TYPE	均值	N	标准差	均值的标准误差
TYPE 1	391838.57	286	356275.75	21067.027
TYPE 0	303317.27	286	320923.931	18976.63
TYPE 1 & TYPE 0	N	相关系数	Sig.	
	286	0.749	0	

六、结论

研究发现，内部控制缺陷类型越严重，内部控制审计费用越高。其原因是，内部控制存在重大缺陷说明该上市公司的内部控制制度设计或者执行不到位，不能合理有效地保证财务报告的合理性和公允性，产生审计失败的可能性大，审计师只能通过扩大控制测试的范围以降低风险，所以相较于存在一般缺陷的上市公司收取的内部控制审计费用更多。此外，通过检验法律环境与内部控制审计费用的关系发现，法律制度健全的省份相比法律制度不健全的省份内部控制审计费用更高。法律环境好意味着该地区审计师审计失败遭到投资者集体诉讼的概率大，同时各部门的监管不仅严格而且限制条件多，因此事务所会收取更多的内部控制审计费用以弥补内部控制审计失败所产生的损失。最后，本节检验了违规和诉讼次数对内部控制审计费用的影响，研究发现，违规和诉讼的次数与内部控制审计费用正相关，其次数越多，内部控制审计费用越高。

研究启示：第一，审计师在一定程度上能够识别内部控制审计风险并通过调整审计费用来应对风险；第二，法律环境对提高审计师审计质量、完善公司内部控制有直接的影响作用。因此，完善法规、加大法规的执行力度可进一步提高审计失败成本，从而保障高质量的内部控制审计。

第六章　客户风险、内部控制审计和审计师变更

第一节　审计师变更的理论分析

一、契约理论

契约是随着人类社会中的交易行为产生的，19世纪30年代，科斯开启了契约理论的先河。在早期市场上契约关系较为简单，所有者作为委托人直接参与聘请审计师对公司业务进行鉴证。审计师（受托人）与所有者（委托人）原则上不存在利益关系，审计师独立于被审计单位，其关系如图6-1所示。

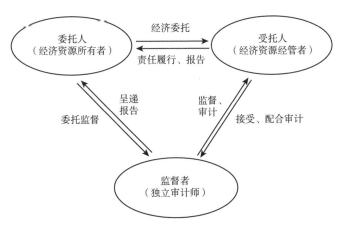

图6-1　早期契约关系下审计主体关系

股份制公司兴起后，所有者只掌握资本所有权，享有剩余索取权，并将资本经营权让渡给公司专业经理人员。管理者作为代理人代替所有者经营管理企业财产，并定期以会计报表的形式向所有者报告经营业绩。随着证券市

场的发展，小股东不断增多，而这些小股东很难参与上市公司的管理。被审计单位经营者与审计师之间的契约关系取代了企业所有者与审计师之间的契约关系，审计师的独立性降低，审计契约由经营者主导，这成为审计师发生变更的因素之一。

政府为保护中小投资者和其他利益相关者的利益成立了证监会，对上市公司和中介机构进行监督。此时经营者与审计师存在利益关系，为避免获得非标审计意见，一旦与审计师产生分歧，经营者可根据自己的需要重新聘请审计师；而对于有风险的公司，审计师为规避风险可主动辞职。新形势下的审计关系如图6-2所示。

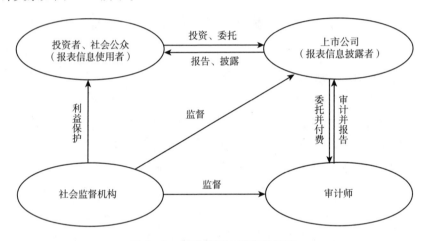

图6-2　新形势下审计契约关系

基于审计契约理论，上市公司与审计师之间的关系实质上是委托人和受托人之间的合作契约。当客户或审计师其中一方不愿意再履行契约时，审计师与被审计单位之间的契约关系就可能终止，从而发生审计师变更。

二、信号传递理论

在信息不对称理论前提下，信息不对称双方会拥有不同的行为特征。掌握信息充分的一方具有信息优势，从而会采取某些行动向处于信息劣势的一方发送相关信息的信号。企业股东及其利益相关者大多是通过企业管理层提供的信息了解企业的经营发展状况，从而进行决策。

审计师受聘于企业股东，通过对企业当期财务状况、经营成果、现金流量等状况进行调查并出具报告，来对管理层向企业股东及利益相关者传递的信号进行审查。审计师也对企业当前内部控制信息进行审查，以判断企业是否拥有良好的审计环境，对自身审计风险进行评估。拥有较高内部控制质量的公司更加倾向于向市场传递具有企业真实价值的信号（林斌、饶静，2009）。随着企业内部控制质量不断提升，其更加偏向于聘请具有良好声誉的会计师事务所来对其当前的财务状况、经营成果、现金流量等状况进行审查，以证明企业向股东及利益相关者传递的信息真实有效，树立企业在市场环境中的良好声誉。而对于内部控制质量较低的公司，因惧怕对企业不良信息的传递，会更倾向于选取一般或小型的会计师事务所对其进行审查（方红星、刘丹，2013）。对审计师而言，内部控制质量较低公司的审计师面临更大的不确定性和风险，增加了审计成本。对于拥有良好声誉、处于市场竞争优势地位的会计师事务所会主动规避此类现象的发生。从而导致当内部控制质量变化时，企业会出现审计师变更的行为。

三、保险理论

保险理论将审计的本质定义为分担风险，认为审计是将财务报表使用者的信息风险降低到社会可接受的风险水平之下的过程。

财务信息的非直接性、信息提供者的偏见与动机、信息量庞大及交易复杂等原因，使财务信息使用者可能得不到可靠的财务信息，即财务信息使用者要承担较高的信息风险。为了防止因虚假信息而引发重大损失，信息使用者通常愿意以自己的一部分收入作为聘请外部审计人员的费用，即"保险费用"。若因审计人员失职未察觉财务报表中的虚报情况，导致财务信息使用者产生损失，那么审计师将承担部分损失的赔偿，从而实现为财务信息使用者分担风险的目的。

在风险导向审计模型下，内部控制风险是影响审计风险高低的因素之一。根据风险传导效应，被审计单位的内部控制效率越低，内部控制存在的风险越高，审计师需扩大控制测试和实质性程序的范围，进而增加了审计成本。同时，内部控制风险使审计风险增加，审计风险决定诉讼风险。针对诉讼风险，作为理性人的审计师出于规避风险的动机，更倾向于出具非标准审计意见或主动辞聘，从而引起审计师变更（Shu S. Z.，2000）。

第二节　审计师变更的动因及影响

一、审计师变更的类型

（一）审计师解聘

审计师解聘是由上市公司为发起方的审计师变更。《公司法》规定，上市公司的股东大会具有聘用、解聘审计师的权力，当审计师的行为特征不符合上市公司自身利益时，股东大会可以向审计师提出解聘，从而导致上市公司与其聘用的审计师关系的终止。

上市公司通过解聘现任审计师可以延缓被审计出不佳的财务状况，从而达到盈余管理的目的。在变更年度前被出具了非标准审计意见的上市公司，通过次年变更审计师之后，其后任事务所出具的审计意见被改善的比率提高（李爽、吴溪，2004；吴联生、谭力，2005）。另外，审计意见的改善也与变更前后的会计师事务所的规模有关，当会计师事务所规模由大到小变化时，上市公司更容易获得较好的审计意见；而当会计师事务所规模由小到大变化时，上市公司获得保守审计意见的可能性将增大。因此，在后任会计师事务所的选择上，上市公司更倾向于选择规模较小的、出具不清洁审计意见比率较低的会计师事务所（马晨，2014；Mitra S.，2016）。

（二）审计师辞聘

审计师辞聘是审计师主动辞职的变更方式。当审计师出于对降低审计成本、审计风险或调整客户结构等因素的考虑，认为上市公司的行为特征不符合事务所自身利益时，可以向上市公司提出辞呈。而在我国上市公司审计师变更原因的披露中，极少披露审计师的辞聘行为。

（三）强制性审计师变更

强制性审计师变更是因不可控因素导致的审计师变更，包括会计师事务所合并重组、限期整改或事务所被撤销等原因导致审计师的变更；同时也可能是由于监管部门的干预导致，《关于证券期货审计业务签字注册会计师定期轮换的规定》规定，签字注册会计师连续为某一相关机构提供审计服务不得超过五年。这主要是由监管环境造成的，与上市公司不存在直接关系，但上市公司可以借此机会根据公司情况重新聘请更符合自身期望的审计师（Kuo L. C.，2016）。

二、审计师变更的动因

（一）公司解聘审计师的动因

1. 审计费用

从审计费用的角度看，审计师变更是上市公司与审计师彼此为寻求相对较低的交易成本，而能获得较高收益的一个博弈过程。埃特雷奇和格林伯格（Ettredge and Greenberg，1990）研究发现，后任审计师的初次审计收费要比前一任审计师的最后一次审计收费大约低25%。当公司认为其所支付的审计费用较高时，为了降低审计成本，公司会辞退现任审计师，并倾向于聘请规模较小的会计师事务所，而审计费用与审计师辞职并无显著相关关系（Ettredge M. L.，2007；Thevenot M. et al.，2009）。

2. 审计意见

当上市公司收到"非标"审计意见之后，管理层则有寻找与其意见一致的审计师的行为动机，来实现"清洁"意见的达成，这就导致了审计师变更行为的发生。

史密斯（Smith，1986）运用案例分析的方法，研究了1977～1982年被出具非标准无保留审计意见后，次年变更会计师事务所的公司共139家，发现前后任审计师对该类公司出具的审计意见类型存在不一致，甚至会出现非常大的反差。大多在进行审计师变更之后，成功消除了"非标"审计意见类型。我国学者针对我国市场对审计意见与审计师变更的关系也进行了深入研究，张学谦（2007）研究发现，公司收到的审计意见的"清洁性"与审计师变更行为发生之间存在着显著的正向相关关系，即"不清洁"的审计意见往往代表公司经营过程中出现了问题或与审计师在财务报表披露方面发生了意见分歧，此时公司往往会通过变更审计师的方法来寻求符合自己利益的审计师。随后，沈红波（2008）采用Logistic和Probit模型分别对我国上市公司2003～2006年审计师变更的影响因素进行了研究，发现"非标"审计意见是审计师变更的根本原因，公司前一年度收到"非标"审计意见之后，本年进行审计师变更的概率大大增加,并且非标准审计意见对审计师变更的作用随着时间的推移逐步减弱。

3. 控股股东或主要负责人发生变更

我国证监会发布的《上市公司章程指引》中明确规定,作为上市公司权力机构的股东大会,应该依法对公司解聘、聘用审计师做出决定。现实中,当公司治理结构完善时,股东大会或董事会能正常履行其权利,会对审计师变更做出决议;然而,当公司治理结构存在缺陷时,前述的审计关系会被扭曲为一种不正常的委托关系,即管理层委托审计师对自身进行审计评价。管理层有可能受利益驱动,根据自己的需要而更换审计师。

审计师变更是管理当局与审计师相互博弈的结果,不同的管理者倾向于选择"听自己话"的审计师。李弢和薛祖云(2005)研究发现,董事长发生变更的上市公司更容易解聘现任会计师事务所。所以,当公司的控股股东或主要负责人发生变更时,公司的审计师很可能被更换为与管理当局合作关系更为紧密的审计师。

4. 审计师级差

审计师级差是指不同审计师所提供的审计服务有所差异,上市公司会根据自身需要选择适合自己等级的事务所,从而导致审计师变更行为的发生。

王艳艳和廖义刚(2009)研究上市公司是否有大所变小所的机会主义动机,研究结果表明企业所有权安排是影响事务所变更动机的根本原因,变更方向为大所变更为小所且呈逐年递增的趋势,他们还研究发现控股股东的持股规模和会计师事务所由大变小的变更呈现倒"U"型不对称曲线,由此认为大所变小所的机会主义变更可以作为一种信号,提醒投资者关注内部人的动机。

由此可见,对于上市公司而言,不同时期的发展目标和所处的发展阶段不同,对审计师的需求也不同。在起步阶段,公司会专注于日常经营,为节省成本可能会选择小规模的事务所进行合作。但随着公司的发展壮大,基于对外部形象的需求大于对审计成本的考虑,此时上市公司便会寻找规模相对较大、声誉和影响力较大的会计师事务所进行审计,以此来证明自身实力,提升公司形象。

(二) 审计师辞职的动因

1. 潜在风险

审计师面临的风险包括审计风险和诉讼风险。一方面，如果公司刻意隐瞒公司缺陷或舞弊，就会增加审计师的审计难度，还有可能出具不恰当的审计意见，增加审计风险。另一方面，如果公司的风险损害到投资者的利益，则会导致审计师的诉讼概率增加（李留闯、李彬，2015）。当公司风险超过审计师自身承受能力时，为了规避风险，审计师会主动解除与公司的契约关系（DeFond M. L.，2012）。

2. 审计成本

审计成本是影响审计师辞职的又一因素。当公司存在风险时，审计师会通过进行更多的实质性程序以及扩大审计范围等来提高审计质量，这就会增加审计成本（Elder R.，2009）。如果上市公司提供的风险溢价未超过审计师期望的水平时，审计师会选择辞职以规避风险。

三、审计师变更的影响

(一) 对会计稳健性的影响

由于市场不完善及其弱有效性，投资者可能难以识别高质量会计信息，选择高水平审计师鉴证企业财务报告，有助于提高会计信息质量和财务报告的可靠性，降低信息不对称，并可向市场传递被审计企业会计信息具有可靠性的信号（Copley and Douthett，2002；Pittman and Fortin，2004）。目前国内外学者的研究大多认为审计师变更对会计稳健性具有一定的影响。迪丰德和苏布拉曼尼亚姆（Defond and Subramanyam，1998）研究了1990～1993年美国公司所有审计师变更的样本，发现更换审计师后的可操控应计项目金额比更换前大。研究还发现，变更审计师前一年的操纵性应计利润会导致利润减少，但这种情况在变更之后并不存在，而且这一现象主要出现在诉讼风险比较高的公司，说明高诉讼风险会使审计师选择相对稳健的会计方法。詹金斯和维乐瑞（Jenkins and Velury，2008）运用巴苏（Basu，1997）模型对审计任期与盈余稳健性进行了研究，发现审计任期与盈余稳健性存在正相关关系，说明审计师变更对盈余稳健性存在负面影响。我国学者张建勇（2014）研究发现，审计师变更与会计稳健性呈负相关关系，即审计师变更会导致上市公司的会计稳健性下降。不同的样本公司相关性差异较大，其中，非国有控股公司的会计稳健性与审计师变更关系更加显著，ST 公司中这两者关系并不显著，可见，审计师的变更需谨慎斟酌。耿慧敏（2016）以 2010～2014 年沪深A 股上市公司作为研究对象，考察会计师事务所变更对会计稳健性的影响，并区分不同变更类型进行研究，发现上市公司非强制性会计师事务所变更会降低财务会计信息稳健性，强制性会计师事务所变更会提高被审计单位的会计稳健性。

（二）对审计意见的影响

周（Chow，1982）等通过验证上市公司被出具非标准审计意见和上市公司变更会计师事务所之间的关系，并且在排除可能会影响变更会计师事务所的其他因素情况下，证明在上市公司收到非标准审计意见后更倾向于变更会计师事务所，但也发现这些上市公司变更会计师事务所时并未选择出具非标准审计意见频率低的会计师事务所。另外，那些收到非标准审计意见而没有更换会计师事务所的上市公司比更换会计师事务所的上市公司在下一年收到标准审计意见的概率更高。克瑞斯南（Krishnan，1996）等研究发现，之前的研究关注的主要是审计意见与变更会计师事务所的单向因果关系，即审计意见引起会计师事务所的变更，但是反向因果关系的模型分析则认为，那些可能变更会计师事务所的上市公司，其会计师事务所出具保留意见的概率相对较小。他们通过进一步验证"反向因果关系"假设后发现，对于变更会计师事务所的上市公司，会计师事务所更加可能出具"保留意见"。雷诺克斯（Lennox，2000）认为，会计师变更前后的审计意见不具有可比性，如果上市公司不变更审计师，得到的审计意见可能更加"不友好"。因此，他通过设计一个审计报告的模型来验证不可观察的结果，即估计上市公司如果做出与实际决策相反的变更审计师决策可能会收到的审计意见，并且将审计意见购买变量加入变更会计师的影响因素模型中，以检验该变量对审计师变更产生的影响。

杜兴强和郭剑花（2011）研究发现，在 2002 年中国注册会计师协会（以下简称中注协）颁布监管措施之后，上市公司仍存在购买审计意见的动机。唐跃军（2009）指出，变更会计师事务所更为显著地增加了审计意见改善的可能性。张晓岚和杨春隆通过有序多项 Logistic 模型研究发现，上市公司可以成功购买审计意见。兰凤云（2014）等通过对 2011 年上市公司中发生会计师事务所变更的 129 家公司进行统计分析得出，由于财务困境变更会计师事务所的上市公司的比例明显高于非财务困境而变更会计师事务所的上市公司的比例，而且在变更后这些公司的审计意见普遍得到改善，同时这些上市公司多数转亏为盈。这说明上市公司通常会利用变更会计师事务所来取得更好的审计意见。伍利娜（2013）以企业集团作为一个整体进行研究，发现审计师对集团内任何一家上市公司出具非标准审计意见，可能导致集团内多家上市公司变更该事务所的审计业务；企业集团通过变更事务所能够实现审计意见改善。

通过对文献的分析我们发现，更换会计师事务所与提供无保留意见审计报告之间具有一定的相关性，且大部分研究表明变更审计师后，公司的审计意见得到一定程度的改善。

（三）对审计费用的影响

许多学者研究表明，上市公司可能会通过审计师变更来降低其支付给事务所的报酬，以寻求最低的交易成本。西蒙和弗朗西斯（Simon D T and Jere R. Francis，1988）通过对样本公司前后任审计师审计收费水平的比较，发现上市公司变更审计师后的第一个年度，后任审计师的审计收费平均下降了约 24%。埃特雷奇等（Ettredge et al.，2007）以 2004 年的 428 家发生审计师解聘的上市公司为研究样本，研究 SOX 法案实施以来审计费用与审计师解聘之间的关系，研究结果表明 2003 年年报审计费用相对较高的公司倾向于解雇其审计师，并且由"四大"会计师事务所审计的客户倾向于变更至非"四大"会计师事务所。美国注册会计师协会也曾明确指出，审计师在竞争过程中可能会存在"低价揽客"的行为，即后任审计师通常会在承接业务初期降低审计收费来争取客户，并且期望能在以后年度的审计中得到补偿，这种低价揽客的行为将会对审计师的独立性造成非常不利的影响，降低审计质量。

我国学者周福源（2012）研究发现，在审计师变更过程中新任审计师大多实施了低价揽客策略。但同时，还发现了一种特例，即在由大规模事务所任职的审计师变更为小规模事务所任职的审计师的情况中，新任的在小规模事务所任职的审计师不仅没有像正常竞聘那样降低审计收费，反而获取了更高的审计收费，这表明将大规模事务所审计师变更为小规模事务所审计师的情况更有可能是企业管理当局实施审计意见购买行为的结果。

第三节 我国内部控制强制实施前后上市公司
审计师变更情况

　　近年来，我国上市公司变更会计师事务所的现象时有发生，而上报的变更原因却不明确，使利益相关者无法了解公司变更事务所的真实意图。因此，中注协一直把年报审计中上市公司炒事务所"鱿鱼"，事务所不讲原则"接下家"的行为作为行业监管的重点。审计师变更已引起了监管机构、利益相关者和社会公众等的高度重视。

　　当法律监管不严、审计市场过度竞争或者管理层受到某种利益驱动时，管理当局很可能会滥用权力，通过更换审计师来实现其审计意见购买或者掩盖虚假财务信息的目的，从而导致一系列不良后果的产生。

　　2012 年《企业内部控制配套指引》颁布，强制要求主板上市公司实施内部控制自我评价及内部控制审计，旨在有效规避公司内部控制流程中的不规范操作，提升企业财务报告信息的质量，控制公司风险。那么企业内部控制相关制度的实施是否切实有效提高了内部控制质量，企业审计师变更与内部控制实施是否存在关联呢？下面将对我国 A 股上市公司 2011 ～ 2016 年审计师变更、内部控制审计师变更及变更原因进行统计分析，以探究企业强制实施内部控制前后审计师变更的情况。

一、我国上市公司审计师变更的信息披露制度

　　1993 年由证监会发布的《公开发行股票公司信息披露实施细则（试行）》规定，如果上市公司更换会计师事务所，应当编制重大事件公告书向社会披露，此系首次对审计师变更情况的披露做出要求。1996 年《中国证券监督管理委员会关于上市公司聘用、更换会计师事务所（审计事务所）有关问题的通知》要求公司解聘或者不再续聘会计师事务所由股东大会做出决定，并在有关的报刊上予以披露，必要时说明更换原因，并报中国证监会和中国注册会计师协会备案。1999 年底我国完成了会计师事务所脱钩改制，进一步规范了审计市场，上市公司的会计师事务所发生了较大规模的变更。

2002 年中注协发布了一系列针对审计师变更的监管措施。2002 年 4 月 15 日，中注协发布《中国注册会计师协会关于进一步做好 2001 年度上市公司年报审计工作的紧急通知》，要求在 2001 年度会计报表审计中被上市公司更换的会计师事务所，于 4 月底前将被更换的情况以书面形式报告给中国注册会计师协会。2002 年 6 月 25 日中注协发布《中国注册会计师职业道德规范指导意见》，要求在接受审计业务委托前，后任注册会计师应当向前任注册会计师询问审计客户变更会计师事务所的原因，并关注前任注册会计师与审计客户之间在重大会计、审计等问题上可能存在的意见分歧。2002 年 7 月 19 日，中注协发布《中国注册会计师协会关于做好 2002 年上市公司半年度会计报表审计工作的通知》，要求在上市公司更换会计师事务所的情况下，继任会计师事务所应严格按照《中国证券监督管理委员会关于上市公司聘用、更换会计师事务所（审计事务所）有关问题的通知》和《中国注册会计师职业道德规范指导意见》的有关规定承接业务，并向前任会计师事务所和上市公司了解更换会计师事务所的原因。2002 年 9 月中旬，中注协拟订并印发了《独立审计具体准则第 28 号——前后任注册会计师的沟通（征求意见稿）》。该准则项目是针对审计师变更问题而起草的，目的是规范审计师变更过程中前后任注册会计师之间的沟通，提高后任注册会计师的审计风险意识和审计质量，改善行业竞争秩序。可见，中注协对审计师变更监管做出了重要举措。

此后，2003 年证监会颁布《关于证券期货审计业务签字注册会计师定期轮换的规定》，要求签字注册会计师连续为某一相关机构提供审计服务不得超过五年，以维护审计工作的独立性，提高审计财务资料的质量。

二、我国上市公司审计师变更情况统计

（一）审计师变更情况分析

1. 数据来源

本节所涉及的上市公司 2011～2016 年的审计师变更相关数据主要来源于 CSMAR、Wind 及 DIB 数据库，部分数据以上市公司年报披露情况进行补充。

2. 会计师事务所信息披露总体情况

以上一系列对我国上市公司审计师变更信息披露要求和措施的相继出台，

逐步规范了审计市场，体现了监管部门和社会公众对审计师变更这一信号认识的加深和重视。图 6 – 3 为 2011 ~ 2016 年我国 A 股上市公司对会计师事务所信息披露的情况。

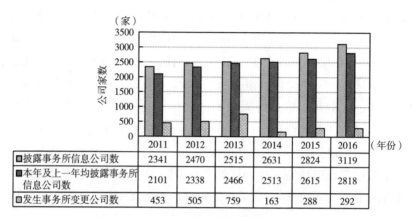

	2011	2012	2013	2014	2015	2016	(年份)
▪披露事务所信息公司数	2341	2470	2515	2631	2824	3119	
▪本年及上一年均披露事务所信息公司数	2101	2338	2466	2513	2615	2818	
▫发生事务所变更公司数	453	505	759	163	288	292	

图 6 – 3　会计师事务所信息披露情况

图 6 – 3 显示，我国披露会计师事务所信息的 A 股上市公司数量逐年增加，这说明随着对会计师事务所相关信息的披露制度逐步完善，公司对会计师事务所的披露情况也逐渐规范。而其中所披露的发生事务所变更的公司数量却呈现较大的波动状态。为分析其原因，后文首先分板块观察上市公司会计师事务所变更情况。

3. 各板块上市公司会计师事务所变更情况

以发生审计师变更的公司为对象，表 6 – 1 分别统计了我国 A 股上市公司中深证 A 股、上证 A 股、中小板及创业板的审计师变更情况（括号内为其对应的公司总数）。

表 6 – 1　　　　　　　审计师变更情况　　　　　　单位：家

年份	深证 A 股	上证 A 股	中小板	创业板	总计
2011	111 （472）	187 （888）	119 （552）	36 （187）	453 （2101）
2012	116 （472）	190 （922）	134 （653）	65 （293）	505 （2338）
2013	145 （467）	252 （943）	186 （701）	176 （355）	759 （2466）
2014	35 （467）	74 （950）	32 （718）	22 （379）	163 （2513）
2015	64 （466）	122 （1001）	62 （740）	40 （418）	288 （2615）
2016	68 （465）	107 （1074）	73 （782）	44 （497）	292 （2818）

为避免公司数量增加带来的影响，图 6 – 4 表示了审计师变更的比例。

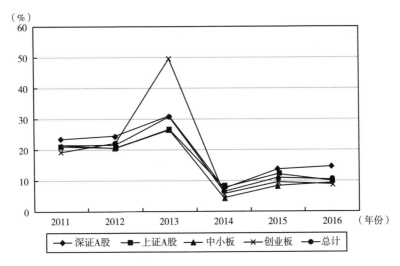

图 6 – 4　审计师变更比例

由图 6 – 4 可看出，各板块的上市公司审计师变更在 2011～2013 年呈现上升趋势，并且深证 A 股及创业板公司上升幅度较大。2014 年出现下降情况，2015 年再一次上升。每个板块的变动情况仍然呈现出较大的波动状态。可见，波动性并非由于个别板块的影响而是总体趋势。

由于审计师发生变更的原因较为复杂，其中包含由于会计师事务所合并、分立、改名等发生的变更，而众多学者认为这并非实质性的审计师变更（常京萍、侯晓红，2014；方红星、刘丹，2013）。图 6 – 4 表现出的波动性在一定程度上可能受到这种因素的影响。因此，下面将进一步对实质性审计师变更情况进行统计分析。

4. 实质性变更情况统计分析

会计师事务所发生合并、分立、改名并不属于实质性变更，原因是为公司提供审计服务的仍为原来的审计团队，当其所在的事务所合并、分立和改名时对该审计师审计的稳健性影响并不明显。图 6 – 5、图 6 – 6 分别为除去事务所合并、分立及改名情况下的审计师变更数量和变更比例。

由图 6 – 6 看出，2011～2016 年 A 股上市公司审计师变更比例具有一定的波动性，其中最高的 2011 年为 10.7%，最低的 2013 年为 5.6%。图 6 – 4 中深证 A 股及创业板公司审计师变更上升幅度较大的情况在此处得以消除，说明在图 6 – 4 中其变化受事务所合并、分立、改名影响较大。《企业内部控

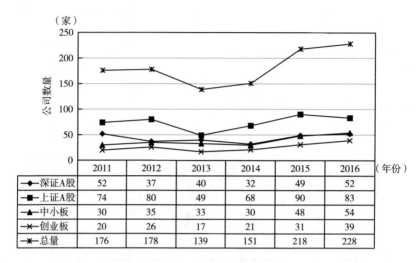

（家）	2011	2012	2013	2014	2015	2016
深证A股	52	37	40	32	49	52
上证A股	74	80	49	68	90	83
中小板	30	35	33	30	48	54
创业板	20	26	17	21	31	39
总量	176	178	139	151	218	228

图 6－5　实质性审计师变更情况

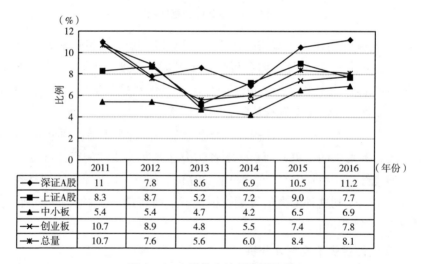

（%）	2011	2012	2013	2014	2015	2016
深证A股	11	7.8	8.6	6.9	10.5	11.2
上证A股	8.3	8.7	5.2	7.2	9.0	7.7
中小板	5.4	5.4	4.7	4.2	6.5	6.9
创业板	10.7	8.9	4.8	5.5	7.4	7.8
总量	10.7	7.6	5.6	6.0	8.4	8.1

图 6－6　实质性审计师变更比例

制配套指引》要求自 2012 年 1 月 1 日起所有主板上市公司需强制披露内部控制评价报告和内部控制审计报告，图 6－6 中统计数据显示，2012 年深证 A股审计师变更比例由 11% 降低到 7.8%，上证 A 股在 2012 年变化不明显，而到 2013 年其审计师变更比例由 8.7% 降低到 5.2%，然而，在随后的年度里，变更比例又有所回升。总体而言，上市公司审计师变更比例显现出不稳定性。

5. 披露内部控制缺陷公司审计师变更情况

内部控制缺陷是衡量公司内部控制质量的负向维度，上市公司的内部控制质量越低，变更审计师的可能性越大（方红星，2013），而企业内部控制的完善能够有效降低公司风险（McNulty，2011；Soltani，2014），从而降低审计师面临的风险，减少审计师变更比例。图 6 – 7 为沪深 A 股上市公司中披露内部控制缺陷公司审计师变更的情况统计。

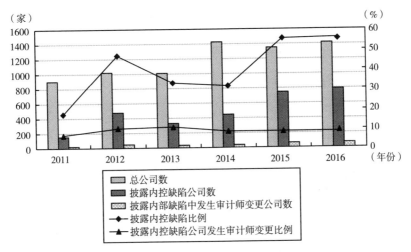

图 6 – 7　沪深 A 股上市公司中披露内部控制缺陷公司审计师变更情况

由于2012 年《企业内部控制配套指引》的实施，披露内部控制缺陷的公司比例显著提高，随着内部控制制度的完善和对内部控制监管要求的提高，企业内部控制也不断加强，内部控制缺陷披露的比例逐渐下降。为进一步提高上市公司内部控制评价信息披露质量，2014 年证监会联合财政部针对强制要求披露内部控制评价报告以来，上市公司内部控制评价报告内容与格式不统一，内部控制缺陷认定和分类标准制定不恰当、披露不充分，缺陷认定主观性强、随意性大，评价结论不客观等问题，发布了《公开发行证券的公司信息披露编报规则第 21 号——年度内部控制评价报告的一般规定》。所以，2015 年披露内部控制缺陷公司的比例又一次提高。

内部控制缺陷反映公司风险，当公司存在风险时，审计师会为规避风险而要求风险溢价，提高审计费用或出具非标准审计意见，如果公司无法接受则可能更换审计师，当公司风险较大超过审计师可接受水平时审计师可能会辞职，即公司风险会导致审计师发生变更。图 6 – 7 中 2012 年披露内部控制缺陷的公司比例明显增加，市场可感知到的公司风险加大，审计师变更比例也有所提高，而随后在披露内部控制缺陷的公司中审计师变更比例则逐渐下降并趋于平稳。由此可见，随着我国内部控制制度的不断完善，企业内部控制实施也逐渐规范，对公司风险控制起到了有利作用。但财政部及证监会编报的《我国上市公司 2015 年执行企业内部控制规范体系情况分析报告》中指出，某些上市公司审计委员会和内部审计机构对内部控制监督无效，披露存在重大缺陷和重要缺陷的上市公司中，只有 52.81% 的上市公司能够全部整改完毕等诸多问题。可见，我国上市公司内部控制的实施还有待进一步完善，以充分发挥其对风险的控制作用。

（二）审计师变更原因

审计师发生变更的原因涉及多个方面。国外的研究主要把审计师变更分为辞职和解聘，并且认为审计师辞职主要是由公司风险导致，即审计师为规避风险而主动辞职；而解聘主要是由审计费用和非标准审计意见导致，即公司为降低审计费用和获取"清洁"审计意见而解聘现任审计师，重新聘请较为"听话"的审计师（Thevenot M.，2010）。

由于目前我国缺乏对审计师变更原因披露的标准化制度及监管力度，尚无法区分审计师的辞职和解聘，以至于对上市公司审计师变更原因的界定较为模糊，并且部分企业可能并未披露其变更审计师的真实原因，从而无法向市场传递真实信息。根据我国上市公司发生审计师变更向中注协报备的变更原因的相关描述，图 6-8 将审计师变更原因按前任服务期较长，前任聘期满（包括强制轮换），企业重组及控制人变动，管理层、股东指派或公司发展需要，项目负责人加入后任或转出，把变更归咎于事务所，公司与事务所存在分歧及其他原因进行分类。其中，把变更归咎于事务所包括公司预计事务所无法按期完成工作、事务所人员配置不合理、事务所经验不足、事务所受到处罚等，公司与事务所的分歧主要是对审计费用、审计时间、业务处理等方面无法达成一致，其他原因中主要包括对地域考虑等因素。审计师变更原因描述如图 6-8 和图 6-9 所示。

总体看来，在向中注协报备的变更原因中，审计师期满更换所占比重为31%，对于这种情况，虽然是强制性的变更，但是企业在聘请下一任审计师时也会根据其实际情况聘用更为"合适"的审计师（Kuo L. C.，2016）；前任服务期较长占比为16%，这部分公司在其报备的变更原因中只是简单地描

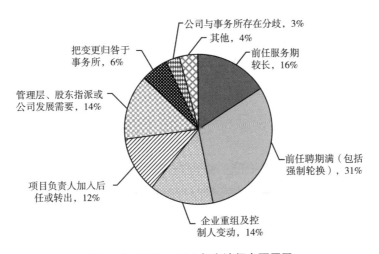

	前任服务期较长	前任聘期满（包括强制轮换）	企业重组及控制人变动	管理层、股东指派或公司发展需要	项目负责人加入后任或转出	把变更归咎于事务所	公司与事务所存在分歧	其他
□2011年	19	47	17	31	29	11	2	20
■2012年	18	58	18	18	40	12	8	6
□2013年	17	48	18	10	22	17	5	2
▨2014年	11	63	28	34	5	5	3	2
□2015年	37	59	47	28	29	6	11	2
▦2016年	73	62	24	30	7	14	4	14

图 6-8　审计师变更原因

图 6-9　2011~2016 年审计师变更原因

述为前任服务期较长，对于这部分公司，除了要提高审计独立性的公司以外，部分公司可能隐瞒了其变更的真实原因，利益相关者应进行特别关注；项目负责人加入后任或转出占 12%，"客随师走"的现象从侧面反映出公司与主审人员关系较为紧密，对公司而言，这可以降低审计成本，便于沟通，但审计独立性较差，审计质量较低；把变更归咎于事务所的占 6%，对此，事务所应重视上市公司年报审计风险的监控与防范，杜绝与公司"合谋"，考虑自身的独立性和资源配置现状，避免超越自身能力承接业务；公司与审计师存在分歧所占比例虽较小（3%），但直接体现出公司风险使公司和审计师在博弈中无法获得均衡而导致关系的解除，对于这些公司，利益相关者应关注公司是否存在较大风险，是否具有购买审计意见的意图，监管部门也应重点关注，及时避免风险造成的不利影响。

（三）内部控制审计师变更与财务报告审计师变更

《企业内部控制审计指引》总则第五条规定，注册会计师既可以单独进行内部控制审计，也可将内部控制审计与财务报表审计整合进行。对于整合审计的公司，审计师应同时实现二者的目标，即获取充分、适当的证据，支持其在内部控制审计中对内部控制有效性发表的意见，同时支持其在财务报表审计中对控制风险的评估结果。由于财务报表审计和内部控制审计具有诸多共性特征，为节约审计成本、避免重复取证、互相印证等，自强制实施内部控制审计后，我国大部分公司采用了整合审计的方式。

图 6-10 统计了自强制要求实施内部控制审计以来内部控制审计师变更的情况。统计结果显示 2012~2016 年我国 A 股上市公司中发生内部控制审计师变更的公司共 420 家，且大多数是跟随财务报告审计师的变更而发生变更，即实施整合审计的公司中发生的审计师变更，仅有 27 家公司只发生了内部控制审计师变更。

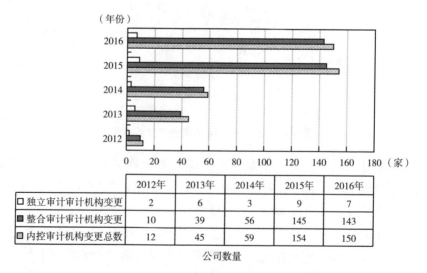

	2012年	2013年	2014年	2015年	2016年
□ 独立审计审计机构变更	2	6	3	9	7
■ 整合审计审计机构变更	10	39	56	145	143
▨ 内控审计机构变更总数	12	45	59	154	150

公司数量

图 6-10　独立审计与整合审计审计机构变更

　　通过以上对审计师变更数据的统计分析，发现 2011～2016 年我国审计师变更比例波动较大，剔除由事务所合并、分立、改名等造成的非实质性变更后，发现审计师变更比例仍呈现小幅波动性。而在披露了内部控制缺陷的公司中，审计师变更随公司风险的加大而增加，随着我国内部控制制度的不断完善和监管力度的加大，审计师变更比例逐渐下降并趋于平稳。可见，我国强制实施企业内部控制对公司风险的控制已初见成效。但针对目前存在的内部控制缺陷整改不力等问题仍需进一步改进以充分发挥内部控制对企业风险的控制作用。

　　从审计师变更的原因来看，我国对上市公司审计师变更原因的披露要求尚不规范，导致公司对审计师变更原因的披露较为多样，甚至含糊不清，影响了股东、投资人等利益相关者对企业的价值判断和决策，无法对审计师变更的辞职和解聘做出明确的分类，也对学术研究造成一定的影响。所以监管部门应进一步完善企业内部控制的相关规定，加强对企业内部控制实施的监管，降低企业风险，增强财务信息可靠性。此外，监管部门还应规范企业对审计师变更原因的披露，加强对不实披露的处罚，以增强企业信息披露的有效性，为利益相关者提供决策有用的信息。

第四节　内部控制与审计师变更的关系

一、内部控制信息披露程度对审计师变更的影响

　　信息不对称理论认为，投资者与经营者之间存在着信息不对称的现象。当一家企业能够自愿对经过事务所审计的财务信息进行披露时，投资者对信息加以利用，从而可有效解决投资者与经营者之间信息不对称的问题。自愿性信息披露是上市公司基于公司形象、投资者关系、回避诉讼风险等动机主动披露的信息，它是上市公司突出自己具有某方面优势的一种方法。具有高质量水平内部控制的公司管理层希望将公司高质量内部控制的信号传递给企业的股东及其利益相关者，让其接受高质量的内部控制信息，从而让其认为该公司的内部控制体系较为健全、内部控制有效。上市公司的内部控制质量越高，其所披露的内部控制信息将会越详细，而当公司内部控制质量较低时，公司则不愿意披露完整的、详细的内部控制信息。因此，企业内部控制信息

披露程度可以反映企业内部控制质量的水平。

审计师变更的原因是审计师提出的审计意见、审计收费无法和上市公司管理层的期望相互统一，还有可能是审计师所面临的审计风险和其所获得的审计回报两者之间存在极大的差异，从而导致两者之间的审计业务委托关系破裂，致使审计师变更行为发生。内部控制所披露的信息数量和质量都会在审计师对整体审计环境进行判断时产生影响，从而直接影响审计师对审计收费、审计风险等诸多因素的满意程度，与此同时也会影响企业股东及利益相关者对审计师出具审计报告真实性的信任，影响会计师事务所在行业中的声誉和口碑。审计师利用被审计单位披露的有效内部控制信息，可以大大减少审计工作耗费的成本，从而使审计师提高审计工作的效率，促使审计师与企业之间保持持续审计业务的委托关系。如果被审计单位信息披露程度不高，则会增加审计师成本和风险，从而致使审计师提交辞呈，解除与被审计公司之间的审计业务委托关系。

二、内部控制效率对审计师变更的影响

有效地执行内部控制，以企业的战略管理为导向开展内部控制工作，能够有力地提升企业在行业中的竞争力，改善企业的绩效，增加企业的价值，从而保障企业实现稳步盈利、逐年增长的盈利目标。

内部控制效率是对企业内部控制质量进行衡量的重要指标之一。当企业内部控制效率较高时，能够有效保障企业具有较高会计信息质量，从而更有益于企业规避日常经营过程中的风险，让企业起初所预设的目标得以充分实现。反之，拥有较低内部控制效率的公司，企业管理层会为了自身利益而掩盖内部控制效率偏低的事实，通过降低内部控制信息披露的真实性和准确性的方式，传递不真实的内部控制信息，从而加大企业的经营风险和财务风险。审计师为了规避审计风险和诉讼风险，会主动解除审计业务委托关系，致使审计师变更事项的发生。因此，内部控制效率的高低是决定审计师自主选择是否被上市公司继续续聘的重要影响因素之一。

如果企业内部控制效率较高，股东及其利益相关者会选择维持当前内外部监督管理现状而不更换审计师，以免增加不必要的成本。对审计师一方而言，由于其面临的审计风险较低，审计师也会主动保持与企业之间稳定的审计业务委托关系。但是，基于审计意见购买动机层面，如果企业内部控制效

率偏低，公司无法完成内部控制的目标，在审计师并没有发生主动解除审计业务委托关系的前提下，管理层与外部审计师之间所处的利益和风险将会出现明显差别，双方利益不统一，最终会导致审计师变更事项的发生。因此，拥有较高内部控制效率的企业出现审计师变更的可能性较小，而对于内部控制效率较低的企业来说，更容易发生审计师变更行为。

三、内部控制缺陷对审计师变更的影响

内部控制缺陷会提高财务报表出现差错的风险。存在缺陷的内部控制制度将不能够有效保证内部控制工作实施期间内部控制的效率、内部控制信息披露的程度、内部控制部门定期提交内部控制监督报告等工作的顺利开展。企业内部控制缺陷可作为评价内部控制质量水平高低的标准之一。

对企业而言，当企业内部控制存在缺陷，并且由于此原因已经开始导致企业日常经营管理工作的效率明显低下、公司营业额下滑等现象时，公司股东及其利益相关者就会注意到公司存在严重的内部控制问题。由于股东及其利益相关者处于信息不对称的劣势方，为了保证自身利益不再继续受到侵害，公司股东及其利益相关者会为了保护自身利益而采用外部审计方式，或者用提高外部审计质量的方式来增加对企业的监管力度。另外，如果当前公司存在内部控制缺陷问题，管理者依旧希望通过向信息掌握的劣势方传递有利的信息，以增加企业股东及其利益相关者对管理者的信任，这就会导致管理者与审计师合谋的现象出现，致使股东及其利益相关者的利益受到严重损害。为了避免和纠正上述现象的发生，企业股东通常会采取更换现任审计师的方式来提高其对公司的掌控力度，从而导致审计师变更事项的发生。

对审计师而言，当企业内部控制存在重大缺陷时，该公司的内部控制就应当被认定为无效。这种现状的存在意味着审计师在对被审计企业开展审计业务工作时将要面临较高的经营和财务风险，进而将加大审计师所面临的风险。审计师可能在考虑增加成本而得不到企业补偿的情况下选择解除与被审计企业之间的审计业务委托关系，从而导致审计师变更行为的发生。

所以，当企业内部控制存在缺陷时，企业利益相关者会利用外部审计的方式加强对企业的监管，或者是更换现任审计师来避免和纠正管理者与审计师之间的合谋行为。面对无效内部控制，或内部控制风险较高的企业，审计师在没有得到有效补偿的前提下会主动辞聘。

第五节　上市公司风险对审计师变更影响的实证研究

本节以 2012～2016 年沪深 A 股主板上市公司为样本，基于内部控制缺陷披露的视角，研究上市公司风险对审计师变更的影响。研究发现：内部控制缺陷披露与审计师变更无显著相关性，而公司存在内部控制缺陷与审计师变更显著正相关；在未披露内部控制缺陷的公司中，审计费用与审计师变更正相关且更倾向于同级变更，公司会在保证审计质量的前提下谋求更低的审计费用；无论是否披露内部控制缺陷，收到非标准审计意见的公司更可能发生审计师变更且更倾向于向上变更，选聘更具有声誉的审计师，重建投资者信心。研究结论表明，我国审计师风险管理是一个随公司风险而动态调整的过程。

一、研究背景

内部控制信息披露不仅是上市公司向外界传递公司内部控制信息的重要途径，还是审计师进行风险评估与决策的重要依据，同时也是监管当局对上市公司进行有效监管的重要手段，因此对上市公司、审计师和监管当局都具有重要意义。我国五部委相继发布了《企业内部控制基本规范》《企业内部控制配套指引》[①] 以加强我国企业内部控制的实施和监管。内部控制信息披露中的内部控制缺陷是评价内部控制有效性的负向维度，体现上市公司内部控制风险。

内部控制风险会给审计师带来审计风险和诉讼风险。一方面，如果公司刻意隐瞒内部控制缺陷，就会增加审计师的审计难度，还有可能出具不恰当的审计意见，增加审计风险。另一方面，如果公司的内部控制风险损害到投资者的利益，则导致审计师的诉讼概率增加。通常情况下，审计师应对风险

---

　　① 《企业内部控制基本规范》，要求从 2009 年 7 月 1 日起，所有上市公司应对公司内部控制有效性进行自我评价，并可聘请具有证券、期货业务资格的会计师事务所对内部控制的有效性进行审计。《企业内部控制配套指引》，自 2012 年 1 月 1 日起在所有主板上市公司施行，要求企业必须对本企业内部控制的有效性进行自我评价，披露年度自我评价报告，同时聘请具有证券、期货业务资格的会计师事务所对内部控制的有效性进行审计，出具审计报告。

时会采取三种策略：（1）接受风险但要求风险溢价，即提高审计收费；（2）出具非标准审计意见，降低风险；（3）解除审计关系，规避风险（De-Fond M. L.，2012）。审计师的策略选择有赖于其对风险和自身承受能力的评估（李留闯、李彬，2015）以及其对缺陷风险的可接受程度。鉴于客户与审计师的关系，当双方都无法接受自己在博弈中所占的地位时，才会发生审计关系的解除。而审计师对三种策略的实施也是相辅相成的。对于存在内部控制重大缺陷的公司，审计师会为了规避风险而辞职；当审计师对有内部控制缺陷的公司提高审计费用和出具否定内部控制审计意见时，公司会选择解聘现任审计师（Thevenot M. et al.，2009）。

　　我国自实施《企业内部控制基本规范》《企业内部控制配套指引》后，企业内部控制缺陷的披露进一步规范，上市公司的内部控制缺陷披露所显现出来的内部控制风险与审计师变更是否存在相关性？当审计师应对风险时进行审计费用和审计意见调整是否会因违背公司期望而发生变更？内部控制缺陷披露、审计费用和审计意见调整对审计师变更方向的影响呈现怎样的趋势？

　　为探究上述问题，以 2012 ~ 2016 年沪深 A 股主板上市公司为研究样本，对内部控制缺陷披露与审计师变更的关系进行实证检验。在此基础上，区分披露缺陷和未披露缺陷的公司，分析在不同风险程度下，审计师会如何通过调整审计费用和审计意见来应对风险而导致变更，并探究其变更的方向。实证结果发现，内部控制缺陷披露与审计师变更不存在显著相关关系，但进一步研究发现公司存在内部控制缺陷与审计师变更正相关，说明公司风险影响审计师变更，而部分公司存在缺陷却未披露。以披露缺陷和未披露缺陷分组检验结果表明，在未披露缺陷的公司中，审计费用与审计师变更正相关且倾向于同级变更，非标准审计意见在披露和未披露缺陷的公司中均与审计师变更正相关且倾向于向上变更。

　　研究的贡献表现在：第一，对内部控制缺陷是否披露和是否存在加以区分，从风险角度研究其与审计师变更的关系，拓展了内部控制缺陷信息透明度的研究。第二，以披露和未披露内部控制缺陷衡量外界对公司风险的感知，研究在不同的风险感知度下，审计师会通过何种途径规避自身风险，而当公司不能接受现任审计师的策略时又会如何进行变更。第三，细分了审计师变更的方向，发现公司为降低审计费用改聘审计师时并非直接选择更小的事务所而是在保证审计质量的前提下选择同级事务所。此外，在收到非标准审计意见时更多的公司不会为购买审计意见而去选择低质量事务所，而更趋向于

向上变更以提高公司声誉，这进一步丰富了以往的研究结论。研究深入剖析了公司面临风险时审计师变更的内在机制，为规范审计市场、审计师风险管理以及加强公司风险信息透明度提供了经验证据。

二、文献回顾与假设提出

（一）内部控制缺陷披露与审计师变更

松散的或不合适的内部控制会使组织处于风险之中（McNulty，2011；Soltani，2014），如果企业存在内部控制缺陷，则意味着公司存在一定的控制风险，这增加了公司进行盈余管理的可能性，进而使审计师面临诉讼风险（Jiang W. and Myungsoo Son，2014）。审计师为了规避风险会实施风险管理策略，增加审计程序从而导致审计收费增加，出具非标准内部控制审计意见或者辞职。当公司内部控制质量越低时，变更审计师的可能性越大（方红星、刘丹，2013；Chi and Sun，2014；Rice and Weber，2012；Wang and Huang，2013）。但是公司并不会因为审计师披露了其内部控制问题而辞退他们，因为当公司变更审计师后，后任审计师为规避风险仍会披露这些问题，且审计师会因公司有内部控制重大缺陷而选择辞职；当审计师对有内部控制缺陷的公司提高审计费用和出具否定内部控制审计意见时，公司会选择解聘现任审计师（Thevenot M. et al.，2009），重新聘请谨慎性较低的审计师，以此来降低审计费用和获取清洁的审计意见。盖地（2013）将内部控制缺陷划分为一般缺陷和特定缺陷，认为特定缺陷相对于一般缺陷与内部控制风险更相关。后文将按缺陷程度将内部控制缺陷划分为重大缺陷、重要缺陷和一般缺陷，缺陷程度衡量了企业内部控制风险的高低，缺陷越严重则企业内部控制风险越大，审计师面临更高的风险，越可能发生变更。由此，提出以下假设。

H1：内部控制缺陷披露与审计师变更正相关。

H1a：内部控制缺陷程度与审计师变更正相关。

H1b：内部控制缺陷数量与审计师变更正相关。

内部控制是防止公司财务报告重大错报的第一道"防线"，而审计师则是另一道基于投资者保护的减少错报的"防线"。为了有效地分配资源，审计师基于风险导向审计准则，将更多资源分配到可能存在重大错报风险的领域。因此，如果审计师将更高的成本转嫁给客户，那么审计收费会随着内部风险增加而提高。但是审计测试不能发现所有可能的错报，因此审计师有必

要进行风险定价，对审计业务风险较高的公司提高费用，以此补偿增加的诉讼保险费用，并建立足够的资金储备（Hoitash R.，2008）。根据"深口袋"理论①，审计师所面临的诉讼风险增加时，其会实施风险管理策略以规避风险。埃尔德等（Elder R et al.，2009）进一步研究了审计师风险管理策略，发现如果公司控制风险较低，审计师会通过进行更多的实质性程序以及扩大审计范围等更为谨慎的处理来提高审计质量，这会增加审计成本，从而提高审计收费。另外，公司也可能会通过提高审计费用来购买审计意见。如果公司内部控制风险处于中间水平，增加审计程序后还是不能够降低风险至可接受水平，审计师为规避风险可能会给出较为保守的审计意见。如果公司内部控制风险较高时，审计师可能会选择辞职。并且随着公司内部控制风险的增加，审计师应对风险的反映是呈现一定顺序的，表现为：（1）调整费用；（2）修改审计意见；（3）辞职。此外，存在内部控制缺陷的公司更有可能编制虚假财务报告（刘立国，2003），为了提高审计质量并降低诉讼风险，对有内部控制缺陷的公司，审计师更可能出具非标准审计意见（尚兆燕、扈唤，2016）。但对公司而言，当审计师调整了审计费用或出具非标准审计意见时，公司会为降低审计费用和获取"清洁"的审计意见而重新选聘审计质量较低或更为顺从的事务所（Krishnan and Visvanathan，2007）。由此，提出以下假设。

H2a：审计费用越高的公司越可能发生审计师变更。

H2b：收到非标准审计意见的公司更可能发生审计师变更。

（二）内部控制缺陷与审计师变更方向

发生审计师变更的公司，在不同的内部控制质量水平下，公司审计质量的需求会表现出不同的偏好。方红星、刘丹（2013）研究发现，内部控制质量与高质量审计需求呈倒"U"型关系。内部控制质量较低的公司，管理层在变更审计师时倾向于选择低质量的审计师以便在未来博弈中取得有利地位。随着内部控制质量的提高，公司管理层为表明自己公司的内部控制质量高、财务报告真实可信，在变更审计师时倾向于选择高质量的会计师事务所向市场传递积极信号。对于内部控制质量较高的公司，出于替代效应和成本考虑，公司对高质量审计师的需求减弱。从变更后的审计质量来看，向下变更审计

---

① "深口袋"理论认为，委托人和代理人通过审计费用的支付将风险转嫁给审计人员，如果审计人员失职而未察觉人为舞弊，法院会判决审计人员提供赔偿，从而实现风险分担。

师的公司在变更后的年度稳健性显著降低（Mitra S. et al.，2016），而高质量审计师更倾向于出具较为保守的审计意见。说明向下变更审计师的公司在变更后审计质量降低。埃特雷奇等（Ettredge M. L. et al.，2007）研究发现支付较高审计费用的公司更倾向于由"四大"换为非"四大"，SOX 法案实施后一些公司辞退审计师以期从继任审计师那里降低审计费用。而披露了内部控制缺陷的公司，审计师会付出更多的努力进行审计，从而提高审计费用。所以披露了内部控制缺陷的公司更愿意向下变更审计师来维持较低的审计费用和较为"清洁"的审计意见。由此，提出 H3、H4。

H3：披露了内部控制缺陷的公司变更审计师时更倾向于由大所换小所。

H4：审计费用越高，公司越倾向于由大所换小所；收到非标准审计意见的公司越倾向于由大所换小所。

三、研究设计

（一）数据来源与样本选取

我国自 2012 年起在所有主板上市公司施行《企业内部控制配套指引》，因此选择 2012 ~ 2016 年沪深 A 股主板上市公司作为研究样本。按照内部控制评价要求，企业于当年会计年度终了之日起至来年 4 月 30 日前对外报送内部控制评价报告。由于研究的是企业披露内部控制缺陷后审计师的应对策略且为了避免内生性问题，所以使用沪深 A 股主板上市公司滞后一期的企业内部控制缺陷披露行为对 2012 ~ 2016 年审计师变更的影响进行研究。相应地对审计费用、审计意见、公司财务状况也做滞后一期处理。并按以下原则剔除样本：（1）剔除金融保险类公司；（2）剔除因前任会计师事务所合并、分立、更名等导致非自愿性变更的上市公司；（3）剔除财务数据缺失的样本。

所涉及的公司财务数据主要来源于 CSMAR、Wind 及 DIB 数据库，并从中注协发布的审计快报及事务所排名中获取部分补充资料，利用 Excel 和 Stata12.0 软件完成计算和回归分析过程。

（二）模型设计

1. 内部控制缺陷披露与审计师变更的检验模型

为了检验内部控制缺陷披露、缺陷程度及缺陷数量对审计师变更的影响，采用 Logistic 回归分析，设计检验模型如下：

$$AUDCHG = \beta_0 + \beta_1 ICWD_{t-1} + \beta_2 SIZE + \beta_3 BALANCE + \beta_4 PRECHG$$
$$+ \beta_5 NEWISSUE + \beta_6 LOSS_{t-1} + \beta_7 LEV + \sum YEAR$$
$$+ \sum INDN + \varepsilon \tag{6-1}$$

$$AUDCHG = \beta_0 + \beta_1 WM1_{t-1} + \beta_2 WM2_{t-1} + \beta_3 WM3_{t-1} + \beta_4 SIZE$$
$$+ \beta_5 BALANCE + \beta_6 PRECHG + \beta_7 NEWISSUE + \beta_8 LOSS_{t-1}$$
$$+ \beta_9 LEV + \sum YEAR + \sum INDN + \varepsilon \tag{6-2}$$

$$AUDCHG = \beta_0 + \beta_1 WMN1_{t-1} + \beta_2 WMN2_{t-1} + \beta_3 WMN3_{t-1} + \beta_4 SIZE$$
$$+ \beta_5 BALANCE + \beta_6 PRECHG + \beta_7 NEWISSUE + \beta_8 LOSS_{t-1}$$
$$+ \beta_9 LEV + \sum YEAR + \sum INDN + \varepsilon \tag{6-3}$$

2. 审计费用及审计意见对审计师变更的影响

为检验在内部控制缺陷披露影响下审计费用及审计意见对审计师变更的影响，设计检验模型如下：

$$AUDCHG = \beta_0 + \beta_1 FEE_{t-1} + \beta_2 OP_{t-1} + \beta_3 SIZE + \beta_4 BALANCE + \beta_5 PRECHG$$
$$+ \beta_6 NEWISSUE + \beta_7 LOSS_{t-1} + \beta_8 LEV + \sum YEAR$$
$$+ \sum INDN + \varepsilon \tag{6-4}$$

3. 内部控制缺陷披露对审计师变更方向的影响

为进一步检验内部控制缺陷披露对审计师变更方向的影响，采用 multinomial logit 回归分析，设计检验模型（6-5），并设计模型（6-6）进一步检验审计费用和审计意见对审计师变更方向的影响。

$$CHANG\_TYPE = \beta_0 + \beta_1 WM1_{t-1} + \beta_2 WM2_{t-1} + \beta_3 WM3_{t-1} + \beta_4 SIZE$$
$$+ \beta_5 BALANCE + \beta_6 PRECHG + \beta_7 NEWISSUE$$
$$+ \beta_8 LOSS_{t-1} + \beta_9 LEV + \sum YEAR + \sum INDN + \varepsilon \tag{6-5}$$

$$CHANG\_TYPE = \beta_0 + \beta_1 FEE_{t-1} + \beta_2 OP_{t-1} + \beta_3 SIZE + \beta_4 BALANCE$$
$$+ \beta_5 PRECHG + \beta_6 NEWISSUE + \beta_7 LOSS_{t-1} + \beta_8 LEV$$
$$+ \sum YEAR + \sum INDN + \varepsilon \tag{6-6}$$

4. 变量解释

被解释变量 AUDCHG 代表审计师变更，如果公司发生了审计师变更则取值为

1，否则为0。CHANG_TYPE 代表审计师变更的方向，若公司未发生审计师变更为0，用前"十大"① 替换非"十大"为1（即向上变更），用非"十大"替换前"十大"为2（即向下变更），其他情形为3（即同级变更）（马晨，2016）。

解释变量为变更前一年的内部控制缺陷披露（$ICWD_{t-1}$）、缺陷类型（WM1、WM2、WM3）、缺陷数量（WMN1、WMN2、WMN3）、审计意见（OP_{t-1}）和审计费用（FEE_{t-1}）。根据现有文献，选取以下控制变量：（1）公司规模（SIZE）。公司规模越大，越不倾向于变更审计师。（2）股权制衡（BALANCE）。股权越分散，股东之间制约作用越强，越不容易发生审计师变更。（3）董事长更换（PRECHG）。发生董事长更换的公司更有可能变更审计师，选择与自己"合作愉快"的审计师。（4）财务状况（$LOSS_{t-1}$）。公司财务状况越差，审计风险越大，越可能变更审计师。（5）增发配股（NEWISSUE）。如果公司在当年计划增发或者配股，则可能更换审计师来获取"纯净"的审计意见向投资者传递更为正面的信息。（6）资产负债率（LEV）。资产负债率越高，公司风险越大，越可能变更审计师。具体变量说明见表6-2。

表6-2   变量说明

变量	变量名称	变量符号	变量定义
被解释变量	审计师变更	AUDCHG	如果公司发生了审计师变更则取值为1；否则取值为0
	审计师变更类型	CHANG_TYPE	未变更取0，非"十大"换"十大"取1，十大换非"十大"取2，同级变更取3
解释变量	内部控制缺陷披露	$ICWD_{t-1}$	$t-1$ 年是否披露内部控制缺陷。披露取1，未披露取0
	内部控制缺陷	ICW_{t-1}	$t-1$ 年是否存在内部控制缺陷。存在取1，否则取0
	审计意见	OP_{t-1}	上一年度出具非标准审计意见取1，否则取0
	审计费用	FEE_{t-1}	度量 $t-1$ 年的审计费用。审计费用/总资产的平方根（Rice, S. C., & Weber, D. P., 2012）
	重大缺陷	WM1	披露内部控制重大缺陷取1，否则取0
	重要缺陷	WM2	披露内部控制重要缺陷取1，否则取0
	一般缺陷	WM3	披露内部控制一般缺陷取1，否则取0
	重大缺陷数量	WMN1	内部控制重大缺陷个数
	重要缺陷数量	WMN2	内部控制重要缺陷个数
	一般缺陷数量	WMN3	内部控制一般缺陷个数

① 指中国注册会计师协会发布的各年度业务收入前100家会计师事务所信息中排名前10的会计师事务所。

续表

变量性质	变量名称	变量符号	变量定义
控制 变量	公司规模	SIZE	总资产的自然对数
	股权制衡	BALANCE	第一大股东持股比例与第二大股东持股比例的比值
	董事长更换	PRECHG	发生董事长更换取1，否则取0
	财务状况	$LOSS_{t-1}$	上一年度发生亏损取1，否则取0
	增发配股	NEWISSUE	增发或配股取1，否则取0
	资产负债率	LEV	负债总额/资产总额

四、实证结果与分析

（一）描述性统计

对各变量进行匹配后，得到统计样本 5333 个，如表 6-3 所示。发生审计师变更的公司有 450 家，占 8.4%；未发生审计师变更的公司有 4883 家，占 91.6%。发生审计师变更的公司与未发生变更的公司相比，其均值具有内部控制重大缺陷披露程度大（沪深 A 股均值为 0.03）、获得非标准审计意见程度高（沪深 A 股均值为 0.12）、审计费用高（沪深 A 股均值为 15.62）等特点。

表 6-3   描述性统计与独立样本均值差异 T 检验

变量	全样本					变更组		未变更组		均值差
	均值	最大值	最小值	标准差	样本	均值	样本	均值	样本	
AUDCHG	0.08	1	0	0.278	5333					
CHANG_TYPE	0.19	3	0	0.682	5333					
$ICWD_{t-1}$	0.38	1	0	0.485	5259	0.41	438	0.38	4821	0.029
ICW_{t-1}	0.10	1	0	0.305	5333	0.17	450	0.10	4883	0.076 ***
WM1	0.01	1	0	0.109	5259	0.03	438	0.01	4821	0.022 ***
WM2	0.02	1	0	0.151	5259	0.03	438	0.02	4821	0.007
WM3	0.10	1	0	0.305	5259	0.11	438	0.10	4821	0.011
WMN1	0.03	19	0	0.411	3852	0.09	316	0.02	3536	0.064 ***
WMN2	0.12	72	0	1.680	3852	0.14	316	0.10	3536	0.015 ***
WMN3	1.96	1025	0	27.881	3852	4.81	316	1.70	3536	3.105 **
OP_{t-1}	0.05	1	0	0.208	5097	0.12	421	0.04	4676	0.083 ***
FEE_{t-1}	13.43	170.84	1.74	9.507	5097	15.62	421	13.23	4676	2.383 ***

续表

变量	全样本					变更组		未变更组		均值差
	均值	最大值	最小值	标准差	样本	均值	样本	均值	样本	
SIZE	22.62	26.54	19.14	1.426	5333	22.50	450	22.63	4883	−0.132 *
BALANCE	14.83	144.74	1.02	23.75	5333	14.78	450	14.83	4883	−0.054
PRECHG	0.39	1	0	0.487	5333	0.46	450	0.38	4883	0.079 ***
$LOSS_{t-1}$	0.12	1	0	0.327	5333	0.21	450	0.11	4883	0.093 ***
NEWISSUE	0.15	1	0	0.360	5333	0.21	450	0.15	4883	0.058 ***
LEV	0.52	0.98	0.08	0.209	5333	0.53	450	0.52	4883	0.017

注：*** 、** 、* 分别表示在1%、5%、10%的水平上显著。

本节研究将审计师发生变更的样本与未发生变更的样本进行分组统计。组间均值差异比较显示，发生审计师变更的公司与未发生变更的公司相比，在内部控制重大缺陷披露、内部控制缺陷数量、是否存在内部控制缺陷、审计意见、审计费用、公司规模、董事长更换、财务状况及增发配股方面表现出显著差异。表6-3初步表明，披露了内部控制重大缺陷的公司更容易发生审计师变更；上一年度收到非标准审计意见的公司发生审计师变更的可能性更大；审计费用越高的公司更可能变更审计师。严格的结论还有待后文统计检验的结果来证明。

（二）相关性检验

在逻辑回归模型中各自变量间不能存在较强的相关性，下面将对模型中自变量的相关性进行检验。本节研究使用 Pearson 相关性检验方法检验模型中各自变量间的相关程度。从表6-4可以看出，所有变量间相关系数均低于0.5，不存在较强的相关性。因此，共线性问题不会对本节研究模型产生重要偏误影响。

表6-4   自变量间相关性检验：Pearson 相关系数检验

变量	AUDCHG	$ICWD_{t-1}$	FEE_{t-1}	OP_{t-1}	SIZE	BALANCE	PRECHG	$LOSS_{t-1}$	NEWISSUE	LEV
AUDCHG	1.000									
$ICWD_{t-1}$	0.019	1.000								
FEE_{t-1}	0.069 ***	0.012	1.000							
OP_{t-1}	0.110 ***	0.055 ***	0.213 ***	1.000						
SIZE	−0.027 **	−0.029 **	−0.118 ***	−0.201 ***	1.000					

续表

变量	AUDCHG	ICWD$_{t-1}$	FEE$_{t-1}$	OP$_{t-1}$	SIZE	BALANCE	PRECHG	LOSS$_{t-1}$	NEWISSUE	LEV
BALANCE	0.002	−0.053 ***	−0.105 ***	−0.051 ***	0.041 ***	1.000				
PRECHG	0.052 ***	0.161 ***	0.030 **	0.031 **	0.021	0.075 ***	1.000			
LOSS$_{t-1}$	0.083 ***	0.075 ***	0.083 ***	0.238 ***	−0.138 ***	0.012	0.097 ***	1.0000		
NEWISSUE	0.045 ***	−0.008	0.001	−0.025	0.087 ***	0.121 ***	0.054 ***	−0.010	1.000	
LEV	0.014	0.030 **	−0.059 ***	0.102 ***	0.354 ***	0.055 ***	−0.033 **	0.134 ***	−0.059 ***	1.000

注：*** 、** 分别表示在 1%、5% 的水平上显著（双侧检验）。

（三）回归分析

1. 内部控制缺陷披露与审计师变更

表 6-5 为对 H1 的检验结果，结果显示内部控制缺陷披露与审计师变更不存在显著相关关系，未能支持 H1。为了进一步研究，将披露的内部控制缺陷按缺陷程度划分，得到披露了重大缺陷的公司 98 家、重要缺陷 182 家、一般缺陷 785 家。回归检验发现，重大缺陷的披露与审计师变更在 5% 的水平上显著正相关，而重要缺陷和一般缺陷的披露不影响审计师变更。这说明披露了内部控制重大缺陷的公司存在较大的内部控制风险，从而导致审计师发生变更。即内部控制缺陷越严重，表明公司的内部控制风险越大，越可能导致审计师变更，支持 H1a。由于重要缺陷和一般缺陷所占比重较大，未区分缺陷程度时，可能受其影响使内部控制缺陷披露与审计师变更无相关关系。考虑到缺陷的累积效应，后文检验了不同缺陷程度下缺陷数量对审计师变更的影响。统计得到披露了重大缺陷数量的公司有 81 家、重要缺陷数量的有 172 家、一般缺陷数量的有 531 家。回归结果显示，重大缺陷、重要缺陷和一般缺陷的数量与审计师变更均在 10% 的水平上显著正相关。即缺陷数量越多，公司风险越大，越可能导致审计师发生变更，支持 H1b。

表 6-5　　　　内部控制缺陷披露对审计师变更影响的 Logit 回归结果

变量	AUDCHG	AUDCHG	AUDCHG	AUDCHG
ICWD$_{t-1}$	0.1088 (1.01)			
ICW$_{t-1}$				0.6023 *** (4.26)

续表

变量	AUDCHG	AUDCHG	AUDCHG	AUDCHG
WM1		0.8062 ** (2.45)		
WM2		0.1056 (0.34)		
WM3		0.0967 (0.59)		
WMN1			0.1531 * (1.69)	
WMN2			0.0047 * (1.74)	
WMN3			0.0022 * (1.77)	
SIZE	− 0.0748 (− 1.85)	− 0.0674 * (− 1.66)	− 0.0540 (− 1.13)	− 0.0648 (− 1.62)
BALANCE	0.0014 (0.64)	0.0015 (0.71)	− 0.0001 (− 0.05)	0.0010 (0.49)
PRECHG	0.4553 *** (3.34)	0.4482 *** (3.28)	0.4509 *** (2.89)	0.4573 *** (3.41)
NEWISSUE	0.4372 *** (3.35)	0.4456 *** (3.41)	0.4464 *** (2.92)	0.4407 *** (3.42)
$LOSS_{t-1}$	0.6752 *** (4.89)	0.6530 *** (4.60)	0.5244 *** (3.06)	0.6315 *** (4.60)
LEV	0.2885 (1.06)	0.2473 (0.90)	0.3979 (1.23)	0.2576 (0.96)
_Cons	− 1.7380 * (− 1.84)	− 1.8512 * (− 1.95)	− 2.1850 * (− 1.95)	− 1.8985 ** (− 2.03)
INDUSDTRY YEAR	Controlled			
Pseudo R^2	0.0249	0.0265	0.0242	0.0307
N	5256	5256	3850	5330

注：① *** 、 ** 、 * 分别表示在1%、5%、10%的水平上显著，括号内为 z 统计量。②文中内部控制披露的样本来自内部控制自我评价报告中披露了内部控制缺陷的公司；存在内部控制缺陷的样本选择自发生财务重述、受到违规处罚以及内部控制审计被出具否定意见的公司。

由于部分公司可能基于自利性而隐瞒对其不利的内部控制信息，即存在缺陷却未披露的情况。因此做了进一步检验，检验内部控制缺陷的存在与否对审计师变更的影响。结果表明，存在内部控制缺陷与审计师变更在1%的

水平上显著正相关，而模型（6-1）检验中内部控制缺陷披露与审计师变更
却无相关关系，可见，存在内部控制缺陷表明公司存在风险，会导致审计师
发生变更。而部分公司却为了短期利益隐瞒了内部控制缺陷的披露。

2. 内部控制审计意见及审计费用与审计师变更

表6-6为对 H2 的检验结果。为检验审计费用和审计意见在披露缺陷的
公司和未披露缺陷的公司对审计师变更的影响，将样本分为披露内部控制缺
陷组和未披露内部控制缺陷组。回归结果显示，在全样本中上年度审计费用
和非标准审计意见均与审计师变更正相关，支持 H2。

表6-6 审计意见及审计费用与审计师变更的 **Logit** 回归结果

变量	全样本	披露缺陷组	未披露缺陷组
	AUDCHG	AUDCHG	AUDCHG
FEE_{t-1}	0.0132 ** (2.19)	0.0096 (0.96)	0.0168 ** (2.16)
OP_{t-1}	0.9074 *** (4.65)	1.0680 *** (3.84)	0.7279 *** (2.60)
SIZE	-0.0279 (-0.67)	0.0170 (0.26)	-0.0569 (-1.03)
BALANCE	0.0026 (1.24)	0.0023 (0.59)	0.0031 (1.20)
PRECHG	0.3286 ** (2.28)	0.3735 (1.56)	0.3028 * (1.67)
NEWISSUE	0.4489 *** (3.38)	0.3102 (1.40)	0.5487 *** (3.26)
$LOSS_{t-1}$	0.5440 *** (3.77)	0.7813 *** (3.70)	0.3522 * (1.74)
LEV	0.0557 (0.20)	-0.7928 * (-1.79)	0.5782 (1.58)
_Cons	-2.7731 *** (-2.82)	-3.5028 ** (-2.25)	-2.3522 * (-1.81)
INDUSDTRY YEAR	Controlled		
Pseudo R^2	0.0352	0.0475	0.0344
N	5094	1946	3148

注：***、**、* 分别表示在1%、5%、10%的水平上显著，括号内为 z 统计量。

分组来看，在未披露缺陷组中上一年度的审计费用与审计师变更在 5% 水平上显著正相关，而在披露了内部控制缺陷组却不存在显著正相关关系，表明对于披露了内部控制缺陷的公司，审计费用对审计师变更的影响作用不如其在未披露缺陷的公司中强。即当公司风险较小时，审计师首先加大审计力度从而提高审计费用，所以此时审计费用对审计师变更的影响作用较大。而在披露缺陷组中，由于风险较大，风险溢价已不能弥补审计师面临的风险可能带来的损失，审计师则会采取其他应对策略。

在披露内部控制缺陷组和未披露缺陷组中，审计意见均与审计师变更在 1% 的水平上显著正相关，这说明公司十分在意审计师对公司的评价。当获得非标准审计意见时，公司会为改善审计意见而进行审计师变更。

3. 内部控制缺陷披露与审计师变更方向

表 6 - 7 为对 H3 的检验结果。结果显示，内部控制重大缺陷披露与审计师向下变更及同级变更均在 5% 的水平上显著正相关，而与向上变更不存在显著相关关系。即披露了内部控制重大缺陷的公司在变更事务所时更不愿意选择质量更高的事务所，而是倾向于选择审计质量较低或能够顺从自己的审计师以获取较为干净的审计意见和较低的审计费用，支持 H3。

表 6 - 7　　　　　内部控制缺陷披露对审计师变更方向影响的
Multinomial Logit 回归结果

变量	CHANG_TYPE		
	向上更换	向下更换	同级更换
WM1	-0. 1663 (-0. 48)	0. 4025 ** (2. 31)	0. 3045 ** (2. 15)
WM2	-0. 4825 (-0. 66)	0. 6423 (1. 29)	0. 2103 (0. 52)
WM3	0. 5208 * (1. 89)	0. 1956 (0. 57)	-0. 1726 (-0. 73)
SIZE	-0. 1858 ** (-2. 41)	-0. 1718 * (-1. 85)	0. 0184 (0. 35)
BALANCE	0. 0047 (1. 33)	-0. 0062 (-0. 91)	0. 0011 (0. 40)

续表

变量	CHANG_TYPE		
	向上更换	向下更换	同级更换
PRECHG	0. 6242 *** (2. 58)	0. 1232 (0. 37)	0. 4310 (2. 42)
NEWISSUE	0. 7461 *** (3. 18)	0. 5163 * (1. 83)	0. 2898 * (1. 65)
$LOSS_{t-1}$	0. 6107 ** (2. 32)	0. 8778 *** (3. 19)	0. 5185 *** (2. 71)
LEV	0. 8752 * (1. 72)	0. 1265 (0. 22)	0. 0096 (0. 03)
_Cons	− 1. 6762 (− 0. 91)	− 0. 3414 (− 0. 16)	− 4. 1873 *** (− 3. 41)
INDUSDTRY YEAR	Controlled		
Pseudo R^2	0. 0389	0. 0389	0. 0389
N	5256	5256	5256

注: *** 、 ** 、 * 分别表示在1% 、5% 、10% 的水平上显著, 括号内为 z 统计量。

此外, 进一步检验发现, 公司存在内部控制缺陷与审计师向下变更在
1% 的水平上显著正相关, 与向上变更和同级变更均在5% 的水平上显著正相
关 (见表6 - 8)。检验结果与前文类似, 即公司风险使公司更愿意聘请低质
量的审计师。

表6 - 8   内部控制缺陷对审计师变更方向影响的
Multinomial Logit 回归结果

变量	CHANG_TYPE		
	向上更换	向下更换	同级更换
ICW_{t-1}	0. 5992 ** (2. 34)	0. 9327 *** (3. 30)	0. 4452 ** (2. 30)
SIZE	− 0. 1822 ** (− 2. 43)	− 0. 1664 * (− 1. 84)	0. 0192 (0. 37)
BALANCE	0. 0047 (1. 35)	− 0. 0070 (− 1. 03)	0. 0005 (0. 20)

续表

变量	CHANG_TYPE		
	向上更换	向下更换	同级更换
PRECHG	0.6656 *** (2.84)	0.1731 (0.53)	0.4092 (2.32)
NEWISSUE	0.7433 *** (3.20)	0.5373 * (1.95)	0.2745 (1.58)
LOSS$_{t-1}$	0.5946 ** (2.33)	0.9327 *** (3.45)	0.4851 *** (2.58)
LEV	0.8410 * (1.69)	-0.0172 (-0.03)	0.0963 (0.26)
_Cons	-1.7213 (-0.95)	-0.3873 (-0.19)	-4.2191 *** (-3.48)
INDUSDTRY YEAR	Controlled		
Pseudo R^2	0.0393	0.0393	0.0393
N	5330	5330	5330

注：*** 、** 、* 分别表示在1%、5%、10%的水平上显著，括号内为 z 统计量。

4. 审计意见及审计费用与审计师变更方向

表6-9为对模型（6-6）的检验结果，Multinomial Logit 回归结果显示：审计费用在未披露缺陷组中与同级变更审计师在5%的水平上显著正相关，而在披露缺陷组中与审计师变更无显著相关关系。说明审计费用对审计师变更的影响主要体现在风险较小的公司，且变更方向更倾向于同级变更，选择审计质量相当的事务所，在保证审计质量的前提下谋求更低的审计费用。

非标准审计意见在未披露内部控制缺陷组中与向上变更审计师在5%的水平上显著正相关，在披露内部控制缺陷组中与向上变更审计师在1%的水平上显著正相关，与向下和同级变更分别在5%和1%的水平上显著正相关。无论公司是否披露内部控制缺陷，当收到非标准审计意见时，公司都更倾向于向上变更事务所。这是由于收到非标审计意见的公司，更容易引起监管机构及投资者的关注，为了保持公司财务信息的可靠性及公司声誉，在下一年度公司更倾向于选聘更具有声誉的审计师，重建投资者信心。但仍有部分公司在收到非标审计意见时基于购买审计意见的动机，在下一年度选聘审计质量较低或更"听话"的审计师。研究结果未能支持 H4。

表 6-9 审计意见及审计费用对会计师事务所变更方向的 Multinomial Logit 回归结果

变量	CHANGE_TYPE 全样本			披露缺陷组			未披露缺陷组		
	向上	向下	同级	向上	向下	同级	向上	向下	同级
FEE$_{t-1}$	-0.0007 (-0.07)	0.0078 (0.96)	0.0120** (2.24)	-0.0082 (-0.49)	0.0018 (0.16)	0.0081 (0.94)	0.0066 (0.58)	0.0064 (0.46)	0.0163** (2.33)
OP$_{t-1}$	1.2385*** (3.82)	0.8821** (2.28)	0.6169** (2.16)	1.2860*** (2.84)	1.1780** (2.28)	0.7627* (1.79)	1.0632** (2.22)	0.5492 (0.85)	0.4954 (1.28)
SIZE	-1.1178 (-1.47)	-0.1470 (-1.49)	0.0367 (0.68)	-0.0621 (-0.49)	-0.1011 (-0.67)	0.0794 (0.90)	-0.1374 (-1.29)	-0.2126 (-1.54)	0.0054 (0.08)
BALANCE	0.0052 (1.49)	-0.0053 (-0.76)	0.0024 (0.88)	0.0005 (0.06)	-0.0069 (-0.57)	0.0047 (1.02)	0.0072* (1.80)	-0.0039 (-0.45)	0.0014 (0.42)
PRECHG	0.5978** (2.41)	0.1105 (0.32)	0.2349 (1.22)	0.6396 (1.60)	-0.3577 (-0.54)	0.4683 (1.47)	0.5522* (1.73)	0.4259 (1.02)	0.1032 (0.42)
NEWISSUE	0.7365*** (3.08)	0.5153* (1.80)	0.3097* (1.74)	0.5479 (1.44)	0.7919* (1.80)	-0.0332 (-0.10)	0.8498*** (2.72)	0.3811 (0.98)	0.5014** (2.31)
LOSS$_{t-1}$	0.4330 (1.61)	0.8431*** (2.98)	0.4525** (2.29)	0.6607* (1.77)	1.5439*** (3.72)	0.4683 (1.49)	0.1912 (0.47)	0.2054 (0.47)	0.4746* (1.84)
LEV	0.58345 (1.12)	-0.2176 (-0.38)	-0.0397 (-0.11)	-0.3387 (-0.43)	-0.7136 (-0.77)	-1.007 (-1.63)	1.1887* (1.69)	-0.0677 (-0.09)	0.6208 (1.28)
_Cons	-3.6284* (-1.77)	-0.7622 (-0.33)	-4.5335*** (-3.60)	-3.6909 (-1.21)	-15.9572 (-0.01)	-4.9639** (-2.44)	-16.5313 (-0.02)	1.1967 (0.38)	-4.3209*** (-2.61)
INDUSTRY YEAR				Controlled					
Pseudo R^2	0.0465				0.0726			0.0536	
N	5094				1946			3148	

注：***、**、* 分别表示在1%、5%、10%的水平上显著，括号内为 z 统计量。

五、稳健性检验

为确保研究结论的稳健性进行了稳健性检验，取审计费用的自然对数除以总资产的自然对数作为审计费用的度量指标，进行 Logit 回归发现在未披露内部控制缺陷组中审计费用与审计师变更在 5% 的水平上显著正相关，审计意见在披露内部控制缺陷组中和未披露缺陷组中与审计师变更均在 1% 的水平上显著正相关（见表6-10）。回归结果与前文相同，说明检验结果稳健。

表6-10　审计意见及审计费用与审计师变更 Logit 回归的稳健性检验

变量	全样本	披露缺陷组	未披露缺陷组
	AUDCHG	AUDCHG	AUDCHG
FEE_{t-1}	5.0291 ** (2.23)	4.1245 (1.13)	5.9711 ** (2.04)
OP_{t-1}	0.9222 *** (4.77)	1.0704 *** (3.88)	0.7610 *** (2.75)
SIZE	0.0032 (0.07)	0.0442 (0.462)	-0.0218 (-0.37)
BALANCE	0.0027 (1.27)	0.0023 (0.60)	0.0031 (1.23)
PRECHG	0.3275 ** (2.28)	0.3705 (1.55)	0.3032 * (1.67)
NEWISSUE	0.4285 *** (3.22)	0.2977 (1.34)	0.5196 *** (3.08)
$LOSS_{t-1}$	0.5431 *** (3.77)	0.7828 *** (3.71)	0.3500 * (1.73)
LEV	0.0712 (0.25)	-0.7875 (-1.21)	0.6015 (1.64)
_Cons	-6.3859 *** (-3.17)	-6.5130 ** (-2.01)	-6.5876 ** (-2.50)
INDUSDTRY YEAR	Controlled		
Pseudo R^2	0.0353	0.0478	0.0342
N	5095	1946	3148

注：***、**、* 分别表示在1%、5%、10%的水平上显著，括号内为 z 统计量。

六、结论与对策建议

（一）结论

本节研究以 2012～2016 年我国沪深 A 股主板上市公司作为研究对象，探究了我国上市公司内部控制缺陷披露对审计师变更的影响。研究发现以下四点。

（1）上市公司内部控制缺陷披露与审计师变更不存在显著相关关系，内部控制重大缺陷披露影响审计师变更，变更方向更倾向于由大所换小所和同级变更，并且缺陷数量与审计师变更显著正相关。进一步研究发现，公司存在内部控制缺陷与审计师变更显著正相关，且更倾向于大所换小所。由此可见，公司风险会引起审计师变更，而有部分公司存在内部控制缺陷却未披露，但审计师感知到公司风险而采取提高审计费用、出具非标准审计意见或辞职等应对策略而导致发生审计师变更。

（2）审计费用越高的公司越容易发生审计师变更，并且这种影响在未披露内部控制缺陷的公司中更为显著，说明当公司风险较小时审计师首先采用调整审计费用的措施来应对风险。由审计费用引起的审计师变更方向主要为同级变更，这表明当公司不能接受当前的审计费用水平时，会在保证审计质量的前提下寻求审计费用更低的事务所。

（3）收到非标准审计意见的公司更容易发生审计师变更。无论公司是否披露内部控制缺陷，在收到非标准审计意见时，公司都更倾向于由小所换大所，选聘更具有声誉的事务所，以重建投资者信心，维护自身声誉。但在披露了内部控制缺陷的公司中，仍有部分公司基于购买审计意见的动机而选聘审计质量更低或更"听话"的事务所。

（4）我国审计师应对风险的策略并非严格按照"调整审计费用—修改审计意见—辞职"的顺序来进行，而是在其中的任何一个环节都有可能发生变更。当公司不能接受当前的审计费用或审计意见时，公司就会更换审计师以达到自己的目的。当公司风险达到了审计师不能接受的水平时，审计师会为规避风险而辞职。总而言之，我国审计师风险管理是一个动态调整的过程。

（二）对策建议

基于以上研究结论，针对企业内部控制缺陷披露所显现出的公司风险对审计师变更的影响提出以下三点建议。

（1）对监管机构而言，其一，应加强对企业内部控制实施和信息披露的监管。研究发现有部分公司并未披露内部控制缺陷却收到了非标准审计意见，还有部分公司存在内部控制缺陷却未披露。可见这些公司的内部控制实施、认定及信息披露仍存在一定问题，监管部门对此应进行查处，规范企业内部控制的施行。其二，我国目前对审计师变更原因的披露仍存在披露内容不够明确具体，甚至隐瞒真实原因的情况，无法了解审计师发生变更的真实动机，不能很好地向市场传递公司风险信息，监管部门应进一步规范审计师变更原因的披露，加大监管力度以保障市场能够接收到准确、完整的公司风险信息，从而做出正确的投资决策。

（2）对上市公司而言，公司进行审计师变更决策是其利益相关者衡量公司风险的重要信号，所以，公司应尽量避免为购买审计意见或其他自利行为而进行审计师变更这类治标不治本的做法，应认识到良好的内部控制能够有效控制公司风险，降低公司损失，提高财务信息可靠性，建立投资者信心，从而积极推进企业内部控制建设和实施。

（3）对审计师而言，应提高执业能力和谨慎性，加强风险意识，对公司所有者和公众投资者负责。如果公司存在较大风险，审计师却因利益或某些因素与公司合谋，这将会严重影响自身声誉，造成严重后果。此外，在信息不对称的资本市场环境中，审计师声誉、审计师出具的审计意见以及审计师变更情况等都是投资者进行投资决策前用于衡量被投资者风险所参考的重要因素。所以，审计师在执业过程中应始终保持高度的谨慎性和风险意识，做好应对风险的策略管理，在为提高全球财务报告质量做贡献的同时也要对利益相关者负责。

第七章　客户风险、内部控制审计和审计过程

审计过程是审计师进行审计的重要环节。在审计过程中审计风险贯穿始终，为规避风险，审计师会根据风险大小及可接受的风险水平采用提高审计收费、出具非标准审计意见以及辞职等策略以应对风险。从审计师的角度看，如何选择客户，选择什么样的客户则决定了自己所选择的风险。本章第三节将详细阐述审计师选择客户的动机以及应该如何选择客户才能够最大限度地降低自身风险。

在审计过程中，影响审计师风险的因素很多，本章主要介绍了内部控制缺陷整改、整合审计以及审计延迟对审计师风险的影响。内部控制缺陷是造成公司风险的重要因素之一，对企业内部控制缺陷进行整改能够有效降低公司风险，从而降低审计师风险；同一会计师事务所既对内部控制进行审计又对财务报表进行审计，能够降低事务所运行成本，减少审计师的经济负担和工作负担，提高审计效率，降低审计风险；较长的审计延迟会阻碍审计进程，并且影响会计信息披露的相关性和及时性，影响了会计信息质量，造成审计风险。

第一节　内部控制审计过程中审计师风险与策略

一、审计风险

（一）审计风险的定义

国内外对审计风险的理解多种多样，具有代表性的观点包括：（1）审计风险是财务报表中存在重大错报而审计师发表不恰当审计意见的风险（国际

审计准则第 200 号）；（2）审计风险是审计人员对于含有重要错误的财务报表，未能适当修正审计意见的风险（美国注册会计师协会《审计准则说明第47 号》）；（3）审计风险是审计程序未能察觉出重大错误的风险（加拿大特许会计师协会）；（4）审计风险是指在审计业务过程中，由于各种难以或者无法预料，或者无法控制的审计缺陷，使审计结论与实际情况相偏离，以致审计组织将蒙受丧失审计信誉、承担审计责任损失的可能性（谢志华，1990）；（5）完整的审计风险概念，应从广义上解释，不仅包括审计过程的缺陷导致审计结果与实际不符而产生损失的责任风险，而且包括营业失败可能导致公司无力偿债或倒闭所可能对审计师或审计组织产生伤害的营业风险（徐政旦、胡春元，1998）；（6）审计风险是审计人员经过对企业财务报表进行审查后，对财务报表的公允性发表了不恰当的审计意见而可能导致的行政责任、民事责任和刑事责任（谢荣，2003）。

比较上述各种定义可以看出，审计风险内涵的界定基本一致，都认为审计风险是审计师对存在重大错报的财务报表发表不恰当审计意见的可能性。

（二）审计风险的类型

美国注册会计师协会（AICPA）1983 年在第 47 号审计准则中明确提出了早期的审计风险模型，即审计风险＝固有风险×控制风险×检查风险。20 年后，国际会计师联合会（IFAC）的国际审计与保证准则委员会（IAASB）为提高审计质量，于 2003 年 10 月发布了一系列新准则，要求审计师在审计过程中更深入地进行风险评估，并对审计风险模型做出重大改动：将审计风险划为重大错报风险（material misstatement risk）和检查风险（detection risk）的乘积。我国于 2006 年颁布的新审计准则中也采用了这一模型。由此，审计风险取决于重大错报风险和检查风险。注册会计师实施审计程序，评估重大错报风险，并根据评估结果设计和实施进一步审计程序，以控制检查风险。无论是财务报表层次还是认定层次的重大错报风险都与内部控制具有天然的联系。前者多与控制环境有关，而后者多与控制活动相关。

（三）审计风险与内部控制的关系

内部控制影响审计风险的基本路径主要表现为以下两个方面：一方面，企业内部控制的完善，增强了企业财务报告的可靠性，降低了审计师的审计风险，也降低了审计师预期损失费用（包括诉讼损失和恢复名誉的潜在成本），从而导致审计费用降低；另一方面，出具标准意见对于审计师而言是有风险的，针对内部控制较好的企业，审计师面临的审计风险更低，因此，这类企业更容易被审计师出具标准审计意见。徐玉霞（2012）研究发现，企业的内部控制越差，审计模型中的重大错报风险也就越大。在审计风险既定的情况下，可接受的检查风险与评估的重大错报风险存在着反向关系。

（四）审计风险与审计师风险的关系

1. 业务承接——审计风险产生的前提

在业务承接过程中，审计师对上市公司经营目标、经营战略、财务业绩进行衡量和评价，对公司治理结构、内部控制制度、管理当局是否面临异常压力等情况进行了解，以便评估是否接受业务委托。审计师在接受业务时只能估计受损的可能性，此受损的可能性称为业务承接风险。对审计师而言，业务承接风险是不可能完全避免的，但如果能进行有效的控制，就能将高风险的业务过滤掉，从而使审计师风险的整体水平得以降低。

2. 业务执行——审计风险的形成

审计业务执行过程中的风险主要是检查风险。所谓的检查风险，是指如果存在某一错报，该错报单独或连同其他错报可能是重大的，审计师为将审计风险降至可接受的低水平而实施程序后没有发现这种错报的风险。检查风险取决于审计程序设计的合理性和执行的有效性。但由于审计师通常并不对所有的交易、账户余额和披露进行检查，再加上审计师可能选择了不恰当的审计程序、审计过程执行不当或者错误解读了审计结论等原因，因此检查风险不可能降低为零。而针对认定层次的重大错报风险，审计师要设计并实施进一步审计程序。进一步审计程序包括控制测试和实质性程序，实质性程序又包括实质性分析程序和细节测试。

在控制测试和细节测试中，因为涉及审计抽样，因此还存在抽样风险和非抽样风险。所谓抽样风险，是指审计师根据样本得出的结论可能不同于对整个总体实施与样本相同的审计程序得出的结论的风险。非抽样风险是指审计师由于任何与抽样风险无关的原因而得出错误结论的风险。实质性分析程序同样存在风险。总之，风险伴随整个业务执行过程，从公司角度而言：（1）随着被审计单位业务性质越来越复杂，审计师的经验、业务能力等不断受到挑战，出现某些判断失误在所难免；（2）在被审计单位业务量越来越大的情况下，现代审计方法只能采取抽样的方式进行审核，以样本特性推断整体性质难免出现以偏概全的失误；（3）无论是制度基础审计还是风险导向审计，都依赖于企业内部控制制度的合理设计和有效执行。而企业内部控制无法完全阻止内部人员的合谋舞弊，对管理舞弊更是无能为力。因此，无论企业内部控制是否失效，风险都可能产生。从审计师角度而言，审计人员未能尽到应有的职业谨慎义务，工作失职；为了节约成本，不恰当地省略审计程序和步骤、减少审计范围和样本数量；迫于竞争的压力，不敢得罪客户，不能坚持原则，没有在审计报告中如实反映审计的结果；甚至为了获取不当利益，与企业的管理当局合谋舞弊等都可能导致风险的产生。

3. 报告使用阶段——审计风险转化为审计师风险

随着审计报告的披露，审计风险的产生过程结束，如果审计师对存在重大错报或漏报的会计报表发表了不恰当审计意见，原来潜在的审计风险就转化成现实的审计失败。失败的审计必然会误导市场，使审计信息使用者蒙受损失。一旦受损者意识到他们的损失是因审计失败而起，他们必然会追究审计师的责任，政府监管部门也会对存在违法违规行为的审计师进行处罚，于是审计风险就转化为审计师风险。

二、诉讼风险

（一）基于被审计客户角度

斯蒂斯（Stice，1991）认为，审计师遭遇诉讼的情况包括两种：一是因审计失败被指控；二是对潜在的原告而言，起诉审计师带来的收益会大于付出的成本。以 1960～1985 年发生审计师诉讼的公司作为研究样本，实证结果表明，客户的流动比率、股票报酬的异常波动、市场价值大小、是否处于财务困境等与审计诉讼显著相关。1994 年莱斯和瓦茨（Lys and Watts）首次明确提出了审计师变更的"诉讼风险观"，他们首先对诉讼风险有关的变量进行定性理论分析，然后通过实证研究发现当客户公司的规模较大、正处于财务困境状态、股票报酬率较低或收到"非标"审计意见的时候，该公司审计师成为被告而被起诉的可能性就更大。他们还认为公司盈余管理的规模越大，审计师所面临的诉讼风险也会越大。余玉苗和刘颖斐（2005）认为，公司的审计费用一方面体现了审计师预期人力资源投入水平；另一方面体现了审计师因潜在的民事赔偿责任而要求的风险补偿。

（二）基于审计师自身角度

梅农和威廉姆斯（Menon and Williams，1999）认为审计师会利用自己的行业专长、审计经验来降低诉讼风险。舒（Shu S. Z.，2000）利用 Logistic 多元回归模型对 1957～1996 年在美国发生的审计师辞职情况的公司样本进行实证研究，提出用于解释审计师辞聘成因的"诉讼风险假说"和"客户调整假说"。其中诉讼风险假说认为，现任审计师可能会因为客户诉讼风险的增加，以至于自己不能承受而放弃该客户，因为诉讼风险不但会造成直接的诉讼成本的增加，而且还会引起相关的间接成本的发生，诸如经营时间的浪费和声誉的毁损等。假定诉讼成本无法完全在审计费用中得到补偿，客户诉讼风险的增加则会促使审计师主动辞聘。

我国学者曲延斌和梁伟（2006）将审计师的潜在诉讼风险分为三类：（1）因被审计单位责任引起的诉讼，包括被审计单位财务报表中存在的某些错误、报告披露过程中的舞弊和违法行为未被审计师发现，若报表使用人因使用此类报表造成了损失，审计师则可能遭到被审计单位或有关会计报表使用人的起诉；（2）因注册会计师自身责任引起的诉讼，包括注册会计师在执业过程中，未能合理发现重大错报导致审计失败，则可能因此引起诉讼的发生；（3）因共同责任引起的诉讼，即注册会计师自己未能有效保持谨慎态度，出具错误审计结论而引发诉讼。这些都将引起审计师遭受诉讼。

（三）基于外部法律诉讼角度

莱斯和瓦茨（Lys and Watts，1994）通过对 1983～1994 年美国上市公司相关数据研究，发现随着注册会计师民事责任范围的不断扩大，其被起诉的次数也在不断增加，即注册会计师的法律责任负担逐渐加重了。20 世纪 80 年代，美国的注册会计师因为相关法案的颁布遭遇了严重的诉讼危机，发生了所谓的"诉讼爆炸"（legal explosion）现象。此后，李和曼德（Lee and Mande，2003）研究表明，在《私人证券诉讼改革法案》（1995）背景下举证责任的提高使诉讼审计的难度加大，降低了公众起诉会计师事务所的成功率。在 1995 ~ 1997 年股东起诉注册会计师欺诈的案件中，有 60% 的案件被驳回，而在 1990 ~ 1992 年被驳回的案件的比例则仅有 40% 。

李明辉（2005）在 2003 年 10 月至 2004 年 2 月期间利用调查问卷的方法，调查发现我国注册会计师存在较大的潜在诉讼风险，而随着相关法律制度的不断完善，注册会计师面临诉讼的可能性越来越大。同时建议涉及的诉讼应当处理好保护投资者利益和防止滥诉二者之间的关系，以避免注册会计师可能承担过重的、不切合实际的责任。相关的法律法规应当在考虑审计特点的基础上，就注册会计师民事法律责任做出明确规定，以保护注册会计师行业的健康发展。王艳艳（2010）考虑了审计师所处外部法律风险的变化，选取 2003 年 1 月 9 日《最高人民法院关于审理证券市场因虚假陈述引发的民事赔偿案件的若干规定》颁布前后的公司样本进行比较分析，得出结论：当法律环境变得更严厉后，客户诉讼风险与审计师变更之间的敏感性显著变大，并且审计师变更方向更倾向于由大规模事务所向小规模事务所的变更，说明大、小规模事务所对诉讼风险的接受程度不同，进而影响到审计市场不同规模事务所的占比。

三、制度风险——审计师风险产生的制度条件

审计风险转化为现实的审计失败后，审计师承受的损失取决于审计失败被识别的概率和惩罚的具体形式。识别制度和惩罚制度是审计师受损的制度条件，陈正林（2006）将识别制度和惩罚制度给审计师带来的风险定义为制度风险。并将审计师风险、审计风险与制度风险三者之间的关系表示为：

审计师风险 = 审计风险 × 制度风险
= 审计风险 × 审计失败被识别的概率 × 审计师遭受的惩罚

该模型表明审计师风险不仅取决于审计风险，还取决于制度风险。在审计师风险既定的情况下，制度风险越大，审计师能够承受的审计风险越低，他会努力地提高审计质量；反之，制度风险越小，审计师能够承受的审计风险越高，此时他必然会选择牺牲审计质量以追求自身利益最大化。因此，要提高审计质量，就必须加大审计师的制度风险。

四、降低审计师风险的策略

（一）上市公司

上市公司既是审计服务的购买者和使用者，也是投资者投入资源的经管者，是市场的重要主体。公司管理层在日常的经营活动中，应注意切实防范自身诉讼风险，强化各项能力，提升各项经营指标，诚信守法经营；切实关注自身发展，提高自身社会责任意识，对股东负责，对社会负责。此外，上市公司应认识到实施内部控制能够极大程度地降低公司风险，提高财务信息可靠性，向市场传递有利信号，进一步建立投资者信心，提高公司声誉。无论对公司自身发展、公司投资者还是外部审计师抑或整个市场而言，公司有效实施内部控制将会达到"多赢"的效果。所以，公司应积极主动推动内部控制建设和实施。

（二）外部审计师

审计师可从以下四个方面来降低自身所面临的风险：（1）会计师事务所应专注于提升自身专业技能和执业道德，切实关注和评估所面临的潜在诉讼风险；应特别关注公司的内部控制风险，并对其进行评估和测试，若不能达到可接受水平则应及时采取应对措施以规避风险，以防为应付烦琐的诉讼程序而造成大量的物力和精力的浪费；（2）谨慎选择被审计单位，对陷入财务或法律困境，以及有内部控制重大缺陷的公司要引起特别注意，加大对客户的前期评估力度，以防被上市公司蒙蔽和利用，成为不法经营公司的"替罪羊"；（3）强化风险意识，努力发现并合理披露客户的虚假操纵，在审计过程中注册会计师应充分搜集客户相关经营信息和财务数据，并充分利用非现场审计的方法，加强与被审计单位的上级管理部门或合作伙伴的沟通，全面把握审计过程中所面临的风险；（4）建立风险分散机制，有效降低审计师诉讼成本。通过建立职业风险基金或购买职业责任保险等方法，分散和化解自身诉讼成本，以免因遭受诉讼而导致运转困难甚至倒闭。

（三）监管机构

1. 完善审计失败的识别制度

综合来看，我国关于审计师变更的披露制度仍不完善，虽然已有相关文件对上市公司审计师变更的披露进行规定，但是由于我国总体执法力度不够，很多上市公司披露审计师变更都是流于形式，审计师变更的原因、过程等披露报告的可信性不高，真实性不强。相关部门应制定更为详细可行的法律法规、规范制度，并强化执法力度，对审计师变更的披露进行强制性要求，对于审计师变更原因、过程以及要点的披露形式进行格式化规定，提高披露的及时性并做好数据的统计，为投资者、债权人以及科研人员的相关研究提供有力的数据支撑。

2. 加强行业自律，完善相关审计师民事责任的法律制度

与发达国家的市场相比我国审计市场还处于初级阶段，监管仍然比较混乱，不够成熟。上市公司与审计师之间进行合谋，隐瞒内部控制缺陷，操纵公司利润，粉饰、处理会计报告以蒙蔽投资者和监管部门，谋取自身不法利益的事件层出不穷。证监会与注册会计师协会等外部监管机构应该切实加强行业自律建设，加强注册会计师的职业道德建设，并进一步完善注册会计师刑事、民事责任的相关法律制度，做到有法可依、有规可循，切实规范好审计市场的秩序和保护好投资者的合法权益。

3. 加强对上市公司内部控制实施的监管力度

上市公司内部控制实施不够完善造成其未能严格控制公司风险，某些公司恶意隐瞒公司内部控制缺陷导致审计师审计失败等都会给审计师的审计带来风险。所以，监管机构应进一步完善上市公司内部控制制度，并加大对其实施力度的监督以及实施不力的处罚，使内部控制为控制公司风险充分发挥作用，从而降低审计师风险。

第二节　审计师与客户的博弈

审计师与客户之间的契约关系是他们之间相互博弈的结果。审计师通过对客户进行风险评估，并与客户谈判审计定价后选择风险在自身承受范围内的客户；而客户也要选择能够满足自己需求的审计师。只有当审计师和客户之间的博弈达到均衡时，审计契约关系才能够建立。下面将从审计师对客户的选择和客户对审计师的选择两方面分别进行阐述。

一、审计师对客户的选择

（一）影响审计师进行客户选择的因素

1. 客户风险

客户风险包括客户的经营风险、财务风险等，客户风险可能导致客户的经营失败，从而导致审计人员被迫承担连带责任。当客户由于经营不善而破产倒闭时，投资者和债权人为了挽回损失，会寻求有赔偿能力的连带责任者进行赔偿，而注册会计师经常是诉讼的主要目标。随着社会公众对审计人员的期望提高，对审计人员法律责任的认识加深，这种风险会越来越大。因此，审计师在接受委托时，仔细判断分析委托客户的持续经营能力是非常重要的，会计师事务所对于来自财务状况恶劣的客户的委托，应该理性地拒绝，以回避风险。但由于判断具有主观性和时滞性，并且会计师事务所主要是以审计年报和中报为主，与客户签订的合同时间有短有长，再加上整个宏观环境的瞬息万变，客户的经营状况和财务状况，以及公司治理和股权结构也可能不断变化，最终导致其经营风险和财务风险也有所变化，对会计师事务所来说，其审计风险也就相应地随之变化。所以很多时候会计师事务所不能完全避免接受经营风险较大的客户的委托，因而只能在一定程度上控制由客户经营风险造成的审计风险。但是如果事务所选择经营风险较大的客户，一旦发生审计失败，事务所将不可避免地被提起法律诉讼，并损害事务所声誉。所以，审计师对风险较大的客户进行审计时，如果审计溢价和出具非标准审计意见都不能够有效规避其审计风险和诉讼风险时，审计师应主动辞职以规避风险（Elder R. ，2009）。

2. 法律制度

随着审计法律制度的日益完善，审计师面临的法律风险也日益增大。关于法律风险对事务所客户选择行为的影响，国外有学者进行了一定程度的深入分析。乔恩和拉古南丹（Jone and Raghunandan，1998）研究发现，相对于 1987 年，1994 年大型事务所服务于小型制造业企业的可能性更低。他们认为，1994 年相对更大的诉讼风险使得大型事务所在接受高风险客户时显得更谨慎。弗朗西斯和雷诺兹（Francis and Reynolds，2000）检验了 1976 ~ 1996 年大型事务所的客户组合，并未发现 1990 年以来大型事务所对客户风险更加关注，其原因在于 1990 年以来法律环境并未发生变化。崔、拉吉布和杜加尔（Choi, Rajib and Doogar, 2004）等以 1975～1999 年为研究期间，对美国"六大"会计师事务所的客户风险进行了分析。他们按照不同阶段法律责任的差异，将样本期间跨越的 25 年划分为四个阶段：第一阶段是 1975～1984 年，这一阶段是其他三个阶段的比较基准。第二阶段是 1985～1989 年，这一阶段美国注册会计师的法律责任有所增加。以财务风险为客户风险测度指标的检验结果表明，这一阶段美国"六大"会计师事务所客户的风险水平有显著下降，这意味面对汹涌的诉讼浪潮，美国"六大"会计师事务所在接受高风险客户的业务约定时会格外谨慎。第三阶段是 1990～1994 年，由于面对空前的诉讼浪潮，会计职业界为减少滥诉，开始积极进行游说活动，因而这一个阶段注册会计师法律责任在一定程度上存在缓解的趋势。针对这一期间进行的实证分析结果表明，美国"六大"会计师事务所的客户风险呈下降趋势，表明美国"六大"会计师事务所仍然对高风险的客户持谨慎态度。第四阶段是 1995～1999 年，这期间美国《私人证券诉讼改革法案》的出台，一定程度上减缓了美国注册会计师行业的诉讼风险，抑制了美国证券民事诉讼的泛滥现象。崔、拉吉布和杜加尔（2004）等的实证研究结果也表明，这一阶段美国"六大"会计师事务所的客户风险呈显著上升态势。这进一步表明，高质量的会计师事务所面对较弱的法律诉讼风险，出于扩展业务的考虑，同样会接受高风险客户的业务约定。

我国从 20 世纪 90 年代爆发"深圳原野"等舞弊案例起，注册会计师便开始面临法律风险。然而，刘峰、许菲（2002）和林斌（2000）等通过对诉讼资格、诉讼成本与诉讼收益进行分析后，认为我国注册会计师行业所承受的法律风险仍然偏低，低风险的法律制度在相当程度上决定了我国上市公司审计质量总体偏低。廖义刚（2009）研究发现，我国自 2002 年 1 月 15 日最高法院发布《关于受理证券市场因虚假陈述引发的民事侵权纠纷案件有关问题的通知》起，陆续发布了一系列关于证券市场虚假陈述民事赔偿的司法解释。伴随着《公司法》《证券法》《注册会计师法》《民事诉讼法》等的修订以及相关司法解释的出台，我国证券市场针对审计报告虚假陈述而建立的注册会计师法律制度进一步完善。与此同时，随着注册会计师法律责任制度的日臻完善，大型会计师事务所为规避审计风险、维护自身声誉，倾向于选择低风险的审计客户。

（二）审计师客户选择的表现

审计师作为市场中的"经济人"，同样是寻求自身利益最大化的理性人。一般情况下，审计师的行为选择或表现有以下两种。

一是恪守其职业独立性，出具真实的审计意见。审计师具有保持独立性的内在动机，并通过恪守独立性赢得市场上更多的竞争机会。审计师具备发现公司经营中可能存在的重大问题的能力。当发现公司存在风险时，审计师出具非标准审计意见，以向利益相关者传递公司风险信息。

二是接受审计意见购买要求。审计收益和审计风险是决定审计质量的两个因素，其共同作用将决定着审计质量的高低。当审计师的行为是低风险、高收益时，潜在的违规操作由于缺乏制度强有力的制裁，其理性的行为将是接受审计意见合谋或者审计意见购买，出具可以为其带来高额收益的虚假审计报告。

（三）审计师进行客户风险管理的策略

1. 谨慎选择审计客户

谨慎选择审计客户意味着审计师在选择客户时可能会不承接风险高的企业的审计业务，从而导致其业务量的减少，进而导致经营收入的减少。但是通过把风险较高的客户排除在事务所业务范围之外能够在一定程度上降低审计风险。随着审计失败导致的成本越来越高，降低审计风险也就意味着成本的降低，以弥补营业收入的减少。所以审计师应谨慎选择客户，理性拒绝高风险客户。

2. 分类管理客户

对于盈利能力强、审计风险小、未来潜在风险的可控性较高的客户，会计师事务所需要倾注大量的人力、物力来建立一种相互信任、稳定、长期的合作关系。针对这部分客户可以建立完整的客户关系数据库，不断加强与这部分客户的交流、沟通。此外，会计师事务所需要不断地对这部分客户进行评估，确定风险水平的现状，尤其是当客户更换管理层和陷入财务危机时要及时进行相应的再评估。

盈利能力强、未来潜在风险较大的客户或许可以在较短的时间内给会计师事务所带来丰厚的收益但易使会计师事务所日后陷入纠纷，此类客户要高度关注、仔细评估、谨慎对待。若贸然接受这类客户的业务，会计师事务所可能会面临潜在的诉讼和赔偿甚至会严重损害会计师事务所的声誉。

对于盈利能力较弱、审计风险小、潜在风险可控性较高的客户，会计师事务所在保证重点客户业务的基础上应大力发展这部分客户的业务。在潜在损失很小的情况下，会计师事务所要想提高这类客户带来的收益主要应从增加服务的购买量、适度提高审计服务的价格、降低营销成本等方面入手。

对于收益少、风险高的客户，通常在现在和将来都不会给会计师事务所带来较多的利润。因此，针对这种客户，会计师事务所应采取放弃策略，把有限的资源和精力集中到那些能带来较高的盈利和风险较小的客户身上。但在采取放弃策略时要注意失去这部分客户可能给会计师事务所带来的负面连带效应，所以可以采用提高定价的策略使这部分客户自己选择退出。

二、客户对审计师的选择

(一) 代理成本与审计师选择

审计研究中，往往采用与其相关的公司特征来反映代理冲突程度。

1. 公司规模与审计师选择

詹森和梅克林（Jensen and Meckling，1976）研究表明企业越大，总的代理成本也越大，因为大企业的监督功能更困难、更昂贵。根据代理理论，公司规模越大，代理成本也越高，越会选择更大的会计师事务所。随后的研究也支持了该观点，即公司规模越大，客户越会选择规模更大、更有名的事务所（Simunic and Dopuch，1982；Michaely and Shaw，1995；李树华，2000；吴溪，2002）。

2. 财务杠杆与审计师选择

有研究表明公司财务杠杆与选择审计质量较高的审计师之间存在正相关关系（Palmrose，1984；Eichenseher and Shields，1986；Johnson and Lys，1990；Firth and Smith，1992），因为财务杠杆（或负债权益比率）越高，对债权人的掠夺风险就越高，代理成本越高，就越有聘请高质量审计师的需求。但是也有学者得出相反的结论，西穆内克和斯坦因（Simunic and Stein，1987）研究发现，财务杠杆与选择"八大"呈负相关联。而弗朗西斯和威尔逊（Francis and Wilson，1988）认为，如果公司将审计师变更为低质量的，则现有债务的索取权降低，从而提高了股东剩余索取权的价值。因此，具有较高债务水平的公司将更可能转聘低质量的审计师。

3. 管理层持股与审计师选择

格林布拉特和黄（Grinblatt and Hwang，1989）、利兰德和派尔（Leland and Pyle，1977）均认为内部人持有的股份越高，IPO 价值的不确定性就会越低。因此，管理者持有股份越低，代理成本越高，就越存在聘请高质量审计师的需求。弗斯和史密斯（Firth and Smith，1992）发现，管理者持股越低，越可能选择"八大"作为审计师。西穆内克和斯坦因（Simunic and Stein，1987）也发现较低的管理者持股水平与公司在 IPO 时选择"八大"作主审事务所相关联。艾肯舍尔和谢尔兹（Eichenseher and Shields，1983）检验了管理者持股与审计师变更之间的关系，结果发现，管理者持股与将审计师从非"八大"变更为"八大"正相关，与原先的预期相反。弗朗西斯和威尔逊（Francis and Wilson，1988）未发现聘请声誉较高的事务所与聘请没有声誉的事务所的公司之间在管理者持股上存在显著差异。

此外，公司成长性、所有权集中度、应计项目以及审计委员会等也可能通过代理成本影响公司对审计师的选择。

（二）会计信息质量与审计师选择

拥有高质量会计信息的企业更倾向于选择高水平审计师以强化其不会侵占投资者的信号效应，高水平审计师选择信号和高质量会计信息信号均得到了我国信用评级机构的正面评价。在像中国这样的新兴市场国家中，相比高质量会计信息而言，选择高水平的审计师更能够被投资者认可（陈关亭等，2014）。

（三）产权性质与审计师选择

首先，国有股东不太愿意选择高质量的审计师（孙铮、曹宇，2004；Wang et al.，2008；Lin and Liu，2009；Guedhami et al.，2009）。当公司国有股权比例较高时，会更加倾向于选择低质量的审计师（Wang et al.，2008）。其次，国有股东具有替代高质量审计师在资本市场上帮助公司降低融资成本的作用（王成方、刘慧，2014）。

第三节　内部控制缺陷整改对审计师风险的影响

审计师在审计过程中面临着许多风险，为规避审计师风险，国家不断完善相关内部控制制度并对内部控制缺陷整改提出了一系列的要求。《企业内部控制基本规范》第四十五条规定，企业应制定内部控制缺陷的认定标准，对监督过程中发现的内部控制缺陷，分析缺陷的性质和产生的原因并提出整改方案，采取适当的形式及时向董事会、监事会或者经理层报告。《企业内部控制评价指引》第二十一条、第二十二条要求企业对内部控制缺陷的整改情况及重大缺陷拟采取的整改措施进行披露。内部控制缺陷整改的相关要求能够使企业更加积极主动地对缺陷进行整改，进一步提高企业内部控制质量，有效降低公司经营风险，总的来讲，国家对企业内部控制缺陷的整改要求可以降低审计师风险。

一、内部控制缺陷整改的影响因素

影响内部控制缺陷整改的因素很多，吴等（Goh et al.，2013）发现，董事会的独立性、审计委员会的规模和专业性与内部控制缺陷整改正相关。约翰斯顿等（Johnstone et al.，2010）发现，高管特征、董事会和审计委员会的改善有利于修复企业存在的内部控制重大缺陷。密特拉（Mitra S.，2012）研究发现，董事会的规模、独立性、首席执行官的独立性与内部控制缺陷的修复正相关。密特拉（2015）进一步对股权结构特征对内部控制缺陷修复的及时性造成的影响进行研究，同样发现机构投资者、管理层和大股东持股比例等股权因素对内部控制缺陷修复及时性均会产生影响。

二、内部控制缺陷整改结果

（一）会计稳健性

企业对内部控制缺陷进行相应整改会在很大程度上提高会计稳健性。李等（Li et al.，2008，2011）通过对数据进行对比分析，指出控制组企业相较于存在内部控制缺陷的企业的会计稳健性更好，结果进一步表明，积极披露内部控制缺陷并进行整改的企业会增加会计稳健性。哈默斯利等（Hammersley et al.，2012）发现没有对内部控制缺陷进行整改的企业相较于整改的企业会存在更多的风险，更容易出现审计师的变更，并且财务报告质量较低。我国学者李明辉（2002）从多个方面研究了会计信息质量与内部控制之间的关系，研究指出内部控制的完善程度可以有效抑制会计信息失真，管理层要不断健全和完善相应的内部控制制度，使财务报告信息更加真实可靠。总体来讲，企业对内部控制缺陷进行整改能够提高会计稳健性，同时可以降低公司风险和审计师风险，两者之间存在着密切的关系。

（二）审计费用

国内学者针对内部控制缺陷整改对审计费用带来的影响主要做了如下研究，盖地和盛常艳（2013）从审计师的角度出发，采用 2009～2010 年 A 股上市公司为研究样本，分别对内部控制缺陷整改前及整改后与审计费用之间的关系进行研究，最终得出的结论为内部控制缺陷整改并不能够使审计费用明显降低。王晶琦（2013）研究了企业的内部控制缺陷发生时与对内部控制缺陷进行整改后对以后年度审计费用所带来的影响，结果表明存在内部控制缺陷的企业，会增加以后年度的审计费用；当对内部控制缺陷进行整改后，由内部控制缺陷导致的审计费用并没有得到明显的减少。可见，内部控制缺陷整改对审计费用并没有显著影响。

（三）盈余管理

在盈余管理方面，阿什堡·斯卡伊夫（Ashbaugh-Skaife，2006）指出，存在内部控制缺陷的公司比不存在缺陷的公司有更高的盈余管理。我国学者叶建芳、李丹蒙等（2012）将 2008～2010 年的深市 A 股主板企业作为数据分析的样本，研究了企业内部控制缺陷与盈余管理之间存在的关系，得出了与上述相同的研究结论。杨昕（2014）从内部控制信息披露与价值相关性的角度，发现为了使公司得到长久发展，企业对内部控制缺陷进行整改需要降低账面收益，在进行投资的过程中，投资者会更多地减少对盈余的关注，从而更多地依赖公司的账面价值。仝泽宇（2015）研究发现，当公司上年内部控制缺陷没有得到有效整改时，会导致该年的股价变动与内部控制一般缺陷信息披露存在正相关关系。由此可知，内部控制缺陷整改能够使公司盈余管理显著降低，进一步降低审计师风险。

第四节　内部控制审计与财务报表审计的整合

《企业内部控制审计指引》总则第五条——整合审计指出，注册会计师可以单独进行内部控制审计，也可将内部控制审计与财务报表审计整合进行。在整合审计中，注册会计师应当对内部控制设计与运行的有效性进行测试，以同时实现下列目标：

（1）获取充分、适当的审计证据，支持其在内部控制审计中对内部控制有效性发表的意见；

（2）获取充分、适当的审计证据，支持其在财务报表审计中对控制风险的评估结果。

一、财务报表审计与内部控制审计整合的原因

财务报表审计，是指审计师依据审计准则的规定对被审计单位的财务报表进行审计，其目的是通过执行审计工作，对财务报表是否按照适用的会计准则和相关会计制度的规定编制，以及财务报表是否在所有重大方面公允反映被审计单位的财务状况、经营成果和现金流量发表审计意见。内部控制审计，是指审计师受被审计单位委托，对被审计单位内部控制设计的有效性和合理性进行评价，对内部控制是否有效发表审计意见，最终出具审计报告。在内部控制审计过程中，审计师应当关注到与财务报告不相关的内部控制重大缺陷，特别需要注意的是，应在内部控制审计报告中明确说明"非财务报告内部控制重大缺陷描述段"并且予以披露。最近几年，理论界和实务界不断对两者的整合进行研究，而内部控制审计与财务报表审计两者可以进行有效整合的原因有以下方面。

（一）审计业务类型一致性

财务报表审计和内部控制审计的业务都要求审计师首先对财务报表的合法和公允性发表意见，审计师要对内部控制审计意见提供合理保证，工作规范明确要求他们在从事内部控制审计过程中获取充分、适当的证据。按照惯

例，企业管理层必须事先对内部控制的有效性做出评价，声明内部控制的有效性之后再由注册会计师开始审计。由此看出，两种审计都强调事先要获得被审计单位管理层的自我认定，为报告使用者提供合理保证，业务类型基本一致。

（二）审计最终目标一致性

内部控制审计指的是审计师对被审计单位的内部控制设计是否合理和运行是否有效发表审计意见，出具审计报告，为内部控制不存在重大缺陷提供合理的保证。财务报表审计是对被审计单位的财务报表所有重大方面是否按照既定的编制准则进行编制，并对其公允性发表审计意见。两种审计业务的目的都是合理保证公司财务报表及相关信息的真实完整，从而为审计报告的利益关系人提供决策依据。

（三）审计取证方法相似性

财务报表审计和内部控制审计都采用了以风险为导向的审计方法。审计师首先对被审计单位存在的风险进行评估，了解财务报表是否存在重大错报，对于在审计过程中发现的重大错报，审计师应制定相应的审计程序来应对重大错报，获取充分和可靠的审计证据。所以，两种审计业务在证据获得的方法上有相似之处，在获取证据过程中可以相互利用，缩减重复取证工作。

（四）审计结果可相互利用性

审计师在对被审计单位的财务报表进行审计时，首先需要评估被审计单位内部控制存在的风险，进而制定进一步所需要执行的审计程序，当仅实施实质性程序不能提供所需的审计证据时，审计师需要对被审计单位实施控制测试，以得到适当充分的审计证据。当审计师对企业内部控制进行审计时，如果被审计单位内部控制无法控制重大错报，则会留下相应的证据，这将为审计师进行财务报表审计提供依据。由此可知，审计师在进行财务报表审计和内部控制审计时，所取得的审计证据和得出的审计结论会出现交叉，两者的结果可以相互利用，使审计效率和审计质量得以提高，使审计风险得以降低。

二、整合审计的实施

(一)审计目标整合

财务报表审计与内部控制审计目标是不同的,财务报表审计目标在于对被审计单位财务报表的合法性和公允性进行审查,审计师对被审计单位财务报表中的错报风险进行识别、评估是出具审计报告的重要依据,虽然与内部控制审计存在诸多重合处,但是财务报表审计最终目的并不是为了说明被审计单位的内部控制是否有效,而是针对被审计单位的财务报表是否合规,出具审计报告。而内部控制审计的目标是对被审计单位在某一特定日期的内部控制是否有效,设计是否合理,运行是否良好,出具审计报告并进行披露。

(二)审计计划整合

在现实审计过程中,审计师对财务报表进行审计时,应制订总体的审计策略和具体的审计计划,总体审计策略需要通过对审计整体的时间、范围和方向的把握而对审计资源进行合理分配,具体审计计划要以审计师制定的总体审计策略为依据,进一步细化风险评估程序的时间、性质和范围。当审计师进行内部控制审计的时候,需要更多地考虑其整体运营状况和被审计单位的经营状况、所处的行业状况以及公司的治理情况等重大事项,对被审计单位是否可能存在重大风险进行诊断和识别。与财务报表审计不同的是,内部控制审计不需要区分为总体和具体审计计划,因此两者在结构上是不相同的。总体而言,审计师可以将财务报表审计的审计计划作为审计依据,从而使内部控制审计的审计计划成为整合审计中的一部分。

(三)审计过程整合

财务报表审计包括对被审计单位的内部控制进行风险评估与风险应对。风险评估的目标为:审计师需要对被审计单位所处的行业环境和内部控制状况进行深入了解,诊断和识别是否存在重大错报风险;审计师需要通过控制测试和实质性程序来执行总体应对措施,进行风险应对,进而出具审计报告。内部控制审计流程为:风险评估及控制测试。审计师需要从公司层面的了解进一步过渡到对财务报表重大账户的识别和列报的认定等,当明确了错报来源,需要对资产负债表日与之前的企业内部控制设计和运行的合理性及有效性进行测试，最终出具内部控制审计报告。综上所述，审计师为实现两种审计过程的结合，在设计整合审计过程时，需要对两者的工作程序进行结合。

（四）审计报告整合

审计师在审计报告过程中，利用已取得的审计证据，需要在出具被审计单位的审计报告中披露财务报表存在的重大错报以及内部控制存在的重大缺陷，其中财务报表审计意见包括无保留意见、无法表示意见、否定意见和保留意见，而内部控制审计意见包括无保留意见、无法表示意见和否定意见。两者的关联之处在于：如果审计师未能及时发现和纠正财务报表中存在的重大错报，进而出具非标准的审计意见，则被审计单位的内部控制有效性将遭到质疑。进一步，如果财务报表审计意见为标准审计意见，则对内部控制是否有效的评价将可能出现两种情况：当被审计单位的内部控制不存在重大缺陷时，审计师应出具"无保留意见"的审计报告；但是当内部控制存在的重大缺陷并没有影响到审计意见的情况下，则审计师应在审计报告中增加"强调事项"段，对这一情况进行披露和说明。

第五节　审计延迟的影响因素

审计师在审计过程中面临着许多风险，很大程度上会导致审计延迟的出现。依据《证券法》的条款，上市公司需要在每年的 12 月 31 日后的 120 天之内进行年报的披露。审计延迟指的是审计师在对企业的内部控制和财务报表进行审计时所产生的时间滞后，在国外学者阿杰米（Al-Ajmi J. , 2008）的研究中，将资产负债表日作为起始日，一直到审计报告签署日的整个期间作为审计延迟的衡量标准。而我国学者刘新琳和谈礼彦（2012）将资产负债表日至审计报告签署日之间的天数定义为审计延迟。审计延迟的影响因素主要有以下四个方面。

一、审计师变更对审计延迟的影响

审计师变更是影响审计延迟的重要因素，迪安格罗（DeAngelo, 1981）发现审计师变更与审计延迟之间的关系为：当审计师进行变更时，会进一步导致审计延迟的增加。因为变更后的审计师对被审计单位进行审计时需要付出更多的努力，用来了解被审计单位的财务状况、经营成果和现金流量及内部控制和前任审计师的工作底稿。此外，审计师变更也会导致审计效率的提高，由于前任审计师的专业技能无法满足被审计单位的需求，这使得被审计单位可能质疑审计服务的质量，进而寻求第三方更为专业的审计服务，从而提高审计效率。

二、事务所类型以及负债比重对审计延迟的影响

相关研究表明，事务所类型对审计延迟也具有某种程度的影响。格林（Gilling D.，2003）通过研究发现，由"四大"会计师事务所进行审计的单位其审计延迟会显著缩短，文中对此现象的解释为：大事务所在审计过程中可能更加有效，因为其在进行审计计划以按时完成审计工作时有更多的选择。负债比重对审计延迟影响的研究中，阿杰米（Al-Ajmi J.，2008）通过对上市企业进行实证研究，结果表明企业的负债比重越高，则审计延迟会越长，企业面临的经营风险将会越大。在其他条件一定时，具有设计合理和运行有效的内部控制可以更多地减少审计延迟。

三、整合审计对审计延迟的影响

在审计过程中，审计师对财务报表审计与内部控制审计的整合同样会对审计延迟产生重要影响。埃特雷奇等（Ettredge et al.，2006）分析了企业强制实行内部控制审计对审计延迟的影响，指出美国 SOX 法案 404 条款的实施会导致公司成本的增加，而实施内部控制审计后，审计师需要花费更多的资源进行审计，会使审计延迟时间明显增加。研究同时分析了内部控制质量与审计延迟之间的关系，发现存在内部控制缺陷的企业，其审计延迟会明显增加。此外，内部控制缺陷的类型会对审计延迟产生不同程度的影响，如存在重要内部控制缺陷的企业比存在一般内部控制缺陷的企业审计延迟显著增加。美国公众公司会计监督委员会为了进一步提高审计效率，于 2007 年 5 月发布第 5 号准则，用于取代之前发布的第 2 号准则。蒙西夫等（Munsif et al.，2012）研究指出，整合审计在 AS5 执行后，会显著提高审计师的审计效率，缩短审计时滞。密特拉等（Mitra et al.，2015）通过对 AS5 的执行与企业审

计延迟之间的关系进行实证分析，指出整合审计会显著提高审计师的审计效率，AS2 阶段公司的审计延迟显著高于 AS5 阶段，但会明显增加存在内部控制重大缺陷的企业的审计延迟。张国清（2010）通过对 2006~2008 年的 A 股上市公司的内部控制信息披露情况进行研究，对自愿性内部控制审计与审计延迟之间的关系进行分析，发现披露了内部控制缺陷无保留意见的企业比没有披露的企业明显缩短了审计延迟。

四、内部控制缺陷披露对审计延迟的影响

信息披露的及时性能够使报表使用者利用较短的时间进行决策，而会计信息的延迟披露与更高的信息不对称性（Bamber et al.，1993；Hakansson，1977）、更高的审计质量（Leventis et al.，2005）、更低信息质量（Knechel et al.，2001）和信息价值的缩减（Knechel et al.，2008）相关，并造成了不好的市场反应（Kross et al.，1984），推后公布盈余公告的公司往往存在盈余下滑（陈汉文等，2004）。埃特雷奇等（Ettredge et al.，2006）发现，财务报告内部控制重大缺陷的存在导致了更长的审计延迟，对缺陷分类后检验发现，与特定重大缺陷相比，存在一般重大缺陷的公司与更长的审计延迟相关。

第六节　内部控制缺陷披露对审计延迟的影响研究

本节以 2012 年强制实施内部控制规范的 799 家公司为研究对象，实证检验了强制实施内部控制规范前后样本公司审计延迟的变化，并通过检验内部控制缺陷披露对审计延迟的影响进一步明确审计延迟变化的影响因素。研究发现：在控制其他变量之后，第一年强制实施内部控制规范体系的公司审计延迟缩短了；在内部控制自我评价报告中披露内部控制缺陷实质内容的公司经历了较短的审计延迟；相对 2012 年实施内部控制规范体系的公司，2011 年便开始实施内部控制规范体系的公司的审计延迟明显缩短了。

一、研究背景

2008 年 5 月，我国财政部、审计署、证监会、银监会和保监会五部委联

合发布了《企业内部控制基本规范》，于 2012 年 1 月 1 日在主板国有控股上市公司开始强制实施，从此我国进入了分批分类实施内部控制规范的阶段。中国注册会计师协会在《企业内部控制审计指引》中指出，审计师应较多关注存在重大缺陷的高风险领域，可单独进行内部控制审计或将内部控制审计和财务报表审计进行整合，并强调审计证据和审计结论的相互参照，旨在提高审计效率。《企业内部控制基本规范》强制实施后，研究内部控制缺陷披露对审计报告及时性的影响，能进一步明确审计延迟的影响因素，有助于衡量和提高审计效率。

二、文献回顾与假设提出

钱伯斯等（Chambers et al.，1984）第一次提出了报告时滞的概念，审计延迟是指会计年度结束日至财务报告披露日之间的天数，解决了对会计信息及时性的衡量。刘亚莉等（2011）进一步对财务报告及时性进行了分解，把会计信息及时性分为审计延迟（资产负债表日至审计报告签署日）和信息延迟（审计报告签署日至年报披露日）。

会计信息披露的及时性有助于信息使用者尽早做出正确决策，同时也是提升投资者信心的关键。会计信息的延迟披露与更高的信息不对称性（Bamber et al.，1993；Hakansson，1977）、更高的审计质量（Leventis et al.，2005）、更低信息质量（Knechel et al.，2001）和信息价值的缩减（Knechel et al.，2011）相关，并造成了不好的市场反应（Kross et al.，1984；Chambers et al.，1984），推后公布盈余公告的公司往往存在盈余下滑（陈汉文等，2004）。审计延迟作为影响盈余公告及时性最重要的指标（Givoly and Palmon，1982），影响了会计信息的及时性（Ettredge et al.，2006），监管者在缩减报告截止日前也应深入了解审计延迟的影响因素（Leventis et al.，2005），因而研究审计延迟对监管者和信息使用者都具有重要意义。

审计报告披露的及时性受限于事务所审计所需的时间，审计延迟与审计师采用结构化方法、需要的审计工作量和为客户提供及时性信息报告的激励有关（Bamber et al.，1993）。年报披露时间成为衡量信息披露及时性的关键性指标，而审计延迟（资产负债表日至审计报告签署日）对信息延迟（资产负债表日至年报披露日）的影响程度高于披露延迟（审计报告签署日至年报披露日）对信息延迟的影响（刘亚莉等，2011）。

SOX 法案 404 条款的实施使审计延迟在 2001~2006 年显著增加（Krishnan et al.，2009）。埃特雷奇等（Ettredge et al.，2006）研究了内部控制质量对审计延迟的影响，研究发现财务报告内部控制重大缺陷的存在导致了更长的审计延迟，对缺陷分类后检验发现，与特定重大缺陷相比，存在一般重大缺陷的公司与更长的审计延迟相关，这意味着执行 404 条款评估的要求使审计延迟显著增加。蒙西夫等（Munsif et al.，2012）和埃特雷奇等（Ettredge et al.，2006）发现与快速申报者相比，2008 年度非快速申报者存在内部控制重大缺陷的审计报告延迟增加更少；对于快速申报者，2009 年披露内部控制重大缺陷对审计延迟的影响显著低于 2008 年披露的公司，然而非快速申报者不存在这样的变化。研究还发现，整改了之前存在内部控制问题的公司，审计报告延迟明显缩短；然而，相比在两年中都拥有"清洁" 404 审计意见的公司，整改后的公司仍然有更长的审计报告延迟。

美国公众公司会计监督委员会（PCAOB）2007 年颁布了 AS5，替代了 AS2。AS5 强调自上而下基于风险导向的审计，从而简化了内部控制审计相关工作，使内部控制审计工作更加高效。如果公司存在内部控制缺陷问题，审计师可能出于风险考虑对该公司进行更多审计工作，从而导致更长的审计延迟（Munsif et al.，2012）。虽然 SOX 法案实施后的第 2~第 5 年报告中的重大缺陷有所减少，即部分得到整改（Gordon and Wilford，2012），但那些未能整改重大缺陷且连续 3 年披露相同重大缺陷的公司，随着重大缺陷数量的增加，审计费用也大幅度增加，审计师辞职可能性也增加了，更可能收到非标准审计意见和持续经营意见，并且很可能超过报告提交期限（Hammersley et al.，2012）。

内部控制质量较低的公司，尤其当其存在比较严重的内部控制缺陷时，更可能披露内部控制缺陷（Ashbaugh et al.，2007），而存在内部控制重大缺陷的公司往往伴随着更长的审计延迟（Schneider et al.，2009）。相反，就理论上而言，收到无保留内部控制审计意见意味着公司具有高质量的内部控制（Ettredge et al.，2006），而高质量的内部控制提高了事务所的审计效率，从而减少了审计延迟（张国清，2010）。刘新琳等（2012）采用是否出具内部控制审计自我评价报告作为内部控制的衡量因素来研究审计延迟的影响因素，其结果显示内部控制与审计延迟呈负相关关系，但在统计意义上不显著。

从现有文献来看，审计延迟和信息披露延迟影响了会计信息披露的及时性。已有文献对审计延迟的影响因素做了大量的研究，包括公司规模、盈利能力、资产负债率、行业类型、审计意见、内部控制、审计师类型、非常项目、子公司数量和公司消息类型（好消息和坏消息）等。

国外对内部控制强制实施和内部控制缺陷披露的研究较多，我国由于在内部控制审计实施之前内部控制实施情况的数据难以获得，因此对其衡量采用了调查数据、盈余报告和是否披露内部控制鉴证报告（自愿性披露时期）等弱的替代变量。在内部控制强制实施后，对内部控制缺陷披露和审计延迟关系的研究依旧非常有限。本节研究以内部控制强制实施前后的数据，研究了审计延迟的变化，并进一步研究了内部控制缺陷披露对审计延迟的影响。

（一）企业内部控制对审计效率的影响

遵循内部控制规范要求公司披露内部控制重大缺陷，考虑到内部控制重大缺陷披露后除对公司造成影响之外，还可能会对管理层的薪酬，甚至是职位造成一定的不利影响，因此这些条款的实施使企业不得不加强内部控制。公司在对内部控制测评时，容易发现企业自身所存在的缺陷，管理者在发现内部控制缺陷时，会尽力整改其存在的缺陷，使企业内部控制得到不断加强。

就我国而言，内部控制规范强制实施要求企业设立专门评价内部控制的工作组，依据《内部控制评价指引》中的认定标准来评价内部控制的情况，因此管理层提供的评价也更具参考性。此外，与财务报告有关的内部控制提高了企业的财务信息质量，审计师评估风险则相应降低，进而减少了不必要的审计程序。

据此，本章提出第一个假设。

H1：强制实施内部控制规范后上市公司审计延迟进一步缩短。

（二）良好的内部控制可以降低审计风险，提高审计效率

公司内部管理与外部审计存在的契约差异，使公司对其自身控制问题的识别程度高于外部审计师，因此透明和充分的内部控制信息可以为外部审计师提供更有用的信息。而内部控制信息质量较好的公司会更充分地披露内部控制信息，即内部控制信息披露质量较高，审计师对这类上市公司的审计风险较低。

审计师对内部控制进行审计时，管理层披露的内部控制自我评价报告是重要的信息来源。详细披露内部控制缺陷的公司严格实施了内部控制规范，使内部控制自我评价信息的有用性大大提高，降低了审计风险。审计师在对

内部控制测试标准的合理性进行充分了解后，如果确认公司披露具体内容的缺陷，并且该缺陷正在整改甚至得到整改，则会认为该领域的审计风险较低，审计师则减少测试程序，从而提高了审计效率；财务报告审计和内部控制审计的整合审计使审计师可以在很大程度上利用财务报告审计的信息来进行内部控制审计。

由此，本章提出第二个假设。

H2：披露内部控制缺陷实质内容的公司的审计延迟会更短。

检验 H2 时，2012 年强制实施内部控制审计的公司有 799 家，其中 177 家公司为 2011 年度已强制实施或试点实施内部控制规范的公司。第二年实施内部控制规范的公司，其内部控制制度更成熟一些，内部控制质量也相对较高，更加愿意披露具体内容的内部控制缺陷，外部审计师在进行测试时会相对顺利，审计效率得到提高。为进一步检验实施内部控制规范年限对审计延迟造成的影响，本章提出第三个假设。

H3：与 2012 年开始实施内部控制规范的公司相比，2011 年便实施内部控制规范的公司的审计延迟更短。

三、研究设计

（一）样本选取与数据来源

本节研究以我国强制实施内部控制规范的 A 股上市公司为研究样本，数据来自巨潮资讯和 CSMAR，部分数据通过手工收集得到。

截至 2012 年 12 月 31 日，纳入强制实施的上市公司有 853 家，其中境内外实施的 76 家、国有控股主板上市公司为 777 家。在纳入强制实施的上市公司 853 家公司中剔除 B 股 14 家、金融行业和主要数据缺失的公司 40 家，剩余 799 家公司作为研究样本，并就这 799 家公司 2012 年和 2011 年的数据进行研究，对比了这些公司强制实施内部控制规范体系前后审计延迟的变化。

（二）模型与变量设计

参考埃特雷奇等（Ettredge et al.，2006）、蒙西夫等（Munsif et al.，2012）、戚傲楠（2012）和张国清（2010）的研究，考虑可能影响审计延迟的其他因素。为检验 H1，构建以下模型：

$$AUDITDELAY = \beta_0 + \beta_1 YEAR + \beta_2 RESTATE + \beta_3 AUDCHG + \beta_4 TENURE$$
$$+ \beta_5 OPINION + \beta_6 BIG4 + \beta_7 LOSS + \beta_8 LEVERAGE$$
$$+ \beta_9 ROA + \beta_{10} V1 + \beta_{11} SIZE + \sum_{I=1}^{11} YEAR$$
$$\times CONTROL\_VAR_i + \varepsilon \qquad\qquad (7-1)$$

其中，YEAR 表示会计年度，YEAR = 1，表示年度为 2012 年；YEAR = 0，表示年度为 2011 年。$\sum_{I=1}^{11} YEAR \times CONTROL\_VAR_i$ 为 YEAR 和 11 个控制变量的交叉项。

为检验 H2、H3，构建以下模型：

$$AUDITDELAY = \beta_0 + \beta_1 ICW + \beta_2 FORCE + \beta_3 RESTATE + \beta_4 AUDCHG$$
$$+ \beta_5 TENURE + \beta_6 OPINION + \beta_7 BIG4 + \beta_8 LOSS$$
$$+ \beta_9 LEVERAGE + \beta_{10} ROA + \beta_{11} V1 + \beta_{12} SIZE + \varepsilon \quad (7-2)$$

其中，被解释变量为 AUDITDELAY，用于表示外部审计师出具年度审计报告所需要的时间。审计延迟指审计开始日至审计报告签署日的天数，资产负债表日至审计开始日为公司材料准备期间（刘新琳等，2012），由于我国公布审计开始日的公司较少，借鉴已有研究（Ettredge et al.，2000；Leventis et al.，2005；李维安等，2005；Ettredge et al.，2006；Munsif et al.，2012）采用资产负债表日至审计报告签署日来衡量审计延迟。

解释变量为 ICW 和 FORCE，其中，ICW 反映上市公司是否披露了内部控制缺陷的实质内容。内部控制规范的强制实施要求上市公司建立健全内部控制制度，对财务报告内部控制有效性进行审计并披露相关的内部控制信息，以及公司应在自我评价报告中根据内部控制缺陷认定标准对内部控制缺陷进行分类，并计算出该缺陷的数量。但上市公司实际信息披露存在不规范和不充分的情况，如并不是所有公司都披露了内部控制缺陷认定标准，纳入强制实施的公司中，仅有 67.11% 的公司披露了内部控制缺陷认定的标准（周守华等，2013）；一些公司对内部控制缺陷的描述过于简单，仅披露数量；只有部分公司详细披露了内部控制缺陷的实质性内容。在该模型中，若公司披露了内部控制缺陷的实质内容，则 ICW 取 1；否则取 0。FORCE 为强制实施内部控制规范体系的年限，取 1 表示 2011 年执行该体系，取 0 表示 2012 年实施内部控制规范体系。其他控制变量见表 7-1。

表 7 – 1		变量及其定义
变量性质	变量符号	变量定义
被解释变量	AUDITDELAY	审计延迟：资产负债表日至审计报告日的天数
解释变量	YEAR	公司年度：取 1 表示年度为 2012 年，取 0 表示年度为 2011 年
	ICW	是否披露内部控制缺陷实质内容：披露内部控制缺陷实质内容取 1，否则取 0
	FORCE	强制实施内部控制规范体系的年限：取 1 表示 2011 年开始实施，取 0 表示 2012 年开始实施
控制变量	RESTATE	财务重述：该会计年度发生财务重述取 1，否则取 0
	AUDCHG	审计师变更：发生了审计师变更取 1，否则取 0
	TENURE	审计任期：会计师事务所为该公司提供审计服务的年限
	OPINION	审计意见：取 0 表示标准无保留意见，取 1 表示非标准审计意见
	BIG4	是否为"四大"：国际"四大"会计师事务所及其国内合作所取 1，否则为 0
	LOSS	上市公司年度亏损：亏损取 1，否则取 0
	LEVERAGE	财务杠杆：负债总额与资产总额的比值
	ROA	总资产净利率：净利润与总资产的比值
	V1	股权集中度：第一大股东持股比例
	SIZE	公司规模：总资产的自然对数

四、实证结果与分析

（一）相关性分析

由表 7 – 2 可知，AUDITDELAY 与 ICW 在 10% 的水平上呈显著负相关关系，说明披露内部控制缺陷实质内容的公司审计延迟缩短了。AUDITDELAY 和 FORCE 呈显著负相关关系，在 1% 的水平上显著，即相对 2012 年才强制实施内部控制规范的公司而言，2011 年便开始实施内部控制规范的公司所花费的审计时间更短，这可能是由于内部控制规范体系的实施为财务报告提供了合理保证，有效的内部控制制度的实施也让审计师测试更加顺利，进而提升了审计效率。这一结论与其他学者的研究结论是一致的，即内部控制越有效，审计延迟就越短。审计延迟（AUDITDELAY）与财务重述（RESTATE）呈显著负相关关系，这表明发生财务重述的公司有更短的审计延迟。

表 7 - 2 　　　　　　　　模型（7 - 2）主要变量的相关性分析

变量	AUDITDELAY	ICW	FORCE	RESTATE	AUDCHG	TENURE	
AUDITDELAY	1						
ICW	- 0.059 *	1					
FORCE	- 0.107 ***	- 0.077 **	1				
RESTATE	- 0.097 ***	0.069 *	- 0.038	1			
AUDCHG	0.032	0.009	- 0.035	- 0.045	1		
TENURE	0.029	- 0.057	- 0.023	- 0.029	- 0.372 ***	1	
OPINION	0.126 ***	0.059 *	- 0.035	0.04	0.052	- 0.049	
BIG4	- 0.116 ***	- 0.094 ***	0.312 ***	- 0.091 **	- 0.006	- 0.05	
LOSS	0.093 ***	0.065 *	- 0.021	0.144 ***	0.101 ***	- 0.079 **	
LEVERAGE	0.090 **	- 0.004	0.076 **	0.011	0.053	- 0.044	
ROA	- 0.063 *	- 0.028	0.009	- 0.143 ***	- 0.097 ***	0.039	
V1	- 0.060 ***	- 0.04	0.122 ***	- 0.051	0.028	- 0.140 ***	
SIZE	0.019	- 0.067 *	0.313 ***	- 0.115 ***	0.014	- 0.063 *	
变量	OPINION	BIG4	LOSS	LEVERAGE	ROA	V1	SIZE
OPINION	1						
BIG4	- 0.012	1					
LOSS	0.220 ***	- 0.055	1				
LEVERAGE	0.279 ***	- 0.005	0.187 ***	1			
ROA	- 0.230 ***	0.060 *	- 0.588 ***	- 0.346 ***	1		
V1	- 0.096 ***	0.173 ***	- 0.111 ***	- 0.047	0.103 ***	1	
SIZE	- 0.143 ***	0.426 ***	- 0.144 ***	0.054	0.086 **	0.35 ***	1

注：表中数据为相关变量之间的 Pearson 相关系数，*** 表示 1% 的显著性水平，** 表示 5% 的显著性水平，* 表示 10% 的显著性水平。

（二）单变量分析

表 7 - 3 是对模型（7 - 2）中的 799 家公司进行的单变量分析结果。根据表 7 - 3 的结果可初步得出，审计延迟与公司披露具体内容的缺陷（ICW）、是否是第二年执行内部控制规范（FORCE）、是否出现财务重述（RESTATE）、是否为国际"四大"事务所的客户（BIG4）和总资产收益率（ROA）呈负相关关系，与审计意见（OPINION）、公司年度亏损（LOSS）和资产负债率（LEVERAGE）呈正相关关系。

表 7 - 3 模型 (7 - 2) 单变量分析结果

变量	Q1th	Q2th	Q3th	Q4th	t-value（p）
Min	17.000	80.000	87.000	105.000	.
Max	80.000	87.000	105.000	117.000	.
AUDITDELAY	67.810	84.310	94.560	111.400	− 46.430 ***
[p50]	73.000	85.000	97.000	113.000	0.000
ICW	0.296	0.170	0.195	0.210	1.991 **
[p50]	0.000	0.000	0.000	0.000	0.047
FORCE	0.221	0.355	0.200	0.110	3.013 ***
[p50]	0.000	0.000	0.000	0.000	0.003
RESTATE	0.211	0.125	0.100	0.140	1.869 *
[p50]	0.000	0.000	0.000	0.000	0.062
AUDCHG	0.090	0.100	0.065	0.115	− 0.806
[p50]	0.000	0.000	0.000	0.000	0.421
TENURE	7.603	7.615	7.705	7.910	− 0.547
[p50]	6.000	6.000	6.000	6.500	0.585
OPINION	0.000	0.020	0.020	0.070	− 3.860 ***
[p50]	0.000	0.000	0.000	0.000	0.000
BIG4	0.111	0.235	0.090	0.020	3.718 ***
[p50]	0.000	0.000	0.000	0.000	0.000
LOSS	0.206	0.280	0.270	0.355	− 3.349 ***
[p50]	0.000	0.000	0.000	0.000	0.001
LEVERAGE	0.521	0.547	0.554	0.612	− 2.094 **
[p50]	0.507	0.549	0.577	0.601	0.037
ROA	0.036	0.032	0.031	0.026	1.968 *
[p50]	0.032	0.029	0.026	0.022	0.050
V1	0.397	0.417	0.410	0.374	1.452
[p50]	0.396	0.418	0.401	0.346	0.147
SIZE	22.360	23.000	22.610	22.470	− 0.781
[p50]	22.260	22.830	22.500	22.180	0.436

注： *** 表示 1% 的显著性水平， ** 表示 5% 的显著性水平， * 表示 10% 的显著性水平。

(三) 回归检验

表7-4中的模型 (7-1) (a) 为该回归的结果。YEAR 的系数为负 (-8.989) 且高度显著 (0.000), 这表示在控制了其他变量的情况下, 2012 年内部控制强制实施后, 上市公司的审计延迟明显缩短了, 该结果支持 H1。表7-4中还分别给出了 2011 年的样本 [模型 (7-1) (b)] 和 2012 年的样本 [模型 (7-1) (c)] 结果, 两个模型截距的差异接近 -9 (48.208 - 57.197), 且该差异高度显著 (P = 0.000), 进一步支持了 H1。这表明 2012 年强制执行内部控制规范的公司明显降低了审计延迟, 提高了我国财务信息披露的及时性。

表7-4中的回归结果显示, 披露年报补充公告或年报更正公告、收到标准无保留意见、聘请国际 "四大" 会计师事务所、盈利能力 (总资产收益率) 较好以及公司规模较小的公司, 其审计延迟也较短。

表7-4 **模型 (7-1) 的回归结果**

被解释变量: AUDITDELAY	方法: Least Squares		
	模型 (7-1) (a)	模型 (7-1) (b)	模型 (7-1) (c)
YEAR	-8.989*** (0.000)		
RESTATE	-1.427** (0.041)	-1.436*** (0.000)	-5.383*** (0.002)
RESTATE_YEAR	-3.957 (0.187)		
AUDCHG	3.339 (0.173)	3.331 (0.191)	1.606 (0.480)
AUDCHG_YEAR	-1.698 (0.613)		
TENURE	0.371** (0.010)	0.34** (0.014)	0.134 (0.267)
TENURE_YEAR	-0.198 (0.259)		
OPINION	7.435* (0.057)	7.399* (0.068)	12.785*** (0.001)

续表

被解释变量：AUDITDELAY	方法：Least Squares		
	模型（7-1）（a）	模型（7-1）（b）	模型（7-1）（c）
OPINION_YEAR	5.378 (0.344)		
BIG4	-5.479 ** (0.013)	-5.483 ** (0.018)	-8.814 *** (0.000)
BIG4_YEAR	-3.321 *** (0.008)		
LOSS	7.036 *** (0.000)	7.034 *** (0.001)	5.041 *** (0.002)
LOSS_YEAR	-1.899 (0.440)		
LEVERAGE	2.788 (0.239)	2.782 (0.259)	3.898 * (0.060)
LEVERAGE_YEAR	1.125 (0.727)		
ROA	-21.753 (0.144)	-21.746 (0.161)	7.146 0.651)
ROA_YEAR	28.892 (0.194)		
V1	1.943 (0.658)	1.931 (0.672)	-6.181 (0.138)
V1_YEAR	-8.132 (0.189)		
SIZE	1.560 *** (0.006)	1.553 *** (0.008)	1.389 *** (0.007)
SIZE_YEAR	-0.167 (0.833)		
_cons	57.218 *** (0.000)	57.197 *** (0.000)	48.208 *** (0.000)
样本数	1598	799	799
调整 R 的平方	0.108	0.101	0.110

注：***表示1%的显著性水平，**表示5%的显著性水平，*表示10%的显著性水平；括号内为 P 值。

模型（7-1）的回归结果表明，2012 年度强制实施内部控制的公司，审计延迟明显缩短了，为进一步检验审计延迟较少的因素，对模型（7-2）进行了回归，回归结果见表7-5。由表7-5可知，方差膨胀因子的均值约为1.27，且各个变量的方差膨胀因子均小于2，不存在严重的多重共线性，回归结果可靠。AUDITDELAY 与 ICW 的系数为负（-4.361），在 1% 的水平上显著（P =0.003），与预期的符号相一致，H1 得到验证，这表明在内部控制自我评价报告中披露了具体内容缺陷的公司有较短的审计延迟。出现这一结果，可能的解释有：（1）详细披露内部控制缺陷的公司严格实施了内部控制规范，使内部控制自我评价信息的有用性大大提高，降低了审计风险，审计师则减少测试程序，从而提高了审计效率；（2）财务报告审计和内部控制审计的整合审计使审计师可以在很大程度上利用财务报告审计的信息来进行内部控制审计，从而也提高了审计效率。

表7-5 模型（7-2）的回归结果

被解释变量：AUDITDELAY　　方法：Least Squares

变量	Coef.	Std. Err.	t	P > 1	VIF
ICW	-4.361***	1.460	-2.990	0.003	1.02
FORCE	-5.299***	1.551	-3.420	0.001	1.17
RESTATE	-5.266***	1.737	-3.030	0.003	1.05
AUDCHG	1.319	2.232	0.590	0.555	1.18
TENURE	0.119	0.118	1.010	0.315	1.20
OPINION	13.200***	3.912	3.370	0.001	1.16
BIG4	-7.229***	2.133	-3.390	0.001	1.30
LOSS	3.502**	1.675	2.090	0.037	1.59
LEVERAGE	2.442	1.945	1.260	0.210	1.22
ROA	1.832	15.440	0.120	0.906	1.70
V1	-4.655	4.081	-1.140	0.254	1.17
SIZE	1.793***	0.512	3.500	0.000	1.47
_cons	50.760***	11.230	4.520	0.000	
样本数				799	
调整 R 的平方				0.125	

注：*** 表示 1% 的显著性水平，** 表示 5% 的显著性水平，* 表示 10% 的显著性水平。

在模型（7-2）的样本中，有 177 家上市公司在 2011 年便开始实施内部控制规范体系，AUDITDELAY 与 FORCE 呈显著负相关关系，表明在前一年度开始实施内部控制规范的公司，其内部控制制度更加完善和成熟，审计师在进行审计时花费的时间更短，这与预期及实际相符。AUDITDELAY 与 RESTATE 在 1% 的水平上显著负相关，表明出现财务重述的公司提早地公布了审计报告。审计延迟与审计师变更（AUDCHG）、审计任期（TENURE）、资产负债率（LEVERAGE）、总资产收益率（ROA）、股权集中度（V1）的关系在统计意义上不显著。

审计延迟与审计意见（OPINION）在 1% 的水平上显著正相关，即被出具非标准审计意见的公司审计风险较大，审计师进行了更多的测试，进而花费了更多的审计时间，增加了审计延迟。该结果与陈等（Chen et al.，2001）和拜姆伯等（Bamber et al.，1993）的结论一致。

审计延迟与国际"四大"（BIG4）在 1% 的水平上显著负相关，即相比非"四大"，"四大"会计师事务所完成的审计工作有着更短的审计延迟。虽然艾哈迈德和卡马鲁丁（Ahmad and Kamarudin，2003）认为，国际"四大"在出具审计报告时更加谨慎，为保证审计质量和审计工作的完整性，会投入更多的审计时间对其客户进行审计，从而延长了审计时间。但是，由于"四大"具有高效率的审计人才，在审计规模较大的公司时更迅速，审计效率较高。另外，"四大"代表较高的审计质量，能够提升被审计单位对外发布财务报告的信心，促使管理者尽早发布审计报告（刘亚莉等，2011）。研究结果与刘新琳等（2012）、莱文蒂斯和卡拉马尼斯（Leventis and Caramanis，2005）的一致。

审计延迟与公司年度亏损（LOSS）的关系为正（3.502），且在 5% 的水平上显著（P=0.037），表明发生亏损的公司更倾向于更晚公布审计报告。

审计延迟与公司规模（SIZE）的关系为正（1.793），在 1% 的水平上显著（P=0.000），即规模比较大的公司，其经营业务相对比较复杂，增加了审计师的工作量，从而导致了更长的审计延迟。

（四）稳健性检验

为了使结果更可靠，进行了稳健性检验，选取了按规定境内外同时上市的公司 68 家和自愿试点的公司 216 家作为研究样本，剔除 B 股、金融行业和主要变量数据缺失的公司 32 家，剩余 252 家公司。其回归结果显示审计延迟

（AUDITDELAY）与披露内部控制缺陷（ICW）的相关系数为 – 16.500，在 1% 的水平上显著（P = 0.000），这表明相对于没有披露内部控制缺陷实质内容的公司，披露了内部控制缺陷实质内容的公司审计延迟更短，这也支持了 H2。由于篇幅限制，其回归结果没有列示，其他变量的相关关系与表 7 – 5 中的一致。

五、结论与启示

通过检验 2012 年国有主板上市公司强制实施内部控制规范体系前后审计延迟的差异，并进一步检测了这些差异的影响因素，研究结果发现：在控制其他变量之后，强制实施内部控制规范体系的公司审计延迟缩短了；在内部控制自我评价报告中披露内部控制缺陷实质内容的公司有较短的审计延迟；相对于 2012 年实施内部控制规范体系的公司，2011 年便开始实施内部控制规范体系的公司的审计延迟明显缩短了。

会计信息披露的及时性是提升投资者信心的关键，较长的审计延迟严重影响了会计信息披露的相关性和及时性，影响了会计信息质量。在《企业内部控制基本规范》《企业内部控制配套指引》颁布后，探讨内部控制缺陷的披露对审计报告及时性的影响，分析其经济后果，检验内部控制缺陷披露对审计延迟的影响，能进一步明确审计延迟的影响因素，有助于衡量和提高审计效率。

未来对该领域的研究可能集中在以下方面：内部控制强制实施后几年里审计延迟的变化；不同内部控制缺陷类型对审计延迟的影响；内部控制缺陷整改后审计延迟的变化。

第八章　客户风险、审计师专业判断和风险决策

第一节　内部控制缺陷的识别和认定

飞速发展的信息技术、层出不穷的金融创新、瞬息万变的市场经济、日益复杂的企业组织架构，不仅给作为市场主体的企业带来了无限的机会和可能，还带来了巨大的挑战和风险。内部控制作为企业识别、防范和化解风险的防火墙，是防范企业财务报告错误和舞弊行为的第一道防线，也是保证企业经营活动合法合规的屏障，起着为企业保驾护航的作用。企业微观层面的风险，如果防范处理不当，可能累积放大为宏观层面的风险。近几年来，世界经济受到全球性金融危机的严重冲击，而金融危机爆发的重要原因之一就是金融机构的内部控制出了问题，加之监管制度没有跟上，最终累积为全球危机。而内部控制审计业务既可以推动被审计单位加强内部控制建设、完善内部治理机制，又能促进被审计单位主动识别、评估和应对财务报告相关风险，合理保证财务报告的真实性、准确性和完整性，提高财务报表审计质量。但是内部控制审计业务的出现在为注册会计师行业注入新的业务机会的同时，也提高了注册会计师的执业风险。而从促进上市公司完善其内部控制的角度来讲，要求注册会计师对上市公司的内部控制或内部控制报告进行审计，又是必不可少的。按照安德鲁·阿伯特（Andrew Abbott，1988）提出的职业理论（theory of profession），任何一项职业的产生、维系与发展都必须要发展出一套随社会环境的变化而不断变化的抽象知识（观念）体系以保护和发展该职业的职责范围[①]。对于审计职业来说，对其内部控制的认识及其标准的制

[①] Andrew Abbott. The System of Profession: An Essay on the Division of Expert Labor [M]. Chicago: University of Chicago Press, 1988.

定与实施就是该职业的抽象观念体系的重要组成部分。

一、内部控制审计风险

2010 年 4 月，财政部会同证监会、审计署、银监会、保监会联合发布了《关于印发企业内部控制配套指引的通知》，要求企业应当对内部控制的有效性进行自我评价，披露年度自我评价报告，同时应当聘请会计师事务所对财务报告内部控制的有效性进行审计并出具独立的审计报告。2012 年 1 月，为了进一步规范注册会计师执行内部控制审计业务，明确工作要求，提高执业质量，中国注册会计师协会制定了《企业内部控制审计指引实施意见》。审计师在对企业进行内部控制审计时，需要对财务报告内部控制的有效性出具审计意见，如果该企业存在内部控制重大缺陷，而审计师在审计过程中没有发现，因此出具了不恰当的审计意见，此时就存在审计风险。所以说内部控制审计的实施必然伴随着内部控制审计风险的客观存在。

2013 年 4 月 1 日，中国注册会计师协会在约谈中勤万信会计师事务所负责人时强调，事务所要以保证审计质量为目标，以客观反映上市公司内部控制情况、推动上市公司内部控制有效运行为核心，坚持诚信、独立、客观、公正的原则与立场，确保审计程序到位，审计结论恰当。要做到上述目标，首先，要处理好财务报表审计和内部控制审计之间的关系，既要确保内部控制审计业务的独立性，又要注重与财务报表审计的合理衔接，两者识别的重大业务流程、重要账户、列报和相关认定及重要性水平要统一；其次，要根据被审计单位的具体情况，采用"自上而下"的审计方法，根据企业财务报表的重大错报风险有效分配审计资源，选择足以应对评估的每个相关认定重大错报风险的控制进行测试，合理安排控制测试的涵盖期间、测试时间及样本量，完整记录审计工作；再次，就是在评价内部控制审计获取的审计证据和形成的结论时，要全面评价获取的审计证据，包括控制测试结果、财务报表审计中发现的错报，以及已识别的所有控制缺陷，以形成对内部控制有效性的意见，避免出现审计判断不一致的情况；最后，如果上市公司在基准日前对存在的重大缺陷进行了整改，但新的内部控制尚未运行足够长的时间，应慎重考虑其对内部控制有效性评价的影响。

中国注册会计师协会约谈会计师事务所时，提示注册会计师在内部控制审计的过程中，需要特别注意一些上市公司，如发生会计估计变更的上市公司、发生股权纷争的上市公司以及管理层频繁变更的上市公司。注册会计师在对上述上市公司进行内部控制审计时，需要时刻保持职业怀疑态度。

（一）发生会计估计变更的上市公司内部控制审计风险

如果上市公司的会计估计频繁发生变更，将会对财务报表产生重大影响。在内部控制审计工作中，要求事务所要对会计估计变更相关的内部控制予以高度关注，始终保持职业怀疑态度，将内部控制审计和财务报表审计有机整合，科学制订审计计划，严格实施控制有效性测试，充分关注财务报表相关披露，如实发表审计意见。

首先，注册会计师要充分了解会计估计的性质，会计估计变更的依据与方法，以及会计估计变更的相关控制流程，考虑管理层在重大会计估计方面可能存在的舞弊风险，尤其要关注在被审计单位存在经营业绩压力的情况下，管理层凌驾于内部控制之上的可能性，同时要考虑财务报表审计中有关舞弊风险的评估结果，设计和实施有针对性的特别审计程序。其次，要在了解和测试企业层面控制的基础上，识别受重大会计估计变更影响的重要账户、列报及其相关认定，复核上期财务报表中确认的会计估计，评价管理层做出会计估计的方法是否恰当，会计估计变更所依据数据的准确性、完整性和相关性，测试会计估计变更的计算过程，认真分析可能表明内部控制存在重大缺陷的迹象，恰当评价识别出的会计估计以及会计估计变更相关控制缺陷的严重程度，以确定这些缺陷单独或组合起来是否构成内部控制重大缺陷，恰当确定内部控制审计报告意见类型。最后，要对会计估计变更的相关财务报表披露予以充分关注，尤其对导致特别风险的会计估计变更，要注意评价估计不确定性的相关披露是否充分、恰当①。

（二）发生股权纷争的上市公司内部控制审计风险

近年来，因内部股东之间争夺控制权、外部资本举牌而引发的上市公司股权纷争案例时有发生。股权纷争威胁公司管理层稳定，影响公司决策和日常运营，可能导致管理层和治理层难以有效行使其应有的职能，广大中小投资者的利益也难以得到有效保障。事务所在对发生股权纷争的上市公司进行

---

① 资料来源于中国注册会计师协会于 2015 年 1 月 7 日发布的要闻"中注协约谈部分证券资格事务所负责人，提示发生会计估计变更的上市公司内部控制审计风险"（http：//www.cicpa.org.cn/news/201501/t20150107_46332.html）。

内部控制审计时，要充分关注股权纷争对上市公司内部控制环境、控制活动等方面所产生的影响，高度重视发生股权纷争的上市公司可能存在的内部控制审计风险。

在审计过程中，注册会计师应重点关注以下事项：一是要充分识别、了解和测试企业层面控制，关注公司的治理结构和议事规则是否规范，是否形成科学有效的职责分工和制衡机制，董事会和监事会是否有效行使企业经营管理决策权和监督权，是否能及时、有效地识别和评估公司内外部风险；二是要关注上市公司是否建立了充分、畅通的沟通渠道，内部信息传递是否完整、及时，评价上市公司期末财务报告流程是否有效，是否对外及时履行信息披露义务；三是要充分关注上市公司针对管理层和治理层凌驾于内部控制之上的风险而设计的控制，评价相关内部控制是否足以应对舞弊导致的重大错报风险；四是要特别关注上市公司股权纷争期间发生的重大或异常的资产重组、人员变更、采购或销售业务，了解潜在错报的来源，关注各项决策是否按照规定的权限和程序进行审批，内部控制关键控制点的设计与运行是否有效；五是要关注可能表明内部控制存在重大缺陷的迹象，评价识别的各项控制缺陷的严重程度，合理确定内部控制审计意见类型，并对在审计过程中注意到的非财务报告内部控制缺陷予以恰当处理①。

（三）管理层频繁变更的上市公司内部控制审计风险

设计、执行和维护必要的内部控制，使财务报表不存在由于舞弊或错误导致的重大错报，是管理层的重要职责。但是若上市公司管理层变动频繁，将会对公司的日常经营和内部控制的有效实施产生十分不利的影响。故对于管理层频繁变更的上市公司，注册会计师应充分关注管理层频繁变更对上市公司控制环境、风险评估、控制活动、信息与沟通等方面所产生的影响，高度重视管理层频繁变更的上市公司可能存在的内部控制审计风险。

在审计过程中，注册会计师应重点关注以下事项：一是恰当评价公司整体层面的控制风险。关注管理层频繁变更对公司组织架构、治理结构、管理理念、发展战略以及公司稳定发展所产生的影响；关注管理层频繁变动是否导致公司内部控制发生重大变化；关注董事会和监事会能否有效行使职权，

---

① 资料来源于 2015 年 3 月 2 日中国注册会计师协会发布的要闻"中注协书面约谈事务所，提示发生股权纷争的上市公司内部控制审计风险"（http：//www.cicpa.org.cn/news/201503/t20150302_46569.html）。

管理层、治理层之间的信息沟通是否有效。在此基础上，合理确定公司层面的控制风险水平，制定适当的审计策略。二是关注管理层凌驾于内部控制之上的风险。考虑管理层频繁变更对公司经营风险、审计风险产生的影响，警惕管理层为实现短期利益而操纵财务信息的可能性，特别关注针对管理层凌驾于内部控制之上的风险而设计的控制，了解并评价相关的控制是否足以有效防范管理层凌驾于控制之上的风险，并通过询问、观察等程序判断这些控制的实际执行是否有效。三是充分关注重大或异常交易及事项。关注上市公司在管理层频繁变动期间发生的重大会计政策和会计估计变更、重大资产重组以及关联方交易等事项，把握交易的商业实质，评价与之相关的内部控制设计是否恰当、运行是否有效以及对总体审计结论可能产生的影响。四是合理确定审计意见类型。客观评价财务报告内部控制和非财务报告内部控制存在的重大缺陷，评价识别的各项控制缺陷的严重程度，合理确定内部控制审计报告意见类型。另外，中注协提示各事务所要正确处理内部控制咨询、评价业务与内部控制审计业务的关系，确保内部控制审计业务的独立性；要恰当计划和实施内部控制审计工作，准确区分重大缺陷、重要缺陷和一般缺陷①。

二、内部控制缺陷的识别

《中国注册会计师审计准则第 1152 号——向治理层和管理层通报内部控制缺陷》给出了内部控制缺陷的定义：内部控制缺陷，是指在下列任一情况下内部控制存在的缺陷：（1）某项控制的设计、执行或运行不能及时防止或发现并纠正财务报表错报；（2）缺少用以及时防止或发现并纠正财务报表错报的必要控制。注册会计师应当根据已执行的审计工作，确定是否识别出内部控制缺陷。如果识别出内部控制缺陷，注册会计师应当根据已执行的审计工作和职业判断，确定该缺陷单独或连同其他缺陷是否构成值得关注的内部控制缺陷。

目前有较多学者对企业内部控制缺陷的识别和认定进行研究，而在审计过程中注册会计师如何对内部控制缺陷进行识别和认定的研究较少。杨有红

---

① 资料来源于 2016 年 1 月 19 日中国注册会计师协会发布的要闻"中注协书面约谈事务所，提示管理层频繁变更的上市公司内部控制审计风险"（http：//www. cicpa. org. cn/news/201601/t20160119_48106. html）。

和李宇立（2011）提出对内部控制缺陷的认定应分为三个步骤：第一，识别内部控制设计和运行缺陷；第二，对识别出的内部控制缺陷进行严重程度评估，将其区分为重大缺陷、重要缺陷和一般缺陷；第三，赋予不同的管理层级以不同影响程度的缺陷认定权限。李宇立（2012）认为，内部控制缺陷的识别和认定是一个过程，将其分为三个步骤：首先，确定风险偏好和风险容忍度；其次，将单位层面的风险容忍度"自上而下"地在各层级分配；最后，将敞口风险与对应的风险容忍度进行对比。郑石桥（2017）认为，内部控制鉴证的内容是内部控制缺陷性。其包括三个步骤：一是寻找内部控制缺陷；二是对已经识别的内部控制缺陷进行等级分类；三是在此基础上，根据内部控制缺陷性和有效性的互补关系，确定内部控制有效性。他将寻找内部控制缺陷这一过程称为内部控制缺陷识别，对已经识别的内部控制缺陷划分等级这一过程称为内部控制缺陷认定，本节将采用这种观点。

企业存在的内部控制缺陷，可采用测试识别和迹象识别两种方法来识别内部控制缺陷的类型。《企业内部控制审计指引实施意见》要求注册会计师采用自上而下的方法选择拟测试的内部控制，其中包括从财务报表层次初步了解内部控制整体风险，识别、了解和测试企业层面控制，基于财务报表层次识别重要账户、列报及其相关认定，了解潜在错报的来源，并识别企业用于应对这些错报或潜在错报的控制，然后选择拟测试的内部控制。也就是说，注册会计师在审计过程中应当以风险评估为基础，选择拟测试的控制，确定测试所需收集的证据。内部控制的特定领域存在重大缺陷的风险越高，给予该领域的审计关注就应该越多，需要获取的审计证据也应越多。

（一）内部控制缺陷的测试识别

不论是测试企业层面控制缺陷还是测试业务层面缺陷，注册会计师均要把握重要性原则，均应当评价内部控制是否足以应对舞弊风险，且在确定测试的时间安排时，应当在下列两个因素之间做出平衡：（1）尽量在接近企业内部控制自我评价基准日实施测试；（2）实施的测试需要涵盖足够长的期间，以获取充分、适当的证据。但是二者所关注的控制重点稍有不同。

在测试企业层面控制缺陷时，注册会计师至少应当关注：（1）与内部环境相关的控制；（2）针对董事会、经理层凌驾于控制之上的风险而设计的控制；（3）企业的风险评估过程；（4）对内部信息传递和财务报告流程的控制；（5）对控制有效性的内部监督和自我评价。在测试业务层面控制缺陷时，注册会计师应结合企业实际、企业内部控制各项应用指引的要求和企业层面控制的测试情况，重点对企业生产经营活动中的重要业务与事项的控制进行测试。同时注册会计师还应当关注信息系统对内部控制及风险评估的影响。

为了进一步了解潜在错报的来源，并为选择拟测试的控制奠定基础，注册会计师还应当做到以下四点：（1）了解与相关认定有关的交易的处理流程，包括这些交易如何生成、批准、处理及记录；（2）验证注册会计师识别出的业务流程中可能发生重大错报（包括由于舞弊导致的错报）的环节；（3）识别被审计单位用于应对这些错报或潜在错报的控制；（4）识别被审计单位用于及时防止或发现并纠正未经授权的、导致重大错报的资产取得、使用或处置的控制。

注册会计师要做到以上四点，穿行测试通常是最有效的方式。穿行测试是指追踪某笔交易从发生到最终被反映在财务报表中的整个处理过程。在执行穿行测试时，针对重要处理程序发生的环节，注册会计师可以询问被审计单位员工对规定程序及控制的了解程度。实施询问程序连同穿行测试中的观察、检查相关文件及重新执行等其他程序，可以帮助注册会计师充分了解业务流程，识别必要控制设计无效或出现缺失的重要环节。为有助于了解业务流程处理的不同类型的重大交易，在实施询问程序时，注册会计师不应局限于关注穿行测试所选定的单笔交易。

注册会计师应当对被审计单位的控制是否足以应对评估的每个相关认定的错报风险形成结论，所以注册会计师应当选择对形成这一评价结论具有重要影响的控制进行测试。对于一个特定的相关认定而言，可能有多项控制用以应对评估的错报风险；反之，一项控制也可能应对评估的多项相关认定的错报风险。但是，注册会计师并没有必要测试与某项相关认定有关的所有控制。在确定是否测试某项控制时，注册会计师应当考虑该项控制单独或连同其他控制，是否足以应对评估的某项相关认定的错报风险，而不论该项控制的分类和名称如何。

（二）内部控制缺陷的迹象识别

迹象识别是指通过所发现的已背离内部控制目标的迹象，来识别内部控制缺陷。严重背离内部控制目标的迹象发生，本身就表明现有的内部控制无法为控制目标的实现提供合理保证。杨有红和李宇立（2011）认为，存在内部控制缺陷的迹象有：（1）管理层的舞弊行为，内部控制系统未能发现或虽已发现但不能给予有效的制止；（2）因决策过程违规、违法使用资金等受到监管部门的处罚或责令整改；（3）审计委员会或者外部审计师发现财务报表存在错报；（4）企业资产出现贪污、挪用等行为；（5）某个业务领域频繁地发生相似的重大诉讼案件。

内部控制重大缺陷的识别在内部控制审计中是至关重要的，许多内部控制重大缺陷是根据内部控制审计准则指出的、表明公司内部控制可能存在重大缺陷的迹象来识别的。《企业内部控制审计指引》指出，企业内部控制可能存在重大缺陷的迹象主要包括：（1）注册会计师发现董事、监事和高级管理人员舞弊；（2）企业更正已经公布的财务报表；（3）注册会计师发现当期财务报表存在重大错报，而内部控制在运行过程中未能发现该错报；（4）企业审计委员会和内部审计机构对内部控制的监督无效。也就是说，如果注册会计师确定发现的一项控制缺陷或多项控制缺陷的组合将导致审慎的管理人员在执行工作时，认为自身无法合理保证按照适用的财务报告编制基础记录交易，应当将这一项控制缺陷或多项控制缺陷的组合视为存在重大缺陷的迹象。

三、内部控制缺陷的认定

根据郑石桥（2017）的观点，对已经识别的内部控制缺陷进行等级分类这一过程叫作内部控制缺陷认定，故这一部分将主要对内部控制缺陷严重程度的认定进行阐述。

美国公众公司会计监督委员会发布的第 2 号和第 5 号审计准则按照内部控制缺陷导致财务报表重大错报发生的可能性，将内部控制缺陷分为三类：控制缺陷、重要缺陷和重大缺陷。其中，控制缺陷是指"内部控制的设计和运行使管理层或员工在执行他们指定职能的正常过程中不能及时阻止或发现错报"；重要缺陷是指"一个或多个控制缺陷的组合，对管理层按照公认会计原则可靠设立、授权、记录、处理或报告外部财务数据的能力产生负面影响，从而导致管理层不能阻止和发现财务错报的可能性较大"；重大缺陷是指"一个重要缺陷或多个重要缺陷的组合，存在一个合理可能性导致财务报表重大错报不能被阻止或发现"。2011 年 10 月中国注册会计师协会发布的《企业内部控制审计指引实施意见》中将内部控制存在的缺陷按其严重程度分为重大缺陷、重要缺陷和一般缺陷。重大缺陷是内部控制中存在的、可能导致不能及时防止或发现并纠正财务报表出现重大错报的一项控制缺陷或多项控制缺陷的组合。重要缺陷是内部控制中存在的、其严重程度不如重大缺陷但足以引起负责监督被审计单位财务报告的人员（如审计委员会或类似机构）关注的一项控制缺陷或多项控制缺陷的组合。一般缺陷是内部控制中存在的、除重大缺陷和重要缺陷之外的控制缺陷。但是上述的两种划分方法对内部控制重要缺陷和一般缺陷的界定，并没有明确清晰的标准；相反，对于内部控制重大缺陷的认定倒具有可操作性。

《企业内部控制审计指引实施意见》中指出，注册会计师应当评价其识别的各项控制缺陷的严重程度，以确定这些缺陷单独或组合起来是否构成内部控制的重大缺陷。但是，在计划和实施审计工作时，不要求注册会计师寻找单独或组合起来不构成重大缺陷的控制缺陷。控制缺陷的严重程度与错报是否发生无关，而取决于控制不能防止或发现并纠正账户或列报发生错报的可能性的大小，和因一项或多项控制缺陷导致的潜在错报的金额大小。评价一项控制缺陷或多项控制缺陷的组合是否可能导致账户或列报发生错报时，注册会计师应当考虑的风险因素包括：（1）所涉及的账户、列报及其相关认定的性质；（2）相关资产或负债易于发生损失或舞弊的可能性；（3）确定相关金额时所需判断的主观程度、复杂程度和范围；（4）该项控制与其他控制的相互作用或关系；（5）控制缺陷之间的相互作用；（6）控制缺陷在未来可能产生的影响。评价因一项或多项控制缺陷导致的潜在错报的金额大小时，注册会计师应当考虑的因素包括：（1）受控制缺陷影响的财务报表金额或交易总额；（2）在本期或预计的未来期间受控制缺陷影响的账户余额或各类交易涉及的交易量。

在评价控制缺陷是否可能导致错报时，注册会计师无须将错报发生的概率量化为某特定的百分比或区间。如果多项控制缺陷影响财务报表的同一账户或列报，错报发生的概率会增加。在存在多项控制缺陷时，即使这些缺陷从单项看不重要，但组合起来也可能构成重大缺陷。因此，注册会计师应当确定，对同一重要账户、列报及其相关认定或内部控制要素产生影响的各项控制缺陷组合起来是否构成重大缺陷。在评价潜在错报的金额大小时，账户余额或交易总额的最大多报金额通常是已记录的金额，但其最大少报金额可能超过已记录的金额。通常，小金额错报比大金额错报发生的概率更高。在确定一项控制缺陷或多项控制缺陷的组合是否构成重大缺陷时，注册会计师还应当评价补偿性控制的影响。在评价补偿性控制是否能够弥补控制缺陷时，注册会计师应当考虑补偿性控制是否有足够的精确度以防止或发现并纠正可能发生的重大错报。

总体来说，注册会计师在进行内部控制审计时，要严格按照《企业内部控制审计指引》和《企业内部控制审计指引实施意见》的要求，认真制订审计计划，合理确定审计范围与重点审计领域，严格实施控制有效性测试，有效识别、评价内部控制缺陷，形成恰当审计意见，如实出具内部控制审计报告。同时，注册会计师要通过周密安排内部控制审计实施时间，为上市公司预留足够的缺陷整改时间，及时跟进整改进展，通过及时有效的整改，促进上市公司内部控制水平的提高。

第二节　审计师的风险专业判断能力

一、审计师专业判断的含义

《国际审计准则第200号——独立审计师的总体目标和按照国际审计准则执行审计工作》对审计师专业判断做出定义，指出审计专业判断是在审计准则、会计准则和职业道德要求的框架下，审计师运用相关专业训练、知识和经验做出适合审计业务具体情况、有根据的行动决策。中注协在2014年10月13日发布的《注册会计师职业判断指南》中也对审计师专业判断能力进行了概述，首先，提出了对审计师的要求，认为审计师需要具备必要的知识、经验和专业技能，并保持应有的职业精神，在作风险专业判断时不能屈服于他人的意志，并且要客观、公正地表述其结论；其次，审计师风险专业判断是在法律法规和职业标准的框架下做出的，即有一定的依据和要求，并不是随意做出判断的；最后，在定义概述时，指南还提到审计师是在一种具有不确定性情况下进行的风险判断。

2015年中国注册会计师协会印发《中国注册会计师职业判断指南》进一步指出了审计师是对财务报告编制者的专业判断做出再判断，包括对资产减值相关的专业判断、与收入确认相关的专业判断、与公允价值计量相关的专业判断、与关联方关系及其交易的会计处理和披露相关的专业判断、或有事项相关的专业判断、与期后事项相关的专业判断、其他与会计政策和会计相关的判断。而本书主要讨论的是审计师对客户风险进行的专业判断。它作为一种特殊的经济控制，在审计师风险管理策略中离不开专业判断能力的有效运用。审计判断任务是审计专业判断的客体，审计专业判断客体是为了实现审计目标而实施的具体审计活动（蔡春，2011）。因此，了解审计师专业判断对财务报告编制者、审计师和监管部门来说都很重要。

二、审计师专业判断的依据

审计师专业判断具有一定的主观性，制定相关审计准则一方面为规范审计工作提供技术指导，另一方面也衡量审计师审计工作质量的权威性标准（李莫愁，2017）。无规矩不成方圆，审计师面临复杂的审计业务，如何进行正确、有效的判断，也是亟待解决的问题。本章列举以下几个比较重要的法律法规进行阐述。

我国 2004 年 1 月 1 日起施行颁布的《审计机关审计项目质量控制办法（试行）》以及多项具体审计准则都规定审计师应当运用专业判断，审计师日记记载的审计工作具体内容也要包括审计师专业判断和查证的结果。在审计过程中，审计人员应当就获取的审计证据进行分析、判断和归纳，按照审计事项分类，将审计证据与审计事项相关程序排序；对审计证据进行比较判断，决定取舍，判断出与审计事项无关、无效、重复、冗余的证据；对审计证据进行汇总和分析，最后确定审计事项的审计证据是否支持审计结论。表明了审计师对审计证据的判断直接影响最终出具的审计意见是否真实可靠。李凯翔（2016）认为，审计师对存在问题的公司出具非标准审计意见是审计师尽职的表现，因为这向外部相关利益者传递了公司存在经营和财务风险的信号。《中国注册会计师审计准则第 1101 号——财务报表审计的目标和一般原则》第十六条也指出，"被审计单位在实施战略以实现其目标的过程中可能面临各种经营风险，注册会计师应当重点关注可能影响财务报表的经营风险"。哪些审计事项需要重点关注也成为审计师判断的关键点。

《国际审计准则第 230 号——审计工作底稿》进一步明确规定审计师需要在整个审计过程中运用专业判断，并就专业判断做出适当记录。审计师编制的审计工作底稿应当使未曾接触该项审计工作的有经验的专业人士清楚了解在对重大事项得出结论时做出的重大职业判断。《中华人民共和国国家审计基本准则 2000 年审计署第 1 号令》也要求我国审计师在实施审计工作时，应当对审计工作中的重大事项以及审计师的专业判断进行记录，编制审计工作底稿，并对审计工作底稿的真实性负责。这不但有助于提高审计师专业判断能力，信息使用者还可以通过审计师对重大事项判断的记录来了解客户，为后续的决策工作开展提供依据。

此外，2014年中国注册会计师协会编译了苏格兰特许会计师协会制定的《财务报告职业判断框架》，发布了为财务报告编制者的关键判断和审计师对关键判断的审计提供了原则导向框架。该框架对审计师专业判断提出了四点原则：第一点，审计师只有收集并分析了所有相关信息，才能做出审计专业判断。这要求审计师不能随意做出判断，需要获取充分的审计证据及相关的信息。沃利·斯米利奥斯卡斯（Wally Smieliauskas）和蒋益俊（2013）分析认为，审计师在审计项目中合理应用审计技术、设计合理的审计证据收集程序，能够降低审计风险，审计风险与审计证据的充分性、相关性、可靠性有关系。第二点，主要针对监管部门提出的要求，提出审计师只有根据适用的会计框架、会计准则、其他相关文献以及适用的审计准则和指南，才能做出审计专业判断。第三点，要求审计师评估并质疑客户判断的过程。审计师只有实施了适当的应循程序评估并质疑客户的判断，才能做出审计职业判断。第四点，要求审计师做记录，留下审计判断工作底稿。这四点原则给审计师做出风险专业判断指明了方向，在实际工作中，审计师只有遵循相应的法规原则，才能减少专业判断偏差。

三、审计师专业判断的作用

《中国注册会计师职业判断指南》中认为，如果没有专业判断对知识、经验的灵活运用，仅靠机械执行会计、审计程序，财务报告机制便无法有效运作。当外部审计师对客户进行风险审计，识别和评估客户风险高低，判断审计师是否可以接受该风险水平时，都离不开具有专业知识和技能的人员在具体情形下做出的专业判断。当客户风险高于其所带来的利益时，审计师会根据判断做出相应的决策。指南还强调应对经济环境的不确定性，需要审计师做出职业判断。企业的经营除了受自身经营能力影响以外，还受外部环境影响，其从事的经济业务可能存在各种风险，审计师需要根据变化的经营风险不断调整专业判断。吴文英、祝子丽（2016）研究发现，审计师的专业判断水平与审计质量呈正相关的关系，即审计师专业判断能力越高，审计质量越好。因此，提高审计师专业判断水平有助于提高审计质量。反过来，审计专业判断出现偏差可能也会导致审计师审计失败。王翠琳、杨光（2016）统计2006～2014年证监会对会计师事务所的行政处罚共34份，究其原因，主要是审计师在审计判断过程中运用的审计程序不当、审计证据不足、工作底稿有误等，从而导致审计师专业判断有误。中国注册会计师协会副会长兼秘书长陈毓圭在2014年海峡两岸及港澳地区会计师行业交流研讨会上的主题演讲中谈道"专业判断是会计职业的精髓，它构成了整个会计活动，审计师在提供审计服务时，要确定重要性水平、识别和评估重大错报风险、确定审计意见类型，都需要审计师专业判断能力。它既是会计职业的一个重要特征，也是会计职业价值的重要体现"①。审计专业判断的重要性在于它在审计过程中的普遍运用，以及做出的一系列判断。

四、审计师专业判断的影响因素

审计专业判断运用于整个审计过程中，那么哪些因素影响审计师对风险的专业判断呢？本书从三大层面来进行论述。首先，分析社会环境因素对审计师专业判断的影响，审计师总是在一定的社会环境中开展工作的，社会环境因素对审计师评估重大事项、进行专业判断的影响是多方面的，主要包括审计市场竞争程度、法律责任的情况及职业监管环境。其次，分析会计师事务所内部影响因素，审计专业判断的主体是审计师，判断主体的素质影响审计质量，而素质包括了审计师专业知识、经验、性格、技能。最后，分析审计对象被审计单位对审计师专业判断的影响。被审计单位的影响主要包括被审计单位治理机制、被审计单位内部控制质量、外部审计对内部审计工作结果的利用、被审计单位管理层的行为操纵、被审计单位披露和会计信息模糊性。

（一）社会环境因素

对于审计师专业判断这一活动而言，找到影响审计师专业判断的这些因素，就可以采取具有针对性的措施，来改变其对审计师执业的影响，从而提高审计效率与效果。纵观整个审计过程，审计判断虽然是来自审计师，但影

---

① 资料来源于中国注册会计师协会于2014年11月24日发布的要闻"提高职业判断水平，推进会计职业健康发展"（http://www.cicpa.org.cn/news/201411/t20141124_46155.html）。

响其判断的因素不仅仅只是审计师自身的原因。早在 1978 年，《科恩报告》就指出："我们对导致会计师事务所陷入困境的主要审计失败案例进行了调查。结果表明，产生问题的主要原因是审计师在压力过大的情况下做出了不适当的职业判断。"审计师"压力过大"意味深长，究竟是何原因造成他们压力过大，值得深究。在影响审计师审计判断的因素当中，审计判断环境是不得不涉及的。审计判断环境是审计环境的一个"子环境"。审计师的职业判断处在该环境之下，同样会顾忌很多方面。审计判断是所有审计判断要素共同作用的结果，加之相关的法律法规，是审计判断体系的重要组成内容。环境往往能够孕育出新事物，审计判断环境也是如此。审计师在执业时经常会遇到各种各样的问题，无论是常见问题，还是新问题，审计师的专业判断都要随着判断环境"与时俱进"，不断发展。

1. 审计市场竞争激烈

根据中注协网站报道"中注协以'抵制行业不正当低价竞争'为主题，在北京与会计师事务所相关负责人进行约谈，要求审计行业加强对审计收费的管理，坚守行业收费标准底线，有效地防控审计风险"①。审计服务的价格应该由审计服务的供求双方共同决定，但是中注协多次发布促进市场公平竞争，治理不正当竞争的文件，表明我国审计市场竞争较为激烈。从审计市场供给服务来分析，段特奇（2012）研究发现，由于我国审计师提供的审计报告质量难以断定，审计师声誉成为整个审计行业审计师共同拥有的资源，提供低质量审计报告的审计师如果没有被监管处罚，也可以免费享受整个审计行业所带来的群体声誉，提供高质量审计服务的审计师却要受整个审计行业群体声誉的影响。对于提供高质量服务的审计师来说无疑是一种冲击，受成本的制约，审计师想进一步获取更加全面的审计证据可能会受到限制，给审计师审计失败带来压力，最终可能导致审计专业判断出现偏差（黄尧，2007）。根据《中华人民共和国注册会计师法》，审计收费是指审计师在为审计客户提供审计服务后，向客户收取用以弥补在审计过程中审计师付出成本的一定数额的费用。而国内审计服务收入整体价格偏低，审计师在进行审计专业判断时会受到同行业竞争压力的影响（王妍，2015）。当同行业所带来的竞争压力较大的时候，面对有限的审计客户，审计师只有通过提供高质量的

---

① 资料来源于中国注册会计师协会于 2015 年 5 月 6 日发布的要闻"中注协提示相关事务所进一步抵制不正当低价竞争"（http：//www. cicpa. org. cn/news/201505/t20150506_46927. html）。

审计服务来抢占市场份额，或者基于市场信息不对称的情况进行"低价揽业"。

按照政府强制要求，企业必须聘请审计师来进行财务报表审计，2012 年强制执行内部控制审计后，审计师还要提供内部控制审计服务。当审计市场供过于求，审计价格下降时，审计师会基于自身成本利益考虑，降低审计判断成本；而按照前面审计专业判断依据，审计师要尽可能地获取全面的审计证据，只有审计证据充分、适当，才能减少审计师判断误差。因此，节约审计成本可能会给审计判断带来风险。

2. 法律责任情况

根据中国注册会计师协会《会计师事务所执业质量检查制度》和《关于开展 2017 年会计师事务所执业质量检查工作的通知》的要求，各省、自治区、直辖市注册会计师协会（以下简称各省级注协）组织实施并顺利完成了会计师事务所（以下简称事务所）执业质量检查工作。据统计，2013 年各省级注协按照规定对存在问题的 159 家事务所和 299 名注册会计师实施了行业惩戒；2014 年各省级注协按照规定对存在问题的 89 家事务所和 211 名注册会计师实施了行业惩戒；2015 年各省级注协按照规定对存在问题的 84 家事务所和 194 名注册会计师实施了行业惩戒；2016 年各省级注协按照规定对存在问题的 83 家事务所和 202 名注册会计师实施了行业惩戒；2017 年各省级注协按照规定对存在问题的 98 家事务所和 210 名注册会计师实施了行业惩戒（见表 8 – 1）。① 惩戒的原因主要是审计师并未充分贯彻风险导向的审计理念，对重大交易、账户余额及列报的审计程序实施不到位，获取的审计证据也不充分、适当，导致审计风险专业判断有误，从而不能支撑审计报告的意见类型。

表 8 – 1　　　　　　　　**惩戒事务所及注册会计师数量**

年份	惩戒事务所数量（家）	惩戒注册会计师人数（名）
2013	159	299
2014	89	211
2015	84	194
2016	83	202
2017	98	210

关于我国低价揽业现象，《中国注册会计师协会关于开展 2012 年会计师

---

① 根据中国注册会计师协会网站公布的《中国注册会计师协会会计师事务所执业质量检查通告》相关数据整理。

事务所执行质量检查工作的通知》（以下简称《全国检查通知》）和《中国注册会计师协会关于开展 2012 年证券资格会计师事务所执业质量检查工作的通知》（以下简称《证券所检查通知》）要求将涉嫌不正当低价竞争的事务所，作为执业质量检查的重点对象，用足力、用全力，查全面、查深入，重点安排检查专家，充分安排检查时间，围绕检查重点，切实查清问题，彻底遏制部分事务所损害行业和谐发展、科学发展的行为。《全国检查通知》同时表示，中注协和各省级注协建立不正当低价竞争投诉举报渠道，设立了举报邮箱。《会计师事务所质量控制准则第 5101 号——业务质量控制》《会计师事务所内部治理指南》等相关文件要求对事务所质量控制体系十要素进行系统检查，对体系设计和运行的有效性做出评价。在检查业务项目时，要在事务所质量控制体系检查的基础上，重点检查收费水平较低的业务项目和高风险的业务项目。这将有助于缓解我国低价揽业现象，同时也提醒审计师要注意客户高风险的业务，将审计资源投向最可能存在重大错报的领域，并相应地在其他领域减少审计资源。关于审计师专业判断的依据，审计准则已经列示了需要审计师专业判断的相关事项。

3. 职业管理环境

随着现代经济社会的发展，新闻媒体在资本市场上也起到了很大的监督作用。除了政府机构监管对注册会计师专业判断有影响外，新闻媒体意见也会影响审计师专业判断。它是独立于立法、司法、行政之外的"第四大权利"，在审计师进行风险专业判断时发挥着监督治理的作用（Dyck A. and L. Zingales，2002）。作为新闻报道的主体，财经记者会对企业评价形成资本市场的意见舆论，从而形成媒体意见环境。审计师通过对客户风险进行鉴证并发表审计意见向市场传达信息，发挥着降低市场信息不对称的作用，审计师专业判断不仅影响审计质量的高低还影响其他市场的主体决策行为。

张龙平（2014）研究发现，在新闻心理学理论上，审计师作为新闻媒体关注的对象，其认识、情感、判断行为都会受到新闻媒体态度的一定影响，并且在一定程度上表现为"从众"，他们在发表意见时，会了解周围的"意见环境"。即当周围人意见和自己一致时，就敢于发表，甚至是多发表意见；当周围人和自己意见不一致时，就可能会保持沉默或者有所选择地发表意见。

（二）会计师事务所的内部影响因素：审计师专业知识和经验

前文已经对注册会计师职业判断环境进行了分析，认为职业判断的社会环境对于职业判断结果有着重要影响。而判断主体审计师，作为专业风险判断的执行者和承担者，是决定审计质量高低的内在原因。其知识、经验、性格、技能、职业怀疑决定着专业判断质量。

1. 知识

《国际审计准则第200号——独立审计师的总体目标和按照国际审计准则执行审计工作》中指出，专业判断要由专业人士做出，审计师需要具备必要的知识，要取得审计师证书并在会计师事务所从业。认知心理学家安德森（Anderson，2012）认为，人的知识主要分为陈述性知识和程序性知识两种。陈述性知识由人们所知道的事实构成，可以用语言进行表述，又可以分为抽象和意象的形式。程序性知识指的是人们只知道怎么做，但却很难用语言描述或表达出来。在审计师专业判断的过程中，审计师可能知道怎么进行审计专业判断，但是却不知道如何描述判断的过程，用语言表达不出来。显然，审计师的程序性知识是长期积累形成的。中国注册会计师协会发布的会计师事务所执业质量检查报告中，检查发现部分事务所未能充分贯彻风险导向的审计理念，存在质量控制不健全、程序设置不当的问题。这意味着审计师在审计过程中，缺乏风险导向相关的知识培训，导致审计师专业判断停留在表面形式，而没有真正深入地分析探索。

2. 经验

利比（Libby，1995）对审计师经验做了广泛的定义，认为审计师经验是包括第一手和第二手与审计有关的，能够在审计环境中提供学习机会的广泛境况，如审计师不仅要参与完成自身审计工作，还包括复核他人的审计工作、收到上级复核意见。他把经验定义为可提供学习机会的境况，认为提供学习机会的过程都能获取经验。有学者研究发现审计师个人经验是影响审计质量的重要因素。原红旗和韩维芳（2012）研究发现，审计师曾经在"四大"的工作经历与审计质量显著相关。张继勋和付宏琳（2008）研究认为，在审计过程中，审计师的专业判断是最为重要的因素，其专业能力高低直接影响审计质量高低，经验是评估审计师专业判断能力的重要因素。他们的研究结果表明，在一般内部控制风险评估工作中，有经验的审计师和缺乏经验的审计师在稳定性和自我洞察能力方面不存在显著的差异，但有经验的审计师共识显著高于无经验的审计师；进一步的，在进行高级任务分析程序的风险评估工作中，有经验的审计师共识和稳定性显著高于无经验的审计师。从而表明经验积累有助于提升审计师专业判断，能让审计师对客户风险判断更为准确。

3. 性格

心理学有一个职业功能系统，这个系统包括气质、性格、能力等成分，能有效保证个体胜任特定的职业。性格与职业胜任能力密切相关，它是大脑功能与心理的表现形式，是个人的现实态度和行为方式中表现出来的稳定的心理特征。不同性格的审计师执行判断的行为不同，就可能导致不同的审计结果。在经济学中，人们对风险的态度有三类：风险偏好型、风险中立型、风险厌恶型。审计师在做出专业判断的过程中，不可避免地要承受判断失误的风险，但承担的风险程度取决于审计师所做出的判断。如果审计师属于风险偏好型，愿意接受客户风险，那么他的专业判断结果可能也具有很高的风险性，从而会把其本身和其所在的会计师事务所及外部信息使用者置于高风险的境地。同样的，如果审计师属于风险厌恶者，那么他在审计判断的过程中，会实施更多的审计程序来收集尽可能多的审计证据来支持他的判断以降低审计风险。但这样审计成本又会增加，工作效率会有所降低。风险中立者可能会适当地关注客户风险，在考虑审计效率的同时收集审计证据。综合来看，在审计专业判断机制中需要找到效率和效果的最佳平衡点。

4. 技能

技能对审计师专业判断的效率和效果也有影响。专业判断涉及审计师职业的各个环节，由于实体的经营活动错综复杂，审计师需要具备一定的技能，才能在会计事项中做出合理、准确的判断。通常受到时间压力、知识和经验不足以及所获取信息有限等因素的影响，审计师做出的判断不可能都正确，换言之，存在专业判断的风险。所以审计师需要通过提高技能，以降低发生判断偏差的可能性。《注册会计师职业判断指南》中指出，具备良好的专业技能意味着审计师能够做到以下七点：

（1）自觉或不自觉地、迅速地、清晰地以及有重点地运用过去的经验做出决策；

（2）坚信自己具备良好的决策能力，能够镇定和自信地做出决策；

（3）能够在压力下做出决策，甚至在面临较大压力时，仍然能够有效解决问题；

（4）能够使别人信服自己的专业知识，并能有效地将自身的决策能力传授给他人；

（5）能够找到新颖独特的方法解决难题；

（6）必要时，能够找到新的方法解决既定问题；

（7）在解决问题时，表现出高度的探索求真精神。

审计师可以通过培训或者学习来获取所需的知识和经验。然而，仅仅掌握知识和经验并不能保证审计师具备符合要求的专业技能，经验丰富的审计师还需要注意如何灵活地运用其所掌握的知识和经验去解决特定的问题。审计师也可以通过对实际案例的研究获得相关专业技能。专业技能是一个综合性的概念，其决定性因素包括审计师对相关专业知识的掌握以及解决能力等，这些能力在很大程度上是从解决问题的过程中培养出来的。

5. 职业怀疑

职业关注是审计师在进行审计工作时，应始终保持谨慎和勤勉的态度，对工作事项保持职业警觉和应有的关注。职业怀疑，是审计人员执行审计业务的一种态度，包括采取质疑的思维方式，对可能表明由于舞弊或错误导致错报的情况保持警觉，以及对审计证据进行审慎评价。职业怀疑要求审计师有着一种质疑的理念，同时应采取质疑的思维方式考虑相关信息和得出结论。职业关注和职业怀疑要求审计师在执行审计中时刻对引起疑虑的情况保持警惕，审慎地评价审计证据。职业关注和职业怀疑是审计师特别是注册会计师不可或缺的技能，是保证审计质量的关键要素，它有助于审计人员正确运用职业判断，提高审计程序设计及其执行的有效性，从而降低审计风险。

（三）被审计单位环境因素

被审计单位环境是指审计师在执行独立审计业务过程中所接触到的被审计单位的公司治理机制、被审计单位内部控制质量、被审计单位内部审计工作以及管理层等环境因素。

1. 被审计单位公司治理机制

被审计单位的治理机制是建立在所有者与经营者利益相互制衡的关系上的。上市公司完善的治理机制是信息披露真实性的可靠保证。但是，公司治理机制不可能尽善尽美地保证外部投资者的利益，导致信息使用者需要外部监管者对上市公司信息进行监督。审计师作为独立的第三方对公司进行审计，其审计目标是评价企业会计信息的质量，而会计信息是会计处理的产物，只有企业提供真实可靠的信息，审计师才能对企业风险进行判断，推断其财务报表是否真实可靠、其内部控制系统是否存在问题。如果被审计单位相关的会计信息制度形同虚设，那么审计师首先要识别信息的可靠性，这就加大了审计师专业判断难度。此外，通过不可靠的信息来推断企业经济活动的情况，也增加了审计判断风险。

2. 被审计单位内部控制质量

被审计单位有效的内部控制体系，可以保证其提供高质量的会计信息，防范经营与财务风险，保护外部投资者及中小股东的利益。同样，作为会计信息质量保证的外部审计师，其审计质量的高低取决于专业判断，审计师最终出具的审计意见又是建立在被审计单位内部控制基础之上的。如果企业内部控制质量较好，意味着可能具有较高的盈余质量，审计师可以投入较少的审计成本，面临的审计风险也会降低。

根据信号传递理论，高质量公司的管理层有动机将公司高品质的信号（如较好的业绩、较好的内部控制及风险防范信息）及时传递给投资者，并采用如聘请高质量审计师等策略增加信息披露可信度，以影响投资者的投资决策，最终使公司股票价格上涨。因此，信号传递理论也为公司自愿披露内部控制信息提供了一种可能的理论解释，即内部控制质量越高的公司，越可能基于信号传递的目的，披露更为完整的内部控制信息。

利特瓦克（Litvak，2007）主要讨论了在美国上市的非美国本土企业执行 SOX 法案所带来的经济后果，通过配对研究发现，在美国上市的非美国本土企业的托宾 Q 值和市价与账面值之比均低于配对公司。这说明 SOX 法案的实施，加强了公司内部控制的披露，进而提高了公司的价值。但阿什堡 - 斯卡伊夫等（Ashbaugh-Skaife et al.，2008）认为，对于内部控制有缺陷的公司，其内部控制的披露，不仅不会提高公司价值，反而会更容易导致无意识的会计差错，从而导致盈余噪音的产生，导致风险的提高。因此，内部控制无效的上市公司审计业务风险较大，审计师在做出审计业务专业判断时需要付出更多的努力，以防审计失败。

3. 外部审计对内部审计工作结果的利用

由于内外部审计师发挥着不同的作用，外部审计师对内部审计工作结果的利用，有助于更了解企业。内部审计师应该积极主动地参与到外部审计工作中，以充分的准备和高质量的内部审计工作来赢得外部审计师的信任并形成良好的合作关系。在评价被审计单位的内部控制制度、评估风险和收集实质性证据时，内部审计工作可能影响外部审计师执行年度审计工作的性质、时间、范围和程序。在执行审计任务时，外部审计师可能依靠内部审计的工作，或要求得到来自内部审计的直接帮助（戴耀华，2007）。

外部审计师对企业进行审计时，通常是年度审计，每年对被审计单位财务报表及内部控制进行审计。由于信息不对称问题，外部审计师对企业经营活动、内部控制系统、管理制度等并不了解，因此审计证据主要来源于企业公开的财务报表信息和相关资料，外部审计师无法获取企业全部资料，甚至可能遇到被审计单位相关人员不配合的情况。而内部审计师作为企业内部职员，不但掌握外部审计师所拥有的信息，而且对公司组织结构、经营管理、业务流程都很熟悉。因此，外部审计师进行风险专业判断时，可以通过内部审计了解公司内部控制管理情况，采用内部审计结果。《中国注册会计师审计准则第 1411 号——利用内部审计人员的工作》指出，会计师事务所在接受客户委托对企业进行审计时，由于考虑审计时间与成本等因素，审计资源的投入有限，为了保证审计质量，加强与内部审计师的沟通，考虑利用内部审计的工作成果就显得尤为重要。武璟（2014）研究发现，内部审计水平的高低严重地影响着外部审计师实施外部审计时审计程序的选定、实施时间以及审计范围的调整，在审计时间和成本有限的情况下，良好的内部审计水平对提高外部审计师专业判断有着至关重要的作用。

4. 管理层的行为操纵

被审计单位管理层对审计师的支持，也是促进审计师做出风险判断不可或缺的重要影响因素。审计证据的相关资料是由被审计单位提供的，而这些证据资料是审计师做出正确专业判断的基础。在审计过程中，审计师根据已有资料，可能需要做进一步风险控制测试，需要被审计单位提供更多的证据，才能做出正确的判断或者为判断提供进一步的线索。被审计单位管理层是采取积极配合的态度还是消极应对的态度，会对审计师工作产生不同的影响。因为如果管理层采取积极的态度和行为，企业下属相关职员也会积极配合，有助于审计师工作的开展。而如果被审计单位管理层千方百计阻挠审计师的工作，不提供相关资料，这会加大审计工作难度，很难保证审计师会做出高质量的审计判断。

尹律（2016）从坏消息隐藏理论分析，发现出于掏空、薪酬契约以及职业生涯等动机，企业管理层倾向于进行信息管控，隐藏或推迟披露负面消息，趋于降低信息的透明度。阿德尔伯格（Adelberg，1979）研究发现经理人会混淆他们的失败，强调他们的成功。科蒂斯（Courtis，1995）也认为管理层在披露信息时并不是中立的，会选择隐藏坏消息。"经济人自利和理性"是经济学最核心的假设。作为理性经济人，经理人和股东一样都追求自身利益最大化。特别是在薄弱的外部治理环境和不完善的内部治理机制下，管理层利用超出其特定控制权范畴的管理层权力，影响内部控制信息的披露，以实现自身利益最大化的自利行为往往难以避免，内部控制信息的披露很有可能沦为拥有管理层权力的理性经理人基于私人成本收益权衡的结果（赵息，2013）。而外部审计师在对企业进行内部控制审计时，就需要判断企业内部控制自评报告信息披露是否真实有效，内部控制自评报告信息披露的真实、完整会影响审计师最后出具的内部控制审计报告是否有效。

5. 会计信息的模糊性

模糊性是相对精确性和肯定性而言的，会计信息的模糊性主要表现为会计提供的信息有不清晰性、不确定性和不准确性的特点，带有许多人为和估计的成分。由于会计信息是经过估计、分类、汇总、判断和分配过程得出的近似结果，信息不是百分之百的准确可靠，由此决定了会计信息的不确定和受人为因素的影响。其中，会计法规的弹性对会计信息的模糊性程度有着直接的影响。对于审计来讲，会计信息的模糊程度提高，就需要审计人员在大量的模棱两可的事件之间做出判断，以确定其适当性，由此对审计人员专业判断能力的要求也随之提高。

近年来，上市公司披露的信息因过于冗长、模糊和缺乏针对性而饱受投资者的诟病，会计文本可读性差的问题比较突出。上市公司真实、准确、完整、及时的信息披露是资本市场健康运行的关键。监管部门在信息披露监管工作中却发现，上市公司信息披露有效性不足，叙述性信息内容空洞笼统，无法满足投资者价值判断的需要。由于公开披露的信息是投资者决策的重要依据，而充分、准确的信息披露则是对投资者的最大保护。为进一步规范上市公司年度报告编制及信息披露行为，提高上市公司年度报告信息披露的有效性和针对性，证监会 2012 年 9 月 19 日发布了《公开发行证券的公司信息披露内容与格式准则第 2 号——年度报告的内容与格式》（2012 年修订）（2012 年 9 月 19 日证监会公告〔2012〕22 号）（以下简称《年报准则》），《年报准则》在大幅缩减年报摘要篇幅、降低信息披露成本的同时，增加了自愿披露内容和鼓励差异化披露的条款。要求年报"语言表述平实，清晰易懂，力戒空洞、模板化"，并强调了要"提高年报可读性"。《年报准则》

（2016 年修订版）鼓励公司结合自身特点，以简明易懂的方式披露对投资者特别是中小投资者决策有用的信息，突出了以投资者需求为导向的披露理念。因此会计文本是否清楚易懂对审计师专业判断也有影响。

第三节　审计师的风险决策

一、审计师风险决策模式

在审计实务中，审计师的风险决策首先取决于其风险偏好，在风险偏好的基础上，确定可以承受的重要性水平，并根据确定的重要性水平进行审计判断和决策。

（一）审计师风险偏好

审计风险产生于审计师未能发现和报告财务报告中的重大错报和漏报，而出具了不恰当的审计报告。审计师作为受托方，与委托方以及被审计方之间存在信息不对称，因此他们发现财务报告中重大错报、漏报的概率就不能被预期为零，审计风险时时存在。根据心理学，行为产生的直接原因是动机，而动机又有其产生的基础，包括内在需要和外在的制度影响。现有的大量实证研究表明，审计师声誉和法律诉讼分别是影响审计师风险偏好的内在机制和外在机制。

审计师声誉和法律诉讼直接决定了审计师是风险规避的。首先，从审计师声誉的角度看，审计师声誉的建立是一个长期的过程，是通过与大量客户的长期反复交易才得以建立的，而一次审计失败就可能使其声誉丧失殆尽，进而导致市场份额的萎缩，因此，在其他条件不变的情况下，审计师有动机通过提供高质量的审计服务或者其他决策行为来降低审计风险，以获得来自市场竞争的奖励。其次，从法律诉讼的角度看，由于审计风险会招致诉讼风险，并且通常认为审计师具有较多的财富，即所谓的"深口袋"，一旦审计失败，承担的诉讼成本较高，且由于各合伙人互负连带过失赔偿责任，因此，各合伙人之间有动机通过各种风险管理措施来降低诉讼风险。现有实证研究文献也支持审计师为了避免声誉受损和诉讼成本，通常会提高审计质量，降低审计风险（DeAngelo L. ，1981）。另外，有实证研究证据表明，在这两种机制的双重作用下，审计师会规避风险，并且风险规避的程度逐渐提高。

（二）审计师的风险判断

《企业内部控制审计指引》第七条要求：审计师在进行风险规避决策时，需要评估客户的审计风险，进行风险判断。审计师进行风险判断最主要的依据之一是对重要性的判断，如果一项错报能够改变或者影响外部投资者决策，那么该错报是重要的。审计师风险判断的过程也是识别错报、漏报重要性程度的过程。重要性水平从性质与数量两个方面来进行判断。从性质方面分析，错报分为由企业管理层操纵所带来的错报和由于经营财务复杂性造成的无意错报。和无意错报相比，管理层操纵所带来的错报意味着企业内部控制系统出现问题。审计专业判断风险更大，更难出具审计意见。从数量方面分析，审计师应当评价其识别的各项内部控制缺陷的严重程度，以确定这些缺陷单独或组合起来是否构成重大缺陷。审计师以风险评估为基础进行判断时，内部控制的特定领域存在重大缺陷的风险越高，给予该领域的审计关注就越高。

（三）审计师风险控制决策

审计师在对客户风险做出判断后，就会根据成本收益分析，做出相应的决策。埃尔德等（Randal Elder et al. , 2009）研究发现，随着公司控制风险的增加，审计师应对风险的反应是呈现一定顺序的，表现为：（1）调整费用；（2）修改审计意见；（3）辞职。因此，审计师在发现客户风险与回报不相匹配的时候，可能最先要求提高审计费用，如果提高审计收费的决策没有实现，审计师可能还会采取其他决策来降低风险。本书主要分析以下四种风险控制决策。

第一种，调整审计费用。中注协在《审计收费与审计质量——行业发展研究资料》中指出："审计收费主要取决于审计成本和审计市场供求关系。其中，审计成本是确定审计收费的主要依据。除办公房租、固定资产和审计软件投入等外，审计成本主要取决于审计耗费工时和小时工资水平。被审计单位的特点（企业因素）、会计师事务所的特点（审计师因素），以及审计所处的实际环境（环境因素）均会影响审计成本"。杜普奇等（Dopuch et al. , 1994）采用实验研究方法探讨了连带责任制和比例责任制对审计费用以及审计师努力程度的影响。结果表明，连带责任制下的审计费用显著高于比例责任制下的审计费用。西穆内克和斯坦因（Simunic and Stein, 1996）研究了诉讼风险与审计费用的关系，发现诉讼风险的增加会通过额外的审计费用来补偿，但是增加的审计费用不仅仅是由于风险溢价导致的，还源自高风险条件下审计师的额外工作量。崔等（Choi et al.，2008）以 15 个国家的数据为样本，研究法律环境对"四大"审计收费溢价的影响，结果表明，"四大"的溢价程度与法律环境程度显著正相关，即法律环境越严格，"四大"的溢价程度越高，且当法律体制由弱转换为严格时，"四大"和非"四大"之间的价格差异将显著减小。上述分析表明，审计师可以通过审计费用来降低事务所及客户的风险。

第二种，提高审计质量。执业准则规定，审计师需要投入资源以确保审计业务质量，包括质量控制系统、审计项目团队充分应用专业胜任能力，以及强有力的内部支持（包括审计师培训、事务所风险管理策略、信息技术支持等）。为了保护自身利益，避免审计声誉受损和法律诉讼，审计师需要提高发现财务报告中错报概率的能力，提高审计质量来降低审计风险。

第三种，出具非标准审计意见。克瑞斯南（Krishnan，1996）将审计师出具审计意见的决策过程分为决策阶段和报告阶段，采用两阶段回归研究了审计师在出具非标准审计意见时，是否会对潜在的丧失客户风险和不出具非标准意见而招致的诉讼风险进行权衡。结果表明，高诉讼风险的客户更容易被出具非标准审计意见。哈肯布鲁克和尼尔森（Hackenbrack and Nelson，1996）发现，如果审计师认为客户的风险是中度的，将会允许只在报告的脚注中披露应收账户潜在不可收回的情况，但是如果客户为高风险，则会要求其在报表中确认不可收回应收款的估计额。同样的，埃尔德等（Elder et al.，2009）研究发现，审计师更倾向于对高风险客户出具非标准审计意见，以此将客户审计风险降低到可接受的水平。

第四种，调整客户风险组合。由于目前审计市场竞争激烈，使高质量的审计师不能无限制地通过提高审计费用来弥补自己所耗费的审计成本，如果提高审计质量与出具非标准审计意见也不能规避诉讼风险，审计师还可以选择策略性的改变客户风险组合。选择低风险客户群体，放弃一些高风险客户群体来降低审计师整体诉讼风险概率。克瑞斯南（1996）研究了审计客户的潜在诉讼风险是否是审计师主动辞职解除审计合约的原因，结果表明，诉讼压力会导致审计师解除与高风险客户的审计合约，即审计师变更。目前审计师变更主要分为以下三类。

第一类，自愿性审计师变更。即上市公司为发起方的审计师变更。《公司法》规定，上市公司的股东大会具有聘用、解聘审计师的权力，当审计师的行为特征不符合上市公司自身利益时，股东大会可以向审计师提出解聘，从而导致上市公司与其聘用的审计师关系的终止，发生自愿性审计师变更。也包括当审计师聘期届满时，上市公司不再续聘的情况。

第二类，强制性审计师变更。因不可控因素导致的审计师变更，包括审计师合并重组、限期整改或事务所被撤销等原因导致审计师的变更，这主要是由于监管环境造成的，与上市公司不存在直接关联，传递的有价值信息较少。

第三类，审计师辞聘。当审计师出于降低审计成本、审计风险或调整客户结构等因素的考虑，认为上市公司的行为特征不符合事务所自身利益时，可以向上市公司提出辞呈，即发生审计师辞聘。在审计师变更行为中多数审计师辞聘行为被隐瞒和谎报。

但是目前，我国上市公司审计师变更原因表述并没有严格区分这三类情形。博库斯和吉格（Bockus and Giger，1998）的理论模型分析表明，增加的预期诉讼成本是导致审计师主动解除合约的原因。审计师除了通过剔除高风险客户外，在接受新客户方面也会更加保守。泰维诺等（Maya Thevenot et al.，2009）甚至发现公司并不会因为审计师披露了其内部控制问题而解聘他们，因为当公司变更审计师后，后任审计师为规避风险仍会披露这些问题，而审计师会因公司有内部控制重大缺陷选择辞职。

二、审计师风险决策影响因素

(一) 诉讼风险

2002 年 1 月 15 日，最高人民法院出台了《关于受理证券市场因虚假陈述引发的民事侵权纠纷案件有关问题的通知》，首次规定中介机构应该承担相应的民事赔偿责任。2002 年 12 月 26 日，最高人民法院审判委员会出台了《关于虚假陈述引发的民事赔偿案件的规定》，并于 2003 年 2 月 1 日起施行，规定中介机构为无须承担民事赔偿责任负有举证责任。2006 年 1 月 1 日起施行的《中华人民共和国公司法》和《中华人民共和国证券法》明确规定审计师以出具不实报告并遭受损失为由提起民事侵权赔偿诉讼的，人民法院应该受理。刘启亮（2014）统计 2006 ~ 2009 年审计师发生法律诉讼的案件，发现审计师所卷入的上市公司民事赔偿案件共 3852 件，涉及 16 家事务所，其中 7 家事务所做出了赔偿、5 家未赔偿、3 家尚未判决、1 家暂时无法确定。《最高人民法院关于审理涉及会计师事务所在审计业务活动中民事侵权赔偿案件的若干规定》第五条规定，审计师在审计业务活动中存在下列情形之一，出具不实报告并给利害关系人造成损失的，应当认定审计师与被审计单位承担连带责任：（1）与被审计单位恶意串通；（2）明知被审计单位对重要事项的财务会计处理与国家有关规定相抵触，而不予指明；（3）明知被审计单位的财务会计处理会直接损害利害关系人的利益，而予以隐瞒或者做不实报告；（4）明知被审计单位的财务会计处理会导致利害关系人产生重大误解，而不予指明；（5）明知被审计单位会计报表的重要事项有不实的内容，而不予指明；（6）被审计单位示意其做不实报告，而不予拒绝。诉讼风险的增加使审计师在进行风险决策时态度会更加谨慎。利害关系人未对被审计单位提起诉讼而直接对审计师提起诉讼的，人民法院会告知其对审计师和被审计单位一并提起诉讼；利害关系人拒不起诉被审计单位的，人民法院应当通知被审计单位作为共同被告参加诉讼。因此，诉讼风险已经成为审计师决策不得不权衡的因素，在一系列审计诉讼案件发生后，当审计师考虑到被审计单位潜在风险过大时，自己的审计收益不能抵消风险成本，或不愿意做不实报告，则审计师可能就会辞职。

（二）政府管制

为了规范和指导注册会计师协会对审计师执业质量的检查工作，加强对审计师执业质量的监管，督促会计师事务所和审计师增强风险意识，我国在2009年7月28日印发了《会计师事务所执业质量检查制度》，自2009年8月1日起施行。主要对事务所的业务报告、工作底稿、质量控制制度、财务会计资料及相关内部管理制度等资料进行查阅、记录和复印；对事务所有关人员进行询问或发放调查问卷；必要时，可对涉嫌严重违规或双方争议较大的业务报告和相关工作底稿调回注册会计师协会查阅。

根据《中华人民共和国证券法》修订后的规定，监管机构有权施行相应的监管职能来规范证券市场的交易行为，保护投资者的合法权益。具体到《上市公司信息披露管理办法》来看，证券监督管理委员会、沪深证券交易所及其领导下的监管机构有责任对那些未按照规定披露信息，或者所披露的信息有虚假记载、误导性陈述或者重大遗漏的发行人、上市公司或者其他信息披露义务人进行处罚。处罚通常包括罚款、警告、批评、谴责和没收违法所得等方式，通过对被处罚单位发布相应的处罚公告来反映。从2012～2016

年的数据来看，以证监会为首的监管机构共对 1658 家主板 A 股上市公司共发布了 2767 例处罚公告，其中涉及重大遗漏、虚假记载、披露不实、推迟披露、误导性陈述和虚构利润等与信息披露监管有关的处罚公告便占到 2193 例①。

可以看出政府除了对上市公司的管制较为严格，对审计师监管也很严格。政府对上市公司不如实披露信息、提供虚假证据、重大遗漏或者故意模糊信息都进行处罚，有助于提高上市公司内部控制信息披露水平，审计师在作风险判断时，可以参考监管部门对有违规行为上市公司发布的公告。公告中监管部门都会注明处罚的具体原因，审计师对这部分客户需要投入更多精力与成本，做出合理的判断。

监管部门还加强防止上市公司审计意见购买行为。要求审计师应充分考虑上市公司管理层由于业绩压力或避免退市所导致舞弊的可能性，抵制上市公司购买审计意见的倾向②。证券报指出，事务所应当高度重视新承接项目的风险管控，要对项目的业务承接、人员委派、业务执行、质量复核和报告出具等环节进行全流程监控。一是要完善事务所的业务承接流程，加强对上市公司审计业务承接的统一控制；二是要加强项目工时管理和成本控制，实施合理的专业服务收费标准，避免因审计收费水平较低、审计资源投入不足可能导致的审计风险；三是在审计过程中保持高度的职业怀疑态度，严格遵守职业道德守则关于审计业务独立性的要求；四是充分考虑管理层由于业绩压力或避免退市导致舞弊的可能性，密切关注上市公司的持续经营能力，抵制上市公司购买审计意见的倾向；五是要实施有针对性的审计程序，获取充分的审计证据，充分评估以前年度财务报表发表非无保留意见的事项对本期财务报表重大错报风险的影响，确定期初余额是否存在可能对本期财务报表重大影响的错报；六是要恰当应对收入、存货、长期股权投资、关联方交易等高风险领域，关注异常重大交易和疑难特殊事项，妥善处理各种意见分歧。

（三）审计市场竞争状态

审计市场竞争会影响审计师的决策行为。陈艳萍（2011）从经济学视角对我国审计市场竞争态势进行了深入分析，研究发现目前我国审计市场竞争态势为垄断竞争。为提高我国审计市场运行效率、促进审计行业健康有序发

---

① 统计数据来自国泰安数据库—公司研究系列—中国上市公司违规处理研究数据库。

② 资料来源于中国注册会计师协会于 2013 年 3 月 16 日发布的媒体传真 "中注协要求抵制上市公司购买审计意见"（http://www.cicpa.org.cn/Media_ Fax/201303/t20130325_40504.html）。

展，需要进一步优化国内事务所审计市场结构、严格市场准入、促进事务所间的合并重组，形成各类事务所各得其所、协调发展的良性发展格局。审计师要运用相关专业技能、知识和经验，做出适合审计业务具体情况、有根据的行动决策，还需要考虑外部环境因素。在政府领导下，2012 年以来行业不正当低价竞争综合治理工作不断深入，力度不断加大，取得了良好效果。在各有关方面的积极配合下，全行业正在形成反不正当低价竞争共识，审计服务市场秩序进一步规范，上市公司年报审计收费水平和重大审计服务公开招投标项目报价水平逐年上升①。根据中注协监控数据显示，前期受到中注协约谈的绝大部分会计师事务所，均能根据事务所自身实力以及业务项目具体情况合理报价，审计服务市场整体收费水平有所提升，进一步确保了审计服务质量。

　　根据中注协发布的《上市公司 2017 年年报审计情况分析报告》，2017 年度共有 3512 份审计报告，其中无保留意见审计报告 3452 份、保留意见审计报告 37 份、无法表示意见审计报告 23 份、否定意见审计报告 0 份（见表 8 - 2）。

表 8 - 2　　2006 ~ 2017 年度上市公司财务报表审计报告意见类型总体情况

年度		无保留意见审计报告	非无保留意见审计报告			总计
			保留意见	无法表示意见	否定意见	
2017	数量（份）	3452	37	23	0	3512
	比例（%）	98.29	1.05	0.65	0.00	100.00
2016	数量（份）	3106	21	10	0	3137
	比例（%）	99.01	0.67	0.32	0.00	100.00
2015	数量（份）	2820	16	6	0	2842
	比例（%）	99.23	0.56	0.21	0.00	100.00
2014	数量（份）	2640	18	9	0	2667
	比例（%）	98.99	0.67	0.34	0.00	100.00
2013	数量（份）	2507	23	7	0	2537
	比例（%）	98.82	0.91	0.28	0.00	100.00
2012	数量（份）	2475	15	3	0	2493
	比例（%）	99.28	0.60	0.12	0.00	100.00

---

　　①　资料来源于中国注册会计师协会于 2015 年 5 月 8 日发布的媒体传真"中注协约谈事务所提示抵制不正当低价竞争"（http：//www. cicpa. org. cn/Media_ Fax/201505/t20150514_ 46981. html）。

续表

年度		无保留意见审计报告	非无保留意见审计报告			总计
			保留意见	无法表示意见	否定意见	
2011	数量（份）	2338	19	4	0	2362
	比例（%）	98.98	0.80	0.17	0.00	100.00
2010	数量（份）	2097	25	7	0	2129
	比例（%）	98.50	1.17	0.33	0.00	100.00
2009	数量（份）	1742	13	19	0	1774
	比例（%）	98.2	0.73	1.07	0.00	100.00
2008	数量（份）	1589	18	17	0	1624
	比例（%）	97.84	1.11	1.05	0.00	100.00
2007	数量（份）	1539	14	17	0	1570
	比例（%）	98.03	0.89	1.08	0.00	100.00
2006	数量（份）	1387	39	30	0	1456
	比例（%）	95.26	2.68	2.06	0.00	100.00

从图 8-1 我们可以看出，总体而言，2006~2017 年非无保留意见审计报告占比呈现下降趋势，由于审计市场竞争异常激烈，会计师事务所一旦出具非无保留意见，就可能招致客户解聘，对其老客户的维系与新客户的开发都有极大的负面影响。分阶段来看，2006~2012 年度，上市公司非无保留意见审计报告比例呈下降趋势，这可能是经济形势下滑，连带审计市场也更加具有买方市场的特点；2012~2016 年则趋于平稳，每年均保持在 1% 左右；2017 年非无保留意见审计报告比例出现上升，一个合理的解释是，新审计报告准则的全面实施，对提高年报信息质量有一定的促进作用。但是与无保留审计意见的审计报告占比（占比都在 95% 以上）相比较，非无保留意见的审计报告占比仍然微乎其微，侧面反映出审计市场竞争的激烈程度。

每年会计师事务所的百家排名也有所变化。从中注协每年编制完成的《会计师事务所综合评价前百家信息》来看，2016 年综合排行前 10 名依次为普华永道中天、瑞华、德勤华永、立信、安永华明、毕马威华振、天健、信永中和、天职国际、致同。对比上一年，综合排行前 10 名入围的会计师事务所没有变化。2015 年会计师事务所自身业务收入排行前 10 名依次为：普华永道中天、瑞华、立信、德勤华永、安永华明、毕马威华振、天健、大华、信永中和、致同。2016 年新上榜的会计师事务所有 4 家，分别是江苏利安达

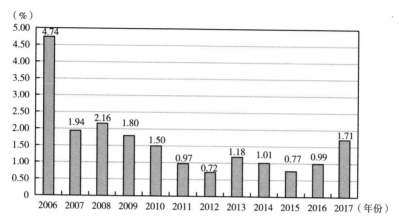

图8-1　2006～2017年度非无保留意见审计报告比例变动趋势

永诚（83名）、浙江浙经天策（88名）、广州中职信（96名）、北京华审（100名）。2017年的百家会计师事务所从业人员数量合计为112814人，2016年的前百家会计师事务所从业人员数量合计为107129人，2015年为96139人，2014年为91972人。2017年度前百家会计师事务所业务收入为462.51亿元，2016年度前百家会计师事务所业务收入为464.86亿元，2015年度前百家会计师事务所业务收入为394.79亿元，2014年度前百家会计师事务所业务收入为347.41亿元。通过这些排名可以看出我国审计市场竞争很激烈。来自同行的竞争压力，使审计师在做风险判断决策时，独立性会被减弱。

（四）管理层的盈余操纵

在风险导向的审计框架下，审计师对管理层的盈余操纵行为进行评估是做出决策的重要参考因素。当管理层存在盈余管理操纵的动机时，财务舞弊的概率增加，财务报告的可信度降低，从而导致财务报告整体层面的重大错报概率增加。为了降低由于管理层盈余操纵带来的审计风险增加，审计师就必须执行更多的审计程序，获取更多的审计证据，降低检查风险。公司管理层操纵盈余有两种重要方式。第一种是通过选择会计政策和会计估计进行盈余操纵，即应计项目盈余管理。《中国注册会计师审计准则第1211号——通过了解被审计单位及其环境识别和评估重大错报风险》（2010年11月1日修订）指出，审计师应了解被审计单位对会计政策的选择和运用，包括变更会计政策的原因。审计师应当根据被审计单位的经营活动，评价会计政策的选择是否适当，并与适用的财务报告编制基础、相关行业适用的会计政策保持一致。《中注协约谈事务所，提示临近期末发生重大会计政策变更的上市公司审计风险》① 指出，一些上市公司在临近期末发生重大会计政策变更，可能存在虚增收入、低估成本、高估资产的情况，审计风险较高。审计师应当关注公司主营业务是否发生变化，相应的重大会计政策变更是否符合会计准则要求，是否与同行业其他上市公司或行业通行做法相一致，综合判断会计政策变更是否合理、合法，是否存在滥用会计政策变更调节资产和利润的情况。

第二种是真实活动盈余管理，通过操控实际的经营活动，达到最终操纵盈余的目的。李留闯（2015）以2000~2012年我国上市公司为样本，分析并检验客户公司的真实活动盈余管理对审计师风险决策的影响。研究发现，客户公司的真实活动盈余管理程度越大，审计师出具非标准审计意见的概率越大、审计收费越高，但和审计师变更没有显著关系。进一步研究还发现，在纵向上，随着法律制度不断完善，审计费用、非标准审计意见的概率和真实活动盈余管理程度之间的关系更敏感；在横向上，审计收费策略和非标准审计意见策略之间存在替代效应。

审计师还需要考虑管理层盈余操纵可能给审计师所带来的审计声誉受损及法律诉讼。李晓慧和曹强（2016）以1999~2014年受证监会处罚的25家事务所为研究对象，考察审计声誉毁损是否影响以及如何影响事务所客户组合的变动。他们发现，与未受处罚的事务所相比，事务所遭受证监会行政处罚后，其接受新客户的能力下降，且更有可能接受财务报表质量较差的客户。进一步还发现，虽然会计师事务所试图通过更名修复受损的声誉，但这种带有投机色彩的方法无法有效地提升其接受新客户的能力，表明审计声誉受损会对客户选择产生很大影响。

（五）前期的审计风险决策

审计师以前年度做出的风险判断决策也可能影响当期审计师的决策。前期审计意见可表明公司的历史财务信息有无问题或者其持续经营能力是否出现问题。通常而言，前期被出具非标准审计意见的企业审计风险较高，而这种风险难以在短期内得以消除。因而，前期审计意见是审计师进行风险评估

---

① 资料来源于中国注册会计师协会于2017年2月27日发布的要闻"中注协约谈事务所，提示临近期末发生重大会计政策变更的上市公司审计风险"（http：//www.cicpa.org.cn/news/201702/t20170227_49573.html）。

的重要依据，影响审计师的决策行为。泰维诺等（Maya Thevenot et al.，2009）对收到否定内部控制意见的公司进行研究发现，当其审计费用较高时，为降低审计费用公司会选择辞退现任审计师。但是，公司并不会因为审计师披露了其内部控制问题而解聘他们，因为当公司变更审计师后，后任审计师为规避风险仍会披露这些问题。表明后任审计师在做出风险决策时会参考前任审计师做出的风险决策。

除了上述影响因素之外，我国审计师的决策还会受到其他因素的影响。首先，公司的财务管理会对审计师的决策产生影响。财务管理较差的公司出现经营失败的可能性较大，发生利润操纵的可能性也较大，审计师所面临的审计风险也较大，这会影响审计师的决策行为。其次，公司治理结构也是影响审计师决策的因素。治理结构较差的公司信息质量较低，代理成本较大，审计师面临的审计风险也较大，它会影响审计师的决策行为。再次，公司对大客户的依赖性也影响着审计师的风险决策。郑军（2017）以 2006~2012 年我国 A 股制造业上市公司为样本，研究发现公司对大客户的依赖性显著提高了审计师发表非标准审计意见的概率，相对于发表标准审计意见而言，审计师在发表非标准审计意见的同时也收取了更高的审计费用，表明审计师在做风险审计时考虑了公司对大客户的依赖性。《中注协约谈事务所，提示海外业务较多的上市公司审计风险》[①] 提示，审计师决策时应将客户海外业务收入作为高风险领域，设计和实施有针对性的审计程序，有效应对管理层高估海外业务收入的风险，尤其应注意识别海外关联方交易。具体来说，审计师应了解和评估海外企业的业务范围和性质，从金额和性质两方面识别集团财务报表重要组成部分和不同组成部分的重大错报风险，制定合理的集团审计策略，统筹委派具有足够专业胜任能力的项目组成员；在审计过程中，集团项目组应与境外业务项目组保持密切沟通，及时复核并评价其审计工作的适当性和充分性，以及对审计意见可能产生的影响。

---

① 资料来源于中国注册会计师协会于 2017 年 4 月 20 日发布的要闻"中注协约谈事务所，提示海外业务较多的上市公司审计风险"（http：//www. cicpa. org. cn/news/201704/t20170420_49761. html）。

参 考 文 献

［1］［美］安德森. 认知心理学及其启示（第7版）［M］. 秦裕林等译. 北京：人民邮电出版社，2012.

［2］蔡春，朱荣，谢柳芳. 批判性思维与审计专业判断［J］. 审计与经济研究，2011，26（6）：10－19.

［3］蔡丛光. 内部控制缺陷信息披露的影响因素分析［J］. 财务与金融，2010（4）：33－38.

［4］蔡吉甫. 公司治理、审计风险与审计费用关系研究［J］. 审计研究，2007（3）：65－71.

［5］曹建新，陈志宇. 内部控制与审计费用的相关性研究［J］. 财会通讯，2011（6）：56－58.

［6］常京萍，侯晓红. 重大资产重组、审计师行业专长与审计师变更［J］. 审计与经济研究，2014：30－39.

［7］程小可，李昊洋，郑立东. 事务所规模、审计任期对上市公司内部控制缺陷披露的影响——来自整合审计公司的经验证据［J］. 系统工程，2016，34（8）：1－12.

［8］陈关亭，朱松，黄小琳. 审计师选择与会计信息质量的替代性研究——基于稳健性原则对信用评级影响视角［J］. 审计研究，2014（5）：77－85.

［9］陈汉文，邓顺永. 盈余报告及时性：来自中国股票市场的经验证据［J］. 当代财经，2004（4）：103－108.

［10］［美］COSO制定发布. 企业风险管理：整合框架［M］. 方红星，王宏译. 大连：东北财经大学出版社，2007.

［11］陈艳萍. 我国审计市场竞争态势：完全竞争还是垄断竞争？［J］. 会计研究，2011（6）：92－94.

［12］陈正林. 审计风险、审计师风险及制度风险［J］. 审计研究，2006

（3）：88 – 92.

[13] 戴耀华，杨淑娥，张强．内部审计对外部审计的影响：研究综述与启示 [J]．审计研究，2007（3）：35 – 40.

[14] 杜兴强，郭剑花．审计师变更与审计意见购买：一项经验研究 [J]．山西财经大学学报，2008（11）：101 – 106，112.

[15] 段特奇．低价竞争、价格管制与审计质量研究 [D]．重庆：重庆大学，2012.

[16] 方红星，陈娇娇，于巧叶．内部控制审计收费的影响因素研究 [J]．审计与经济研究，2016，31（4）：21 – 29.

[17] 方红星，刘丹．内部控制质量与审计师变更——来自我国上市公司的经验证据 [J]．审计与经济研究，2013，28（2）：16 – 24.

[18] 费娟英．独立审计声誉研究 [D]．长沙：湖南大学，2005.

[19] 冯延超，梁莱歆．上市公司法律风险、审计收费及非标准审计意见——来自中国上市公司的经验证据 [J]．审计研究，2010（3）：75 – 81.

[20] 傅绍正．内部控制审计收费的影响因素研究 [J]．中国注册会计师，2013（11）：77 – 82.

[21] 盖地，盛常艳．内部控制缺陷及其修正对审计收费的影响——来自中国 A 股上市公司的数据 [J]．审计与经济研究，2013，28（3）：21 – 27.

[22] 耿慧敏，武杏杏．上市公司变更会计师事务所对会计稳健性的影响研究 [J]．南京审计大学学报，2016，13（6）：90 – 97.

[23] 韩海文，张宏婧．自愿性信息披露的短期价值效应探析 [J]．审计与经济研究，2009，24（4）：50 – 58.

[24] 韩维芳．审计风险、审计师个人的经验与审计质量 [J]．审计与经济研究，2017，32（3）：35 – 45.

[25] 郝玉贵，陈丽君．法律风险、政治联系与风险导向审计定价——基于中国证券审计市场的经验证据 [J]．南京审计学院学报，2013，10（1）：95 – 103.

[26] 胡为民．中国上市公司内部控制报告（2012）[M]．北京：电子工业出版社，2012.

[27] 黄尧．审计环境对审计判断的影响研究 [D]．大连：东北财经大学，2007.

[28] 柯武刚，史漫飞．制度经济学：社会秩序与公共政策 [M]．北京：

商务印书馆，2000．

[29] 兰凤云，苏梦，葛旻书．我国上市公司变更会计师事务所现状浅析 [J]．会计之友，2014 (6)：84 - 87．

[30] 李补喜，贺梦琪．内部控制审计费用影响因素探析——基于我国上市公司的数据检验 [J]．经济问题，2014 (9)：88 - 93．

[31] 李补喜，王平心．上市公司审计费用率能作为审计定价吗？——审计费用与审计费用率的比较研究 [J]．数理统计与管理，2005 (4)：23 - 30．

[32] 李虹，王瑞珂，许宁宁．管理层认知对披露内部控制缺陷决策的影响——基于管理层认知偏差概念模型分析 [J]．企业经济，2017，36 (11)：89 - 95．

[33] 李凯翔．审计师惩戒、非标准审计意见与审计定价 [D]．郑州：河南财经政法大学，2016．

[34] 李留闯，李彬．真实活动盈余管理影响审计师的风险决策吗？ [J]．审计与经济研究，2015，30 (5)：44 - 54．

[35] 李明辉．内部控制与会计信息质量 [J]．当代财经，2002 (3)：72 - 77．

[36] 李明辉，何海，马夕奎．我国上市公司内部控制信息披露状况的分析 [J]．审计研究，2003 (1)：38 - 43．

[37] 李明辉，曲晓辉．我国上市公司财务报告法律责任的问卷调查及分析 [J]．会计研究，2005 (5)：47 - 53．

[38] 李莫愁．审计准则与审计失败——基于中国证监会历年行政处罚公告的分析 [J]．审计与经济研究，2017，32 (2)：56 - 65．

[39] 李爽，吴溪．不利审计意见的改善与自愿性审计师变更——1997 ~ 2003 年间的趋势描述及其含义 [J]．审计研究，2004 (5)：13 - 19．

[40] 李爽，吴溪．监管信号、风险评价与审计定价：来自审计师变更的证据 [J]．审计研究，2004 (1)：13 - 18．

[41] 李弢，薛祖云．董事会结构与会计师事务所解聘行为关系的实证研究——来自中国证券市场的经验证据 [J]．经济评论，2005 (3)：117 - 122，126．

[42] 李万福，林斌，刘春丽．内部控制缺陷异质性如何影响财务报告？——基于中国情境的经验证据 [J]．财经研究，2014，40 (6)：71 - 82．

[43] 李维安，唐跃军，左晶晶．未预期盈利、非标准审计意见与年报

披露的及时性——基于 2003 年上市公司数据的实证研究 [J]. 管理评论, 2005 (3): 14 – 23.

[44] 李晓慧, 曹强, 孙龙渊. 审计声誉毁损与客户组合变动——基于 1999 ~ 2014 年证监会行政处罚的经验证据 [J]. 会计研究, 2016 (4): 85 – 91, 96.

[45] 李颖琦, 陈春华, 俞俊利. 我国上市公司内部控制评价信息披露: 问题与改进——来自 2011 年内部控制评价报告的证据 [J]. 会计研究, 2013 (8): 62 – 68, 97.

[46] 李宇立. 内部控制缺陷识别与认定的技术路线——基于管理层视角的分析 [J]. 中南财经政法大学学报, 2012 (3): 113 – 119.

[47] 李越冬, 张冬, 刘伟伟. 内部控制重大缺陷、产权性质与审计定价 [J]. 审计研究, 2014 (2): 45 – 52.

[48] 廖义刚, 孙俊奇, 陈燕. 法律责任、审计风险与事务所客户选择——基于 1996 ~ 2006 年我国会计师事务所客户风险的分析 [J]. 审计与经济研究, 2009 (5): 34 – 40.

[49] 林斌、刘彩霞. 或有事项会计与审计 [J]. 广东审计, 2000 (7): 3 – 5.

[50] 林斌, 饶静. 上市公司为什么自愿披露内部控制鉴证报告? ——基于信号传递理论的实证研究 [J]. 会计研究, 2009 (2): 45 – 52, 93 – 94.

[51] 刘峰, 许菲. 风险导向型审计·法律风险·审计质量——兼论 "五大" 在我国审计市场的行为 [J]. 会计研究, 2002 (2): 21 – 27.

[52] 刘立国, 杜莹. 公司治理与会计信息质量关系的实证研究 [J]. 会计研究, 2003 (2): 28 – 36, 65.

[53] 刘明辉. 内部控制鉴证: 争论与选择 [J]. 会计研究, 2010 (9): 43 – 50, 97.

[54] 刘启亮, 李蕙, 赵超等. 媒体负面报道、诉讼风险与审计费用 [J]. 会计研究, 2014 (6): 81 – 88, 97.

[55] 刘新琳, 谈礼彦. 审计延迟影响因素研究——基于上市公司的实证分析 [J]. 财会通讯, 2012 (36): 40 – 42.

[56] 刘亚莉, 石蕾, 赵阳. 审计延迟、披露延迟与信息延迟: 影响因素及差异性分析 [J]. 中国管理信息化, 2011, 14 (1): 24 – 30.

[57] 刘莹莹. 国际四大所与国内大所审计质量市场认同度差异性研究

[J]. 财会通讯, 2012 (36): 46 - 49, 161.

[58] 马晨, 程茂勇, 张俊瑞. 事务所变更能帮助公司提升审计质量吗? ——来自二次财务重述的经验证据 [J]. 中国软科学, 2014 (10): 109 - 120.

[59] 马晨, 张俊瑞, 杨蓓. 财务重述对会计师事务所解聘的影响研究 [J]. 会计研究, 2016 (5): 79 - 86, 96.

[60] 潘克勤. 公司治理、审计风险与审计定价——基于 CCGI ~ (NK) 的经验证据 [J]. 南开管理评论, 2008 (1): 106 - 112.

[61] 戚傲楠. 内部控制质量能影响审计延迟吗? ——基于深市 A 股主板上市公司的研究 [D]. 成都: 西南财经大学, 2012.

[62] 齐保垒, 田高良. 基于财务报告的内部控制缺陷影响因素研究 [J]. 管理评论, 2012, 24 (4): 133 - 140, 176.

[63] 曲延斌, 梁伟. 注册会计师降低诉讼风险的探讨 [J]. 北方经贸, 2006 (4): 53 - 53.

[64] 尚兆燕, 扈唤. 独立董事主动辞职、内部控制重大缺陷及非标审计意见——来自中国上市公司的经验证据 [J]. 审计研究, 2016 (1): 94 - 100.

[65] 佘晓燕, 叶春娥. 上市公司内部控制缺陷披露对审计延迟的影响研究 [J]. 财经理论研究, 2016 (3): 94 - 103.

[66] 沈红波, 王布衣. 中国证券市场审计师变更的影响因素——来自 2003 ~ 2006 年的经验证据 [J]. 管理评论, 2008 (4): 53 - 57, 64.

[67] 宋衍蘅. 审计风险、审计定价与相对谈判能力——以受监管部门处罚或调查的公司为例 [J]. 会计研究, 2011 (2): 79 - 84.

[68] 孙新宪, 孙文静. 会计师事务所变更对审计费用粘性的影响 [J]. 财会月刊, 2016 (29): 77 - 81.

[69] 孙铮, 曹宇. 股权结构与审计需求 [J]. 审计研究, 2004 (3): 7 - 14.

[70] 唐予华, 李明辉, 詹胜兰. 公司治理与内部会计控制 [J]. 上海会计, 2002 (7): 3 - 7.

[71] 唐跃军. 审计师规模、审计费用与审计意见购买 [J]. 商业经济与管理, 2009 (10): 80 - 88.

[72] 仝泽宇. 内部控制一般缺陷信息披露的市场反应研究 [D]. 北京: 北京交通大学, 2015.

[73] Wally Smieliauskas，蒋益俊，陈伟．论审计证据与审计风险 [J]．南京审计学院学报，2013，10 (3)：82 – 88.

[74] 万东灿．审计收费与股价崩盘风险 [J]．审计研究，2015 (6)：85 – 93.

[75] 王成方，刘慧龙．国有股权与公司 IPO 中的审计师选择行为及动机 [J]．会计研究，2014 (6)：89 – 95.

[76] 王翠琳，杨光，杨银芳．基于非标意见和审计失败的我国 CPA 职业判断应用研究 [J]．中国注册会计师，2016 (5)：79 – 83.

[77] 王惠芳．内部控制缺陷认定：现状、困境及基本框架重构 [J]．会计研究，2011 (8)：61 – 67.

[78] 王加灿．上市公司内部控制审计与年报及时性——基于 OLS 与分位数回归的证据 [J]．审计与经济研究，2015，30 (3)：58 – 68.

[79] 王晶琦．内部控制缺陷及其整改对后续年度审计定价的影响研究 [D]．大连：东北财经大学，2013.

[80] 王立彦，谌嘉席，伍利娜．我国上市公司审计费用存在"粘性"吗？[J]．审计与经济研究，2014，29 (3)：3 – 12.

[81] 王良成，陈汉文．法律环境、事务所规模与审计定价 [J]．财贸经济，2010 (4)：69 – 75.

[82] 王瑞龙，张浩．COSO 内控框架的最新发展及启示 [J]．会计之友，2014 (8)：52 – 55.

[83] 王小鲁，樊纲，余静文．中国分省份市场化指数报告 (2016) [M]．北京：社会科学文献出版社，2017.

[84] 王妍．会计师事务所"低价揽业"问题研究 [D]．南京：南京审计学院，2015.

[85] 王艳艳，廖义刚．所有权安排、利益输送与会计师事务所变更——来自我国上市公司由大所向小所变更的经验证据 [J]．审计研究，2009 (1)：43 – 49.

[86] 吴联生，谭力．审计师变更决策与审计意见改善 [J]．审计研究，2005 (2)：34 – 40.

[87] 吴文英，祝子丽．审计职业判断与审计质量关系问题研究 [J]．湖南财政经济学院学报，2016，32 (6)：117 – 123.

[88] 伍利娜，王春飞，陆正飞．企业集团审计师变更与审计意见购买

[J]. 审计研究, 2013 (1): 70 – 78.

[89] 吴溪. 我国证券市场审计师变更的若干特征分析 [J]. 中国注册会计师, 2002 (1): 27 – 30.

[90] 武璟. 内部审计对外部审计质量的影响研究 [D]. 重庆: 重庆理工大学, 2014.

[91] 肖浩, 詹雷, 王征. 国外会计文本信息实证研究述评与展望 [J]. 外国经济与管理, 2016, 38 (9): 93 – 112.

[92] 晓芳, 张军. 美国内部控制评价制度体系的研究及启示 [J]. 未来与发展, 2010, 31 (3): 46, 78 – 82.

[93] 谢荣. 论审计风险的产生原因、模式演变和控制措施 [J]. 审计研究, 2003 (4): 24 – 29.

[94] 徐永超. 浅谈内部审计提升内控质效存在的问题及对策 [J]. 商业经济, 2017 (9): 40 – 41.

[95] 徐玉霞, 王冲. 风险导向审计、内部控制和审计师行为——基于我国上市公司的实证研究 [J]. 经济评论, 2012 (5): 123 – 133.

[96] 杨德明, 胡婷. 内部控制、盈余管理与审计意见 [J]. 审计研究, 2010 (5): 90 – 97.

[97] 杨昕. 内部控制信息披露及对会计信息价值相关性的影响 [D]. 成都: 西南财经大学, 2014.

[98] 杨有红, 李宇立. 内部控制缺陷的识别、认定与报告 [J]. 会计研究, 2011 (3): 76 – 80,

[99] 叶陈刚, 刘桂春, 姜亚凝. 财务报告重述、审计师变更与内部控制缺陷披露——基于深圳主板市场 2010 年的经验证据 [J]. 经济与管理研究, 2013 (8): 108 – 115.

[100] 叶建芳, 李丹蒙, 章斌颖. 内部控制缺陷及其修正对盈余管理的影响 [J]. 审计研究, 2012 (6): 50 – 59, 70.

[101] 尹律. 盈余管理和内部控制缺陷认定标准披露——基于强制性内部控制评价报告披露的实证研究 [J]. 审计研究, 2016 (4): 83 – 89.

[102] 余玉苗, 刘颖斐. 注册会计师审计定价模型中的风险溢价及其内在化研究 [J]. 会计研究, 2005 (3): 16 – 21, 93.

[103] 原红旗, 韩维芳. 会计师事务所的地区竞争优势与审计质量 [J]. 审计研究, 2012 (2): 67 – 74.

［104］张超，刘星．内部控制缺陷信息披露与企业投资效率——基于中国上市公司的经验研究［J］．南开管理评论，2015，18（5）：136－150．

［105］张凤元，袁天朋，王雅旭．美国内部控制审计制度对我国的启示［J］．对外经贸，2015（4）：155－156．

［106］张国清，夏立军．自愿性内部控制审计是否增加了企业的审计负担？［J］．经济管理，2013，35（5）：96－107

［107］张国清．自愿性内部控制审计的经济后果：基于审计延迟的经验研究［J］．经济管理，2010，32（6）：105－112．

［108］张红英，高晟星．内部控制缺陷和审计费用关系的实证研究——基于内部控制缺陷细化视角［J］．财经论丛，2014（8）：51－59．

［109］张继勋，付宏琳．经验、任务性质与审计判断质量［J］．审计研究，2008（3）：70－75．

［110］张继勋，周冉，孙鹏．内部控制披露、审计意见、投资者的风险感知和投资决策：一项实验证据［J］．会计研究，2011（9）：66－73．

［111］张建勇．审计师变更与会计稳健性关系的实证研究［J］．审计研究，2014（5）：94－100．

［112］张龙平，陈作习，宋浩．美国内部控制审计的制度变迁及其启示［J］．会计研究，2009（2）：75－80，94．

［113］张龙平，陈作习．美国内部控制审计制度的理论分析及启示［J］．中南财经政法大学学报，2009（1）：89－94．

［114］张龙平，吕敏康．媒体意见对审计判断的作用机制及影响——基于新闻传播学理论的解释［J］．审计研究，2014（1）：53－61．

［115］张敏，朱小平．中国上市公司内部控制问题与审计定价关系研究——来自中国 A 股上市公司的横截面数据［J］．经济管理，2010（9）：108－113．

［116］张天舒，黄俊．金融危机下审计收费风险溢价的研究［J］．会计研究，2013（5）：81－86，96．

［117］张晓岚，杨春隆．自愿性变更审计师与审计意见关系的验证［J］．审计与经济研究，2010，25（3）：21－30．

［118］张学谦，周雪．审计意见、盈余管理与审计师变更——来自中国证券市场的经验数据分析［J］．统计与决策，2007（22）：116－119．

［119］张宜霞．财务报告内部控制审计收费的影响因素——基于中国内地在美上市公司的实证研究［J］．会计研究，2011（12）：70－77，97．

[120] 章琳一. 会计稳健性、法律风险与审计费用 [J]. 南京审计学院学报, 2015, 12 (6): 45 - 54.

[121] 章雁, 周艳秋. 内部控制信息披露对审计意见影响的研究——基于2011年深市主板上市公司的数据 [J]. 中国管理科学, 2013, 21 (S1): 244 - 248.

[122] 赵息, 许宁宁. 管理层权力、机会主义动机与内部控制缺陷信息披露 [J]. 审计研究, 2013 (4): 101 - 109.

[123] 赵玉梅, 田雪丰, 吕晓明. 上市公司内部控制失效现状及对策分析 [J]. 财会通讯, 2016 (13): 24 - 27.

[124] 郑军, 林钟高, 彭琳. 大客户依赖性对审计师风险决策的影响研究 [J]. 中南财经政法大学学报, 2017 (2): 77 - 86.

[125] 郑石桥. 内部控制缺陷识别和认定: 概念和逻辑框架 [J]. 会计之友, 2017 (18): 119 - 124.

[126] 朱春艳, 伍利娜. 上市公司违规问题的审计后果研究——基于证券监管部门处罚公告的分析 [J]. 审计研究, 2009 (4): 42 - 51.

[127] 周福源. 审计师变更、低价揽客与审计意见购买——基于审计费用角度的检验 [J]. 中国注册会计师, 2012 (8): 100 - 106.

[128] 周守华, 胡为民, 林斌, 刘春丽. 2012年中国上市公司内部控制研究 [J]. 会计研究, 2013 (7): 3 - 12.

[129] Abbott L J, Parker S, Peters G F. Audit fee reductions from internal audit-provided assistance: The incremental impact of internal audit characteristics [J]. Contemporary Accounting Research, 2012, 29 (1): 94 - 118.

[130] Adelberg A H. Narrative disclosures contained in financial reports: Means of communication or manipulation? [J]. Accounting and Business Research, 1979, 9 (35): 179 - 190.

[131] Al-Ajmi J. Audit and reporting delays: Evidence from an emerging market [J]. Advances in Accounting, 2008, 24 (2): 217 - 226.

[132] Alexander C R, Bauguess S W, Bernile G, et al. Economic effects of SOX Section 404 compliance: A corporate insider perspective [J]. Journal of Accounting and Economics, 2013, 56 (2 - 3): 267 - 290.

[133] Al-Twaijry A A M, Brierley J A, Gwilliam D R. An examination of the relationship between internal and external audit in the Saudi Arabian corporate

sector [J]. Managerial Auditing Journal, 2004, 19 (7): 929 – 944.

[134] Anderson M C, Banker R D, Janakiraman S N. Are selling, general, and administrative costs "sticky"? [J]. Journal of Accounting Research, 2003, 41 (1): 47 – 63.

[135] Ashbaugh-Skaife H, Collins D W, Jr W R K. The discovery and reporting of internal control deficiencies prior to SOX-mandated audits [J]. Journal of Accounting & Economics, 2007, 44 (1 – 2): 166 – 192.

[136] Ashbaugh-Skaife H, Collins D W, Kinney Jr W R, Lafond R. The effect of SOX internal control deficiencies and their remediation on accrual quality [J]. The Accounting Review, 2008, 83 (1): 217 – 250.

[137] Ashbaugh-Skaife H, Collins D W, Lafond R. The effect of SOX internal control deficiencies on firm risk and cost of equity [J]. Journal of Accounting Research, 2009, 47 (1): 1 – 43.

[138] Ashbaugh-Skaife H, Collins D W, LaFond R. The effects of corporate governance on firms' credit ratings [J]. Journal of accounting and economics, 2006, 42 (1): 203 – 243.

[139] Andrew A. The system of profession: An essay on the division of expert labor [M]. Chicago: University of Chicago Press, 1988.

[140] Bamber E M, Bamber L S, Schoderbek M P. Audit structure and other determinants of audit report lag: An empirical analysis [J]. Auditing, 1993, 12 (1): 1 – 23.

[141] Bamber E M, Iyer V M. Auditors' identification with their clients and its effect on auditors' objectivity [J]. Auditing: A Journal of Practice & Theory, 2007, 26 (2): 1 – 24.

[142] Bame-Aldred C W, Brandon D M, Messier Jr W F, Rittenberg L, Stefaniak C M. A summary of research on external auditor reliance on the internal audit function [J]. Auditing: A Journal of Practice & Theory, 2012, 32 (sp1): 251 – 286.

[143] Basu Sudipta. The conservatism principle and the asymmetric timeliness of earnings [J]. Journal of Accounting and Economics, 1997, 24 (1): 3 – 37.

[144] Beck P J, Cao Z, Narayanamoorthy G S. Litigation Risk and Audit Fees: The Impact of Qualitative Factors [J]. SSRN Electronic Journal, 2013.

［145］Bedard J C, Graham L E, Hoitash R, Udi R. Sarbanes-Oxley section 404 and internal controls ［J］. The CPA Journal, 2007, 77（10）: 34.

［146］Bedard J C, Graham L. Detection and severity classifications of Sarbanes-Oxley Section 404 internal control deficiencies ［J］. The Accounting Review, 2011, 86（3）: 825 – 855.

［147］Bedard J C, Hoitash R, Hoitash U. Evidence from the United States on the effect of auditor involvement in assessing internal control over financial reporting ［J］. International Journal of Auditing, 2009, 13（2）: 105 – 125.

［148］Bedard J C, Hoitash U, Hoitash R. Audit pricing and internal control disclosures among non-accelerated filers ［J］. Research in Accounting Regulation, 2008, 20: 103 – 126.

［149］Behn B K, Searcy D W L, Woodroof J B. A within firm analysis of current and expected future audit lag determinants ［J］. Journal of Information Systems, 2006, 20（1）: 65 – 86.

［150］Biggs S F, Wild J J. An investigation of auditor judgment in analytical review ［J］. Accounting Review, 1985, 607 – 633.

［151］Blacconiere W G, DeFond M L. An investigation of independent audit opinions and subsequent independent auditor litigation of publicly traded failed savings and loans ［J］. Journal of Accounting and Public Policy, 1997, 16（4）: 415 – 454.

［152］Blaskovich J, Mintchik N. Post-Sarbanes-Oxley audit planning ［J］. The CPA Journal, 2007, 77（10）: 30.

［153］Blay A D. Independence threats, litigation risk, and the auditor's decision process ［J］. Contemporary Accounting Research, 2005, 22（4）: 759 – 789.

［154］Bockus K, Gigler F. A theory of auditor resignation ［J］. Journal of Accounting Research, 1998, 36（2）: 191 – 208.

［155］Calderon T G, Wang L, Klenotic T. Past control risk and current audit fees ［J］. Managerial Auditing Journal, 2012, 27（7）: 693 – 708.

［156］Canada J, Sutton S G, Randel Kuhn Jr J. The pervasive nature of IT controls: An examination of material weaknesses in IT controls and audit fees ［J］. International Journal of Accounting & Information Management, 2009, 17（1）:

106 - 119.

[157] Chambers A E, Penman S H. Timeliness of reporting and the stock price reaction to earnings announcements [J]. Journal of Accounting Research, 1984, 22 (1): 21 -47.

[158] Charles S L, Glover S M, Sharp N Y. The association between financial reporting risk and audit fees before and after the historic events surrounding SOX [J]. Auditing: A Journal of Practice & Theory, 2010, 29 (1): 15 -39.

[159] Chi Y H, Sun H L. Reoccurrence of financial restatements: The effect of auditor change, management turnover and improvement of internal control [J]. Journal of Accounting and Finance, 2014, 14 (2): 28 -44.

[160] Choi J H, Kim J B, Liu X, Simunic D A. Audit pricing, legal liability regimes, and big 4 premiums: Theory and cross-country evidence [J]. Contemporary Accounting Research, 2008, 25 (1): 55 -99.

[161] Choi Jong-Hag, Rajib K Doogar, Ananda R Ganguly. The riskiness of large audit firm client portfolios and changes in audit liability regimes: Evidence from the U.S. audit market [J]. Contemporary Accounting Research, 2010, 21 (4): 747 -785.

[162] Chow C W, Rice S J. Qualified audit opinions and auditor switching [J]. Accounting Review, 1982, 57 (2): 326 -335.

[163] Copley P and Douthett E. The association between auditor choice, ownership retained, and earnings disclosure by firms making initial public offerings [J]. Contemporary Accounting Research, 2002: 49 -75.

[164] Courtis J K. Readability of annual reports: Western versus Asian evidence [J]. Accounting, Auditing & Accountability Journal, 1995.

[165] David S. Jenkins, Uma Velury. Does auditor tenure influence the reporting of conservative earnings? [J]. Journal of Accounting and Public Policy, 2008, 27 (2): 115 -132.

[166] DeAngelo L E. Auditor size and audit quality [J]. Journal of accounting and economics, 1981, 3 (3): 183 -199.

[167] DeFond M L, Hu X, Hung M Y, Li S. Has the widespread adoption of IFRS reduced US firms'attractiveness to foreign investors? [J]. Journal of International Accounting Research, 2012, 11 (2): 27 -55.

[168] DeFond Mark L, Subramanyam K R. Auditor changes and discretion-ary accruals [J]. Journal of Accounting and Economics, 1998, 25 (1): 35 - 67.

[169] Desai V, Roberts R W, Srivastava R. An analytical model for external auditor evaluation of the internal audit function using belief functions [J]. Contem-porary Accounting Research, 2010, 27 (2): 537 - 575.

[170] Deumes R, Knechel W R. Economic incentives for voluntary reporting on internal risk management and control systems [J]. Auditing: A Journal of Prac-tice & Theory, 2008, 27 (1): 35 - 66.

[171] Dey Mithu R, Mary W Sullivan. Was Dodd-Frank justified in granting internal control audit exemption to small firms? [J]. Managerial Accounting Jour-nal, 2012, 27 (7): 666 - 692.

[172] Dey A. Discussion of "Internal Control Weaknesses and Client Risk Management" [J]. Journal of Accounting, Auditing & Finance, 2009, 24 (4): 581 - 587.

[173] Doogar R, Sivadasan P, Solomon I. The regulation of public company auditing: Evidence from the transition to AS5 [J]. Journal of Accounting Re-search, 2010, 48 (4): 795 - 814.

[174] Dopuch N, King R R, Schatzberg J W. An experimental investigation of alternative damage-sharing liability regimes with an auditing perspective [J]. Journal of Accounting Research, 1994: 103 - 130.

[175] Doyle J, Ge W, McVay S. Determinants of weaknesses in internal control over financial reporting [J]. Journal of Accounting and Economics, 2007, 44 (1): 193 - 223.

[176] Dyck A, Volchkova N, Zingales L. The corporate governance role of the media: Evidence from Russia [J]. The Journal of Finance, 2008, 63 (31): 1093 - 1135.

[177] Earley C E, Hoffman V B, Joe J R. Reducing management's influence on auditors'judgments: An experimental investigation of SOX 404 assessments [J]. The Accounting Review, 2008, 83 (6): 1461 - 1485.

[178] Ebrahim A. Audit fee premium and auditor change: The effect of Sar-banes-Oxley Act [J]. Managerial Auditing Journal, 2010, 25 (2): 102 -

121.

[179] Eichenseher J W, Hagigi M, Shields D. Market reaction to auditor changes by OTC companies [J]. Auditing: A Journal of Practice & Theory, 1989, 9 (1): 29 – 40.

[180] Elder R, Zhang Y, Zhou J, Zhou N. Internal control weaknesses and client risk management [J]. Journal of Accounting, Auditing & Finance, 2009, 24 (4): 543 – 579.

[181] Eldridge S W, Kealey B T. SOX costs: Auditor attestation under Section 404 [J]. Ssrn Electronic Journal, 2005.

[182] Engel E, Hayes R M, Wang X. The Sarbanes-Oxley Act and firms' going-private decisions [J]. Journal of Accounting & Economics, 2007, 44 (1 – 2): 116 – 145.

[183] Ettredge M L, Bedard J C, Johnstone K M. Empirical tests of audit budget dynamics [J]. Behavioral Research in Accounting, 2008, 20 (2): 1 – 18.

[184] Ettredge M L, Daniel T. Simon, David B. Smith, Mary S. Stone. The effect of the external accountant's review on the timing of adjustments to quarterly earnings [J]. Journal of Accounting Research, 2000, 38 (1): 195 – 207.

[185] Ettredge M L, Li C, Sun L. The impact of SOX Section 404 internal control quality assessment on audit delay in the SOX era [J]. Auditing: A Journal of Practice & Theory, 2006, 25 (2): 1 – 23.

[186] Ettredge M L, Scholz S, Li C. Audit fees and auditor dismissals in the Sarbanes – Oxley era [J]. Accounting Horizons, 2007, 21 (4): 371 – 386.

[187] Ettredge M L, Fuerherm E E, Li C. Fee pressure and audit quality [J]. Accounting, Organizations and Society, 2014, 39 (4): 247 – 263.

[188] Ettredge M L, Greenberg R. Determinants of fee cutting on initial audit engagements [J]. Journal of Accounting Research, 1990, 28 (1): 198 – 210.

[189] Ettredge M L, Heintz J, Li C, Scholz S. Auditor realignments accompanying implementation of SOX 404 ICFR reporting requirements [J]. Accounting Horizons, 2011, 25 (1): 17 – 39.

[190] Ettredge M L, Johnstone K, Stone M, Wang Q. The effects of firm size, corporate governance quality, and bad news on disclosure compliance [J].

Review of Accounting Studies, 2011, 16 (4): 866 – 889.

[191] Evelyn R Patterson and J Reed Smith. The effects of Sarbanes – Oxley on auditing and internal control strength [J]. The Accounting Review, 2007, 82 (2): 427 – 455.

[192] Felix Jr W L, Gramling A A. The contribution of internal audit as a determinant of external audit fees and factors influencing this contribution [J]. Journal of Accounting Research, 2001, 39 (3): 513 – 534.

[193] Firth Michael, Andrew Smith. Selection of auditor firms by companies issue market [J]. Applied Economics, 1992, 24 (2): 247 – 255.

[194] Fischhoff B. Perceived informativeness of facts [J]. Journal of Experimental Psychology Human Perception & Performance, 1977, 3 (2): 349 – 358.

[195] Foster B P, Ornstein W, Shastri T. Audit costs, material weaknesses under SOX Section 404 [J]. Managerial Auditing Journal, 2007, 22 (7): 661 – 673.

[196] Foster B P, Shastri T. Material internal control weaknesses and earnings management in the post-SOX environment [J]. Journal of Applied Business Research, 2012, 29 (1): 183 – 194.

[197] Francis Jere R. , Earl R. Wilson. Auditor changes: A joint test of theories relating to agency costs and auditor differentiation [J]. The Accounting Review, 1988, 63 (4): 663 – 682.

[198] Gilling D. The audit commission and the ills of local community safety: An accurate diagnosis? [J]. Safer Communities, 2003, 2 (1): 4 – 11.

[199] Givoly D, Palmon D. Timeliness of annual earnings announcements: Some empirical evidence [J]. Accounting Review, 1982, 486 – 508.

[200] Goh B W, Li D. Internal controls and conditional conservatism [J]. The Accounting Review, 2011, 86 (3): 975 – 1005.

[201] Goh B W, Li D. The disciplining effect of the internal control provisions of the Sarbanes-Oxley act on the governance structures of firms [J]. The International Journal of Accounting, 2013, 48 (2): 248 – 278.

[202] Gordon L A, Wilford A L. An analysis of multiple consecutive years of material weaknesses in internal control [J]. The Accounting Review, 2012, 87 (6): 2027 – 2060.

[203] Graham L, Bedard J C. The influence of auditor and client Section 404 processes on remediation of internal control deficiencies at all levels of severity [J]. Auditing: A Journal of Practice & Theory, 2013, 32 (4): 45 – 69.

[204] Gramling A A, Maletta M J, Schneider A, Church B K. The role of the internal audit function in corporate governance: A synthesis of the extant internal auditing literature and directions for future research [J]. Journal of Accounting literature, 2004, 23 (1): 194 – 244.

[205] Grinblatt Mark, Chuan Yang Hwang. Signalling and the pricing of new issues [J]. The Journal of Finance, 1989, 44 (2): 393 – 420.

[206] Guedham Omeane, Jeffrey A. Pittman, Walid Saffar. Auditor choice in privatized firms: Empirical evidence on the role of state and foreign owners [J]. 2009, 48 (2 – 3): 151 – 171.

[207] Hackenbrack K, Nelson M W. Auditors' incentives and their application of financial accounting standards [J]. Accounting Review, 1996, 71 (1): 43 – 59.

[208] Hammersley J S, Myers L A, Shakespeare C. Market reactions to the disclosure of internal control weaknesses and to the characteristics of those weaknesses under Section 302 of the Sarbanes Oxley Act of 2002 [J]. Review of Accounting Studies, 2008, 13 (1): 141 – 165.

[209] Hammersley J S, Myers L A, Zhou J. The failure to remediate previously disclosed material weaknesses in internal controls [J]. Auditing: A Journal of Practice & Theory, 2012, 31 (2): 73 – 111.

[210] Haron H, Chambers A, Ramsi R, Ismail I. The reliance of external auditors on internal auditors [J]. Managerial Auditing Journal, 2004, 19 (9): 1148 – 1159.

[211] Hay D, Knechel W, Wong N. Audit Fees: A Meta-analysis of the effect of supply and demand attributes [J]. Contemporary Accounting Research, 2006, 23 (1): 141 – 191.

[212] Hay D. Further evidence from Meta-analysis of audit fee research [J]. International Journal of Auditing, 2013, 17 (2): 162 – 176.

[213] Hogan C E, Wilkins M S. Evidence on the audit risk model: Do auditors increase audit fees in the presence of internal control deficiencies? [J]. Con-

temporary Accounting Research, 2008, 25 (1): 219 - 242.

[214] Hoitash R, Hoitash U, Bedard J C. Internal control quality and audit pricing under the Sarbanes-Oxley Act [J]. Auditing: A Journal of Practice & Theory, 2008, 27 (1): 105 - 126.

[215] Houston R W, Peters M F, Pratt J H. Nonlitigation risk and pricing audit services [J]. Auditing: A Journal of Practice & Theory, 2005, 24 (1): 37 - 53.

[216] Houston R W, Peters M F, Pratt J H. The audit risk model, business risk and audit - planning decisions [J]. The Accounting Review, 1999, 74 (3): 281 - 298.

[217] Hribar P, Kravet T, Wilson R. A new measure of accounting quality [J]. Review of Accounting Studies, 2014, 19 (1): 506 - 538.

[218] Hurtt D, Lail B E, MacGregor J. The relationship between segment - level manipulations and audit fees [J]. Journal of Applied Business Research (JABR), 2013, 29 (4): 1243 - 1260.

[219] Iliev P. The effect of SOX Section 404: Costs, earnings quality, and stock prices [J]. The Journal of Finance, 2010, 65 (3): 1163 - 1196.

[220] Jackson S B, Lopez T J, Reitenga A L. Accounting fundamentals and CEO bonus compensation [J]. Journal of Accounting and Public Policy, 2008, 27 (5): 374 - 393.

[221] Jaggi B, Mitra S, Hossain M. Earnings quality, internal control weaknesses and industry-specialist audits [J]. Review of Quantitative Finance and Accounting, 2015, 45 (1): 1 - 32.

[222] Jenkins D S, Velury U. Does auditor tenure influence the reporting of conservative earnings? [J]. Journal of Accounting and Public Policy, 2008, 27 (2): 115 - 132.

[223] Jenkins J G, Haynes C M. The persuasiveness of client preferences: An investigation of the impact of preference timing and client credibility [J]. Auditing: A Journal of Practice & Theory, 2003, 22 (1): 143 - 154.

[224] Jensen Michael C, William H Meckling. Theory of the firm: Managerial behavior, agency costs and ownership structure [J]. Journal of Financial Economics, 1976, 3 (4): 305 - 360.

[225] Jiang W, Rupley K H, Wu J. Internal control deficiencies and the issuance of going concern opinions [J]. Research in Accounting Regulation, 2010, 22 (1): 40 –46.

[226] Jiang W, Son M. Do audit fees reflect risk premiums for control risk? [J]. Journal of Accounting, Auditing & Finance, 2015, 30 (3): 318 –340.

[227] Jiang W, Wu J. The impact of PCAOB Auditing Standard 5 on audit fees [J]. The CPA Journal, 2009, 79 (4): 34 –38.

[228] Johnson L E, Lowensohn S, Reck J L, Davies S P. Management letter comments: Their determinants and their association with financial reporting quality in local government [J]. Journal of Accounting and Public Policy, 2012, 31 (6): 575 –592.

[229] Johnstone K M, Bedard J C. Audit firm portfolio management decisions [J]. Journal of Accounting Research, 2004, 42 (4): 659 –690.

[230] Johnson W. Bruce, Thomas Lys. The market for audit services: Evidence from voluntary auditor changes [J]. Journal of Accounting and Economics, 1990, 12 (1 –3): 281 –308.

[231] Jones Frederick L, Raghunandan K. Client risk and recent changes in the market for audit services [J]. Journal of Accounting and Public Policy, 1998, 17 (2): 169 –181.

[232] Kadous K, Kennedy S J, Peecher M E. The effect of quality assessment and directional goal commitment on auditors'acceptance of client-preferred accounting methods [J]. The Accounting Review, 2003, 78 (3): 759 –778.

[233] Kaplan S E, Mauldin E G. Auditor rotation and the appearance of independence: Evidence from non-professional investors [J]. Journal of Accounting and Public Policy, 2008, 27 (2): 177 –192.

[234] Kapp L A, Heslop G. Protecting small businesses from fraud [J]. The CPA Journal, 2011, 81 (10): 62 –67.

[235] Keane M J, Elder R J, Albring S M. The effect of the type and number of internal control weaknesses and their remediation on audit fees [J]. Review of Accounting and Finance, 2012, 11 (4): 377 –399.

[236] Kennedy J. Debiasing the curse of knowledge in audit judgment [J]. Accounting Review, 1995, 70 (2): 249 –273.

[237] Khlif H, Samaha K. Internal control quality, Egyptian standards on auditing and external audit delays: Evidence from the Egyptian stock exchange [J]. International Journal of Auditing, 2014, 18 (2): 139 – 154.

[238] Kinney J R, William R, Shepardson M L. Do control effectiveness disclosures require SOX 404 (b) internal control audits? A natural experiment with small US public companies [J]. Journal of Accounting Research, 2011, 49 (2): 413 – 448.

[239] Kinney W R, Uecker W C. Mitigating the consequences of anchoring in auditor judgments [J]. Accounting Review, 1982, 57 (1): 55 – 69.

[240] Knechel W R, Payne J L. Additional evidence on audit report lag [J]. Auditing: A Journal of Practice & Theory, 2001, 20 (1): 137 – 146.

[241] Krishnan G V, Sun L, Wang Q, Yang R. Client risk management: A pecking order analysis of auditor response to upward earnings management risk [J]. Auditing: A Journal of Practice & Theory, 2012, 32 (2): 147 – 169.

[242] Krishnan G V, Visvanathan G. Reporting internal control deficiencies in the post-Sarbanes-Oxley era: The role of auditors and corporate governance [J]. International Journal of Auditing, 2007, 11 (2): 73 – 90.

[243] Krishnan J, Krishnan J, Song H. The effect of Auditing Standard No. 5 on audit fees [J]. Auditing: A Journal of Practice & Theory, 2011, 30 (4): 1 – 27.

[244] Krishnan J, Krishnan J, Stephens R G. The simultaneous relation between auditor switching and audit opinion: An empirical analysis [J]. Accounting and Business research, 1996, 26 (3): 224 – 236.

[245] KrishnanJ, Krishnan J. Litigation risk and auditor resignations [J]. Accounting Review, 1997, 72 (4): 539 – 560.

[246] Krishnan J, Raghunandan K, Yang J S. Were former Andersen clients treated more leniently than other clients? Evidence from going-concern modified audit opinions [J]. Accounting Horizons, 2007, 21 (4): 423 – 435.

[247] Krishnan J, Rama D, Zhang Y. Costs to comply with SOX Section 404 [J]. Auditing: A Journal of Practice & Theory, 2008, 27 (1): 169 – 186.

[248] Krishnan J, Yang J S. Recent trends in audit report and earnings announcement lags [J]. Accounting Horizons, 2009, 23 (3): 265 – 288.

[249] Krishnan J. Audit committee quality and internal control: An empirical analysis [J]. The accounting review, 2005, 80 (2): 649 –675.

[250] Kroll K. Keeping the company safe: Preventing and detecting fraud. Financial Executive, 2012, 28 (7), 20 –23.

[251] Kross W, Schroeder D A. An empirical investigation of the effect of quarterly earnings announcement timing on stock returns [J]. Journal of Accounting Research, 1984, 22 (1): 153 –176.

[252] Kuo L C, Lin C J, Lin H L. Auditor switch decisions under forced auditor change: Evidence from China [J]. Asian Review of Accounting, 2016, 24 (1): 69 –89.

[253] Lee Ho Young, Vivek Mande. The effect of the private securities litigation reform act of 1995 on accounting discretion of client managers of big 6 and non-big 6 auditors [J]. Auditing: A Journal of Practice &Theory, 2003, 22 (1): 93 –108.

[254] Leland Hayne E, David H Pyle. Informational asymmetries, financial structure, and financial intermediation [J]. The Journal of Finance, 1977, 32 (2): 371 –387.

[255] Lennox C. Do companies successfully engage in opinion-shopping? Evidence from the UK [J]. Journal of Accounting and Economics, 2000, 29 (3): 321 –337.

[256] Leventis S, Caramanis C. Determinants of audit time as a proxy of audit quality [J]. Managerial Auditing Journal, 2005, 20 (5): 460 –478.

[257] Leventis S, Weetman P, Caramanis C. Determinants of audit report lag: Some evidence from the Athens Stock Exchange [J]. International Journal of Auditing, 2005, 9 (1): 45 –58.

[258] Libby R. The role of knowledge and memory in audit judgment [J]. Judgment and Decision—Making Research in Accounting and Auditing. edited by R. Ashton, and A. Ashton. New York, NY: Cambridge University Press, 1995.

[259] Litvak K. The effect of the Sarbanes-Oxley Act on non-US companies cross-listed in the US [J]. Journal of corporate Finance, 2007, 13 (2): 195 – 228.

[260] Lyon J D, Maher M W. The importance of business risk in setting audit

fees: Evidence from cases of client misconduct [J]. Journal of Accounting Research, 2005, 43 (1): 133 – 151.

[261] Lys T and R L Watts. Lawsuits against auditors [J]. Journal of Accounting Research, 1994 (32): 65 – 93.

[262] Mark H. Taylor and Danniel T Simon. Determinants of audit fees: The importance of litigation, disclosure, and regulatory burdens in audit engagements in 20 countries [J]. The International Journal of Accounting, 1999, 34 (3): 375 – 388.

[263] McDaniel L S, Kinney W R. Expectation-formation guidance in the auditor's review of interim financial information [J]. Journal of Accounting Research, 1995, 59 – 76.

[264] Michaely Roni, Wayne H. Shaw. Does the choice of auditor convey quality in an initial public offering [J]. Financial Management, 1995, 24 (4): 15 – 30.

[265] Mitra S, Hossain M, Marks B R. Corporate ownership characteristics and timeliness of remediation of internal control weaknesses [J]. Managerial Auditing Journal, 2012, 27 (9): 846 – 877.

[266] Mitra S, Jaggi B, Al-Hayale T. Auditor's downward switch, governance, and accounting conservatism [J]. Journal of Accounting, Auditing & Finance, 2016, 31 (4): 551 – 581.

[267] Mitra S. Pervasiveness, severity, and remediation of internal control material weaknesses under SOX Section 404 and audit fees [J]. Review of Accounting and finance, 2009, 8 (4): 369 – 387.

[268] Morgan J, Stocken P. The effects of business risk on audit pricing [J]. Review of Accounting Studies, 1998, 3 (4): 365 – 385.

[269] Munsif V, Raghunandan K, Rama D V, Singhvi M. Audit fees after remediation of internal control weaknesses [J]. Accounting Horizons, 2011, 25 (1): 87 – 105.

[270] Munsif V, Raghunandan K, Rama D V. Internal control reporting and audit report lags: Further evidence [J]. Auditing: A Journal of Practice & Theory, 2012, 31 (3): 203 – 218.

[271] Munsif V, Singhvi M. Internal control reporting and audit fees of non-

accelerated filers [J]. Journal of Accounting, Ethics and Public Policy, 2014, 15 (4): 901 - 933

[272] Munsif V . Internal control reporting by non-accelerated filers [D]. Florida International University, 2011

[273] Ogneva M, Subramanyam K R, Raghunandan K. Internal control weakness and cost of equity: Evidence from SOX Section 404 disclosures [J]. The Accounting Review, 2007, 82 (5): 1255 - 1297.

[274] Palmrose Z. The demand for quality-differentiated audit services in an agency - cost setting: An empirical investigation [J]. Auditing Research Symposium, 1984: 229 - 252.

[275] PCAOB. Auditing Standard No. 5—An audit of internal control over financial reporting that is integrated with an audit of financial statements [EB/OL]. http: //www. pcaob. org/Rules/Rules of the Board/Auditing Standard 5, 2007.

[276] PCAOB. Auditing Standards No. 2—An audit of internal control over financial reporting performed in conjunction with an audit of financial statements [EB/OL]. http: //www. pcaob. org/Rules/Rules of the Board/Audi - ting Standard 2, 2004.

[277] Pittman J and Fortin S. The impact of auditor's reputation on the cost of financing [J]. Journal of Accounting and Economics, 2004, 37: 113 - 136.

[278] Pratt J, Stice J D. The effects of client characteristics on auditor litigation risk judgments, required audit evidence, and recommended audit fees [J]. Accounting Review, 1994, 69 (4): 639 - 656.

[279] Raghunandan K, Rama D V. SOX Section 404 material weakness disclosures and audit fees [J]. Auditing: A Journal of Practice & Theory, 2006, 25 (1): 99 - 114.

[280] Rice S C, Weber D P, Wu B. Does SOX 404 have teeth? Consequences of the failure to report existing internal control weaknesses [J]. The Accounting Review, 2014, 90 (3): 1169 - 1200.

[281] Rice S C, Weber D P. How effective is internal control reporting under SOX 404? Determinants of the (non -) disclosure of existing material weaknesses [J]. Journal of Accounting Research, 2012, 50 (3): 811 - 843.

[282] Rittenberg L and Miller P. Sarbanes-Oxley section 404 work: Looking

at the benefits [J]. Working Paper, Institute of Internal Auditors Research Foundation, 2005.

[283] Roybark H M. Educational interventions for teaching the new auditor independence rules [J]. Journal of Accounting Education, 2008, 26 (1): 1 – 29.

[284] Salterio S, Koonce L. The persuasiveness of audit evidence: The case of accounting policy decisions [J]. Accounting, Organizations and Society, 1997, 22 (6): 573 – 587.

[285] Scannell K. Moving the market: Cost fall again for firms to comply with Sarbanes [N]. Wall Street Journal, May 16, 2007, at C3.

[286] Schneider A. Does the expectation of finding deficiencies impact internal audit work? [J]. Journal of Applied Accounting Research, 2009, 10 (2): 122 – 131.

[287] Schoderbek M, Bamber L, Bamber E M. Audit structure and other determinants of audit report lag: An empirical analysis [J]. Auditing A Journal of Practice & Theory, 1993, 12 (1): 1 – 23.

[288] SEC. Amendments to rules regarding management's report on internal control over financial reporting [EB/OL]. http: //www. sec. gov/rules/final/2007/33 – 8809, 2007.

[289] SEC. Final rule: Management's reports on internal control over financial reporting and certification of disclosure in exchange act periodic reports [EB/OL]. http: //www. sec. gov/rules/final/33 – 8238. htm, 2003.

[290] Shu S Z. Auditor resignations: Clientele effects and legal liability [J]. Journal of Accounting and Economics, 2000, 29 (2): 173 – 205.

[291] Simon D T, Francis J R. The effects of auditor change on audit fees: Tests of price cutting and price recovery [J]. Accounting Review, 1988, 255 – 269.

[292] Simunic D A, Stein M T. Impact of litigation risk on audit pricing: A review of the economics and the evidence [J]. Auditing, 1996, 15: 119 – 134.

[293] Simunic D A, Stein M. Product differentiation in auditing: Auditor choice in the market for unseasoned new issues [R]. Canadian Certified General Accountants Research Foundation, 1987.

［294］Simunic D A. The pricing of audit services: Theory and evidence ［J］. Journal of accounting research, 1980, 161 – 190.

［295］Smith D B. Auditor subject to opinions, disclaimers, and auditor changes ［J］. Auditing: A Journal of Practice & Theory, 1986, 6 (1): 95 – 108.

［296］Soltani, Bahram. The anatomy of corporate fraud: A comparative analysis of high profile American and European corporate scandals ［J］. Journal of Business Ethics, 2014, 120 (2): 251 – 274.

［297］Stanley J D. An examination of unexpected audit fees as an indicator of distressed clients'business risk ［M］. The University of Alabama, 2007.

［298］Stanley J D. Is the audit fee disclosure a leading indicator of clients' business risk? ［J］. Auditing: A Journal of Practice & Theory, 2011, 30 (3): 157 – 179.

［299］Stefaniak C M, Houston R W, Cornell R M. The effects of employer and client identification on internal and external auditors'evaluations of internal control deficiencies ［J］. Auditing: A Journal of Practice & Theory, 2012, 31 (1): 39 – 56.

［300］Stephens N M. External auditor characteristics and internal control reporting under SOX section 302 ［J］. Managerial Auditing Journal, 2011, 26 (2): 114 – 129.

［301］Suwaidan M S, Qasim A. External auditors'reliance on internal auditors and its impact on audit fees: An empirical investigation ［J］. Managerial Auditing Journal, 2010, 25 (6): 509 – 525.

［302］Tackett J A, Wolf F, Claypool G A. Internal control under Sarbanes-Oxley: A critical examination ［J］. Managerial Auditing Journal, 2006, 21 (3): 317 – 323.

［303］Thevenot M, Hall L A. Auditor switches in the post-SOX era: The case of firms with internal control weaknesses ［J］. Ssrn Electronic Journal, 2009.

［304］Venkataraman R, Weber J P, Willenborg M. Litigation risk, audit quality, and audit fees: Evidence from initial public offerings ［J］. The Accounting Review, 2008, 83 (5): 1315 – 1345.

［305］Wang D, Zhou J. The impact of PCAOB Auditing Standard No. 5 on audit fees and audit quality ［J］. Accounting Horizons, 2012, 26 (3): 493 –

511.

［306］ Wang Y F, Huang Y T. The impact of internal control quality on CFO turnover ［J］. Asian Journal of Finance & Accounting, 2013, 5 (1): 334 – 343.

［307］ Weil Jonathan. Auditing firms get back to what they do best ［M］. Wall Street Journal—Eastern Edition, 2004, 243 (63): 3.

［308］ Wolfe C J, Mauldin E G, Diaz M C. Concede or deny: Do management persuasion tactics affect auditor evaluation of internal control deviations? ［J］. The Accounting Review, 2009, 84 (6): 2013 – 2037.